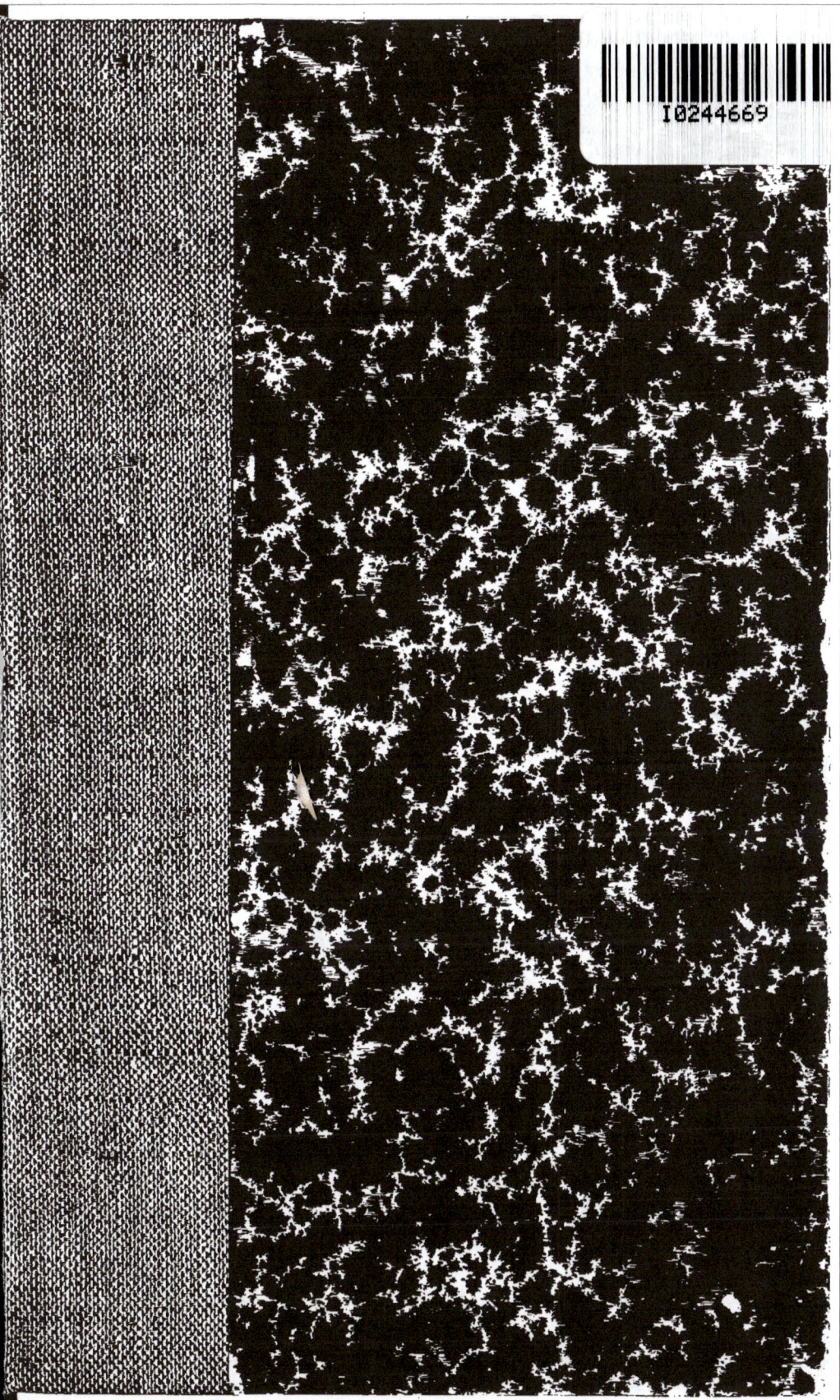

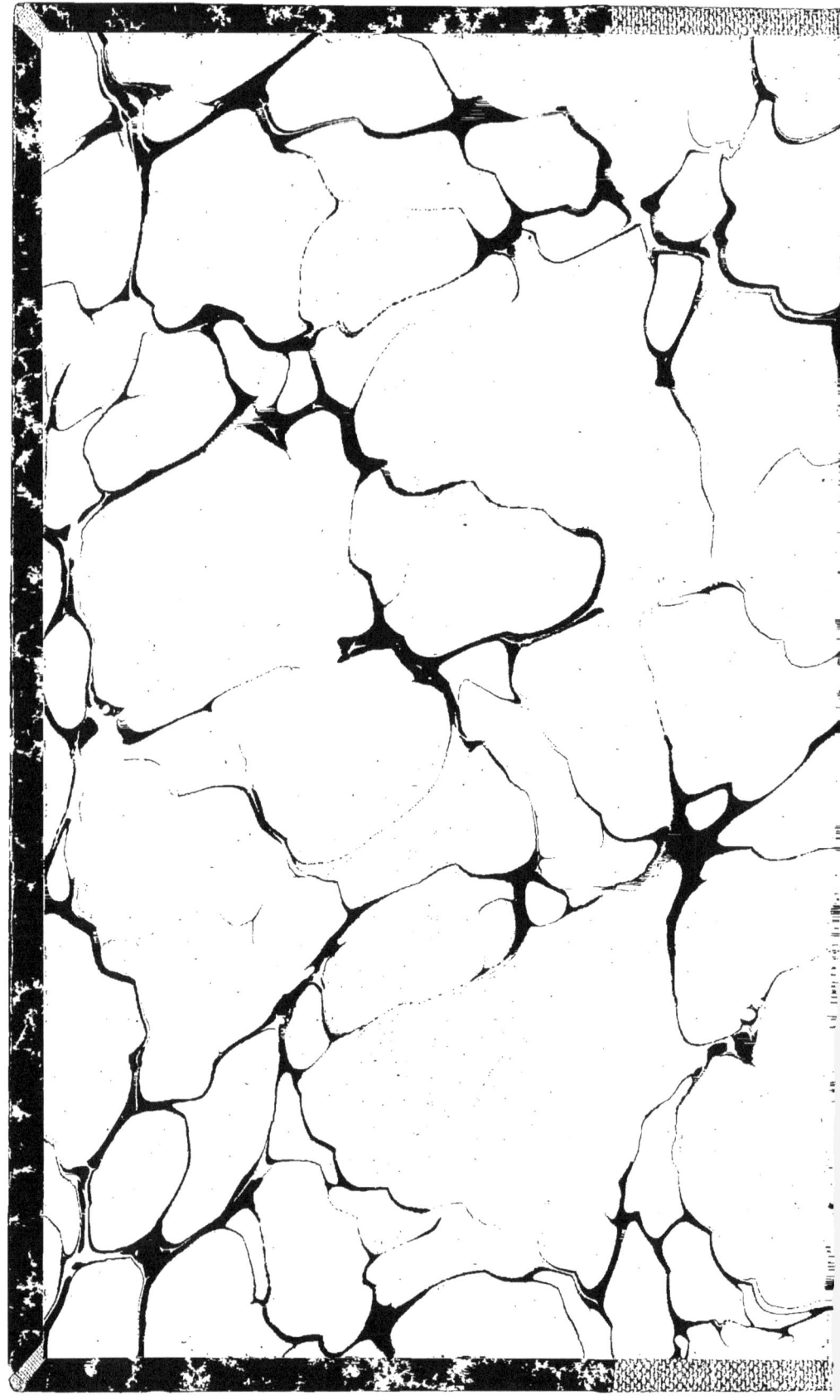

Colonel breveté VERMEIL de CONCHARD

CAMPAGNE ET DÉFECTION

DU

CORPS PRUSSIEN

DE LA GRANDE ARMÉE

(FRANCE, PRUSSE ET RUSSIE EN 1812)

Traduit du journal du Général de SEYDLITZ

ANCIEN AIDE DE CAMP DU GÉNÉRAL D'YORK

Avec introduction et trois cartes.

PARIS
Henri CHARLES-LAVAUZELLE
Éditeur militaire
10, Rue Danton, Boulevard Saint-Germain, 118

(MÊME MAISON A LIMOGES)

CAMPAGNE ET DÉFECTION

DU CORPS PRUSSIEN

DE LA GRANDE ARMÉE

(France, Prusse et Russie en 1812)

DROITS DE REPRODUCTION ET DE TRADUCTION RÉSERVÉS

Colonel breveté VERMEIL de CONCHARD

CAMPAGNE ET DÉFECTION

DU

CORPS PRUSSIEN

DE LA GRANDE ARMÉE

(FRANCE, PRUSSE ET RUSSIE EN 1812)

Traduit du journal du Général de SEYDLITZ

ANCIEN AIDE DE CAMP DU GÉNÉRAL D'YORK

Avec introduction et trois cartes.

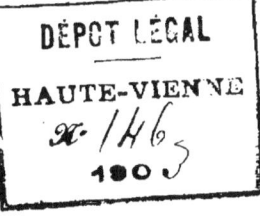

PARIS
Henri CHARLES-LAVAUZELLE
Éditeur militaire
10, Rue Danton, Boulevard Saint-Germain, 118

(MÊME MAISON A LIMOGES)

INTRODUCTION

En 1812, la France napoléonienne, issue de la Révolution, a brisé tous les obstacles opposés à sa marche, vaincu les États du continent, conquis assimilé ou transformé la vieille Europe. Elle a fait de l'Italie un royaume uni, de la Suisse une protégée, des princes allemands des vassaux. L'Autriche est son alliée, la Prusse même, son auxiliaire. Et, avec ces immenses contingents supérieurement organisés, elle se lance à la conquête de l'antique Moscovie, dernier obstacle à sa politique continentale, c'est-à-dire à l'hégémonie européenne sous le sceptre de Napoléon. Mais elle va se perdre dans l'espace par le froid, la misère, aux prises avec l'inconnu. Ses amis de la veille deviendront ses ennemis et se disputeront ses dépouilles. La Prusse donnera l'exemple contagieux de la défection et son corps d'armée auxiliaire abandonnera en pleine campagne son général en chef.

D'ailleurs, la France s'était aliéné les peuples par ses conquêtes, et les rois par sa Révolution et par sa dynastie nouvelle. Elle ne pouvait plus avoir d'amis ni de rivaux, mais seulement des sujets. C'est ainsi que son chef, entraîné par la fatalité et poussé par son caractère entreprenant, conçut le vaste projet de se rendre seul maître de l'Europe, en écrasant l'Empire russe et en le rejetant en Asie.

Napoléon, dès l'année 1809, avait éprouvé que l'alliance russe, contractée à Tilsit, n'était pas aussi efficace qu'elle aurait dû être. En 1810, sa résolution était prise; mais, comme il lui fallait de longs préparatifs, il dissimulait et temporisait. M. de Caulaincourt, son ambassadeur auprès du Tzar, et après lui son successeur, M. de Lauriston, avaient ordre de surveiller les Russes, de les retenir par des pourparlers pacifiques et surtout de les empêcher de prendre l'offensive : tâche absolument facile, car l'empereur Alexandre était, autant que l'honneur le lui permettait, désireux d'éviter une rupture. Ces dispositions conciliantes satisfaisaient Napoléon, non parce qu'elles lui donnaient le moyen d'empêcher la guerre qu'il souhaitait, qui était décidée dans son esprit, mais parce qu'elles lui assuraient plus de loisir pour ses préparatifs. La campagne, qu'il avait d'abord cru faire en 1811, se trouvait reportée en 1812.

Il ne s'agissait plus pour Napoléon que de rejeter sur Alexandre la responsabilité de cette guerre. Pour avoir une raison de rupture immédiate, il imagina que la Russie, ayant demandé l'évacuation de la Prusse, avait voulu exiger de Napoléon qu'il ramenât son armée du Niémen à l'Elbe et prétendait ainsi imposer à la France une condition déshonorante. En conséquence, il fut ordonné à M. de Lauriston de prendre immédiatement ses passeports.

Cette formalité diplomatique remplie, Napoléon, qui croyait le moment d'agir venu, partit de Kœnigsberg le 17 juin pour rejoindre ses troupes sur la Prégel, les passer en revue et s'assurer définitivement si elles avaient tout ce qu'il leur fallait pour entrer en campagne.

Le nom de Grande Armée avait été rendu à l'énorme assemblage de troupes qui allait être poussé contre l'Empire russe. Cette armée ne comprenait pas moins de 300.000 hommes d'infanterie, 70.000 cavaliers, 30.000

artilleurs avec un millier de bouches à feu. De plus, comme il fallait se ménager des renforts et assurer les communications en arrière, Napoléon faisait réunir à Berlin une quarantaine de mille hommes de diverses provenances et un pareil nombre sur le Rhin. Enfin, 30.000 Autrichiens devaient agir à l'extrême droite sous le prince de Schwarzenberg et 20.000 Prussiens à l'extrême gauche dans les provinces baltiques. Ce contingent, commandé au début par le général de Grawert, était placé sous la haute autorité du maréchal Macdonald, duc de Tarente, et faisait partie du 10ᵉ corps. Ce maréchal devait passer le Niémen à Tilsit, prendre possession des deux rives de ce fleuve, en écarter les Cosaques et assurer la libre navigation de nos convois. Le but de ses opérations ultérieures était la Courlande et le siège de Riga. Au moment de son entrée sur le territoire russe, le 24 juin 1812, le 10ᵉ corps, composé de la division Grandjean (3 régiments polonais et 2 allemands) et des Prussiens, comptait à l'effectif 32.497 hommes.

En face de cette énorme puissance agressive, la Russie n'avait pour se défendre que des forces médiocres concentrées sur deux points, à Vilna où Barclay de Tolly avait 130.000 hommes, à Minsk où Bagration en avait 60.000 ; plus au sud, l'amiral Tormasof rassemblait une quarantaine de mille hommes en Volhynie.

Napoléon avait annoncé la nouvelle guerre à ses troupes par la proclamation suivante : « Soldats, la seconde guerre de Pologne est commencée. La première s'est terminée à Friedland et à Tilsit. A Tilsit, la Russie a juré éternelle alliance à la France et guerre à l'Angleterre. Elle viole aujourd'hui ses serments, elle ne veut donner aucune explication de son étrange conduite, que les Aigles françaises n'aient repassé le Rhin, laissant par là nos alliés à sa discrétion..... La Russie est entraînée par la fatalité : ses destins doivent s'accomplir ! Nous croit-elle donc dégénérés ? Ne serions-nous plus les soldats d'Austerlitz ? Elle nous place entre le déshonneur et la guerre : notre choix ne saurait être douteux. Marchons donc en avant ! Passons le Niémen, portons la guerre sur son territoire ! La seconde guerre de Pologne sera glorieuse aux armes françaises. Mais la paix que nous conclurons portera avec elle sa garantie : elle mettra un terme à la funeste influence que la Russie exerce depuis cinquante ans sur les affaires de l'Europe ! »

L'empereur Alexandre harangua aussi son armée, mais tout autrement.

Ces proclamations portaient la différence des deux peuples, celle des deux souverains et de leur position mutuelle. L'une, défensive, était simple et modérée; l'autre offensive, pleine d'audace et respirant la victoire. La première s'appuyait de la religion, l'autre de la fatalité; celle-ci de l'amour de la patrie, celle-là de l'amour de la gloire.

Du côté de la France, rien n'avait été négligé pour assurer le succès de cette expédition aventureuse.

Comme, pour atteindre la Russie, il fallait dépasser l'Autriche et traverser la Prusse, une alliance offensive avait été conclue avec ces deux puissances. L'Autriche, d'ailleurs soumise à l'ascendant de Napoléon, et espérant sans doute aussi qu'elle gagnerait en influence et en force dans une lutte où les deux grands États du Nord et de l'Ouest s'affaibliraient mutuellement, n'hésita pas à fournir son contingent; mais elle lui prépara en secret de prudentes instructions.

Quant à la Prusse, Napoléon en était maître par l'occupation de ses forteresses et de la plus grande partie de son territoire, jusqu'au paiement de l'indemnité de guerre imposée par le traité de Tilsit. On ne sait si ce fut son incertitude sur le sort qu'il lui réservait, ou sur l'époque de la guerre avec la Russie, qui fit refuser par l'Empereur en 1811 l'alliance que la Prusse lui proposait; il en dicta enfin les conditions en 1812.

Par le traité du 24 février, la Prusse s'engageait à fournir 20.000 hommes, directement placés sous un général prussien, mais tenus d'obéir au chef du corps d'armée français avec lequel ils serviraient. Elle devait, en déduction d'une partie de la contribution de guerre dont elle était encore redevable, fournir également 15.000 chevaux, 44.000 bœufs et une quantité considérable de froment, avoine et fourrages. A ces conditions, Napoléon garantit au roi de Prusse son territoire actuel, et, dans le cas d'une guerre heureuse contre la Russie, il lui promit une extension de frontières.

Cependant, si les gouvernements recherchaient encore dans l'intérêt de leur politique l'alliance de la France, l'esprit des peuples avait bien changé à notre égard. Les Allemands surtout, vaincus et soumis, soit amour-propre, soit penchant pour le merveilleux, avaient d'abord été tentés de voir dans Napoléon un être surnaturel et avaient accepté en lui le successeur de Charlemagne.

Mais le despotisme de l'Empereur, ses envahissements, ses guerres continuelles, lui aliénèrent bientôt tous les esprits. Une société des Amis de la vertu ou *Tugendbund*, d'abord morale et scientifique, se forma dès 1808 en Allemagne et se développa plus particulièrement en Prusse, où elle groupa la jeunesse qu'exaltait une éducation patriotique, libérale et mystique; devenue politique, cette association se donna pour mission de détruire la Confédération du Rhin et de chasser les Français du sol de la Germanie.

Dès 1809, l'archiduc Charles adressait une proclamation à la nation allemande, l'appelant aux armes pour la défense de la liberté de l'Europe. L'opération manquée d'Essling ébranla l'Allemagne tout entière et donna confiance aux ennemis de Napoléon. Malgré le succès momentané en Autriche comme en Espagne, un nouvel élément venait de se montrer sur les champs de bataille : l'enthousiasme patriotique, le fanatisme national (1). Le coup de couteau de l'étudiant Staps vint marquer cet état des esprits.

Au lendemain même de Wagram, Blücher écrivait au roi Frédéric-Guillaume :

« Il y a quelques mois encore, Votre Majesté royale pouvait, par une détermination hardie, faire pencher la balance du côté du salut des peuples. Qu'il m'a été douloureux, Sire, de voir rejeter la prière respectueuse que je vous priais d'agréer, avec l'expression d'un sincère et entier dévouement !

» La réoccupation de la plus grande partie des Etats de Votre Majesté par les Français n'est pas douteuse. Votre Majesté peut encore sauver Elle, la famille royale et le pays, en nous mettant les armes à la main. Toute l'Allemagne peut et voudra faire cause commune avec nous. Que ne ferions-nous pas, si notre Roi voulait seulement se dire nôtre, combattre avec nous et préférer la mort au déshonneur ! Aurions-nous moins de confiance en nous-mêmes que les Espagnols et les Tyroliens ? Si nous savons défendre nos foyers, nous serons dignes de subsister; sinon, indignes, nous périrons (2). »

Mais le moment de recourir aux armes n'était pas encore venu. Les conseils de la prudence l'emportèrent cette fois sur les entraînements de la passion. Blücher fut privé du commandement général de la Poméranie;

---

(1) *L'Allemagne sous Napoléon Ier*, par A. Rambaud.
(2) *Le Maréchal Blücher d'après sa correspondance*, par Vermeil de Conchard.

Stein, le ministre qui préparait la revanche, fut disgracié.

Cependant, si les tentatives prématurées de Katt et de Dœrnberg avaient échoué misérablement, les prises d'armes hardies de Schill et du duc de Brunswick-Œls faillirent réussir. Aussi, après ces insurrections et en présence de la fermentation générale de l'Allemagne, l'Empereur a-t-il pu s'écrier : « Hâtons-nous de sortir de cette guerre, ou nous allons nous trouver entourés de mille Vendées. »

La campagne de Russie allait fournir aux ennemis de Napoléon l'occasion et le moyen de préparer sa chute. Les désastres de la retraite devaient fatalement amener la défection de troupes auxiliaires.

Après des négociations amorcées depuis longtemps, reprises plusieurs fois entre les Prussiens et les Russes, le général d'York signait enfin, le 30 décembre 1812, avec le général russe de Diebitsch une convention, en vertu de laquelle les troupes du corps prussien étaient neutralisées. La défection était consommée.

La retraite du 10⁰ corps de la Grande Armée avait commencé le 19 décembre. « Tout alla bien d'abord, dit Camille Rousset dans son *Introduction aux Souvenirs du Maréchal Macdonald;* les troupes étaient reposées, bien nourries, chaudement vêtues de pelisses en peau de mouton. Le 10ᵉ corps arriva sur le Niémen, faiblement harcelé par les Russes; l'arrière-garde, composée de la majeure partie du contingent prussien et commandée par le général York, avait jusque-là suivi exactement le gros à une journée de distance. A Tilsit, Macdonald l'attendit vainement pendant cinq jours; il envoyait de tous côtés aux nouvelles; on ne savait rien du général York : c'était comme un mot d'ordre. Le 31 décembre au matin, dès la pointe du jour, le colonel du génie Marion entra chez le maréchal, pensant qu'il avait enfin des nouvelles du général York; sur la réponse négative de son chef : « Je le croyais, reprit-il; comme, d'après vos ordres, je faisais sonder la glace, j'ai vu tous les Prussiens retraverser précipitamment le Niémen; je pensais que vous les envoyiez au-devant de l'arrière-garde. Le général Massenbach, en passant, m'a remis ces deux lettres pour vous. — Ciel, s'écria le maréchal, nous sommes trahis, peut-être livrés; mais nous vendrons cher notre vie. » York avait fait défection; il avait traité la veille avec le généra russe Diebitsch. Voici un fragment sec de sa lettre à Macdonald : « Quel que soit le jugement que portera le monde de ma conduite, j'en suis peu inquiet : le devoir envers mes troupes et la réflexion la plus mûre me la dictent; les motifs les plus purs, quelles qu'en soient les apparences, me guident. » La lettre de Massenbach était plus émue : « Votre Excellence pardonnera que je ne sois pas venu moi-même l'avertir du procédé; c'était pour m'épargner une sensation très pénible à mon cœur, parce que les sentiments de respect et d'estime pour la personne de Votre Excellence, que je conserverai jusqu'à la fin de mes jours, m'auraient empêché de faire mon devoir (1). »

Massenbach, après quelques hésitations, même en présence d'un ordre très net, avait suivi le mouvement. L'adhésion au général d'York avait été votée, après un moment de stupeur et malgré l'opposition de quelques chefs.

Il y avait également au quartier général un peloton d'escorte de cavalerie prussienne. « Quand l'officier commandant, M. de Korff, entra chez moi, dit le maréchal, il me fut facile de remarquer qu'il ne se doutait nullement de ce qui se passait. Il ne parlait pas français;

---

(1) *Souvenirs du Maréchal Macdonald.*

je lui fis dire ce qui venait d'arriver : il pâlit et se mit à verser des larmes d'indignation. Il voulut s'attacher à nous et nous suivre : je lui dis de faire monter à cheval; je remerciai ce détachement de son zèle, de sa fidélité et de son attachement; je lui donnai 600 francs de gratification de ma propre bourse, autant à l'officier pour un cheval, et, malgré leurs instances, je les renvoyai à leurs compatriotes. »

La générale avait été battue : Français, Polonais, Westphaliens, Bavarois, 4 ou 5.000 hommes environ, se rassemblèrent en hâte; ils marchèrent pendant vingt-deux heures sans discontinuer... Enfin, on atteignit Kœnigsberg.

Quoi qu'il en soit, le coup était porté. Napoléon se rendit compte de l'importance de cet acte et en discerna les conséquences probables, quand il dit : « La défection du général York peut changer la politique de l'Europe. »

Quant à York, il terminait un rapport au roi par les mots suivants : « Je suis prêt, si j'ai failli, à mettre ma tête aux pieds de Votre Majesté; mais je mourrai du moins avec la joie consolante de n'avoir pas manqué aux devoirs d'un fidèle sujet et d'un vrai Prussien. »

Désavoué d'abord par le roi, sous la pression des baïonnettes françaises du maréchal Augereau, et traduit devant un conseil d'enquête composé d'officiers généraux prussiens, York fut réhabilité le 17 mars 1813 sous la forme d'un ordre général d'armée par Frédéric-Guillaume, qui déclara que la conduite du lieutenant général d'York était à tous les points de vue exempte de tout reproche et qu'il le maintenait dans son commandement comme preuve de sa satisfaction et de sa confiance inaltérable.

En présence de ce jugement évidemment empreint de

partialité, la question doit être portée devant le haut tribunal de l'histoire.

Si l'on doit louer le loyalisme militaire de certains officiers prussiens, il n'est guère possible de blâmer sans restrictions l'acte du général d'York et de ceux qui l'ont accompagné dans sa défection. Envisageons le fait non pas seulement au point de vue français, mais aussi au point de vue prussien, et enfin en lui-même d'une manière générale.

Placé entre son devoir militaire strict et l'intérêt patriotique, la situation d'York, était délicate, et nul ne jugera l'acte évidemment coupable du général prussien sans lui accorder des circonstances singulièrement atténuantes.

Guingamp, septembre 1902.

VERMEIL DE CONCHARD.

CAMPAGNE ET DÉFECTION
DU CORPS PRUSSIEN
DE LA GRANDE ARMÉE
(France, Prusse et Russie en 1812)

Depuis la prise de commandement du lieutenant général d'York jusqu'à l'entreprise des Russes sur le parc de siège à Ruhenthal (14 août-3 octobre).

AOUT

Lorsque le général d'York vint prendre le commandement du corps prussien devant Riga, il trouva ses troupes divisées en trois parties distinctes par des forêts marécageuses qui les séparaient complètement; de sorte que la réunion du corps entier ne pouvait avoir lieu que par une marche rétrograde des différentes fractions.

L'ennemi, de son côté, pouvait attaquer avec des forces supérieures chacune de ces parties séparément, sans être obligé d'inquiéter en même temps les autres par des démonstrations. De plus, l'aile droite à Dahlenkirchen était tout à fait en l'air. La véritable position de ce détachement était sur une hauteur en arrière du village de Keckau; l'auberge et le moulin de Dahlenkir-

Carte générale des op

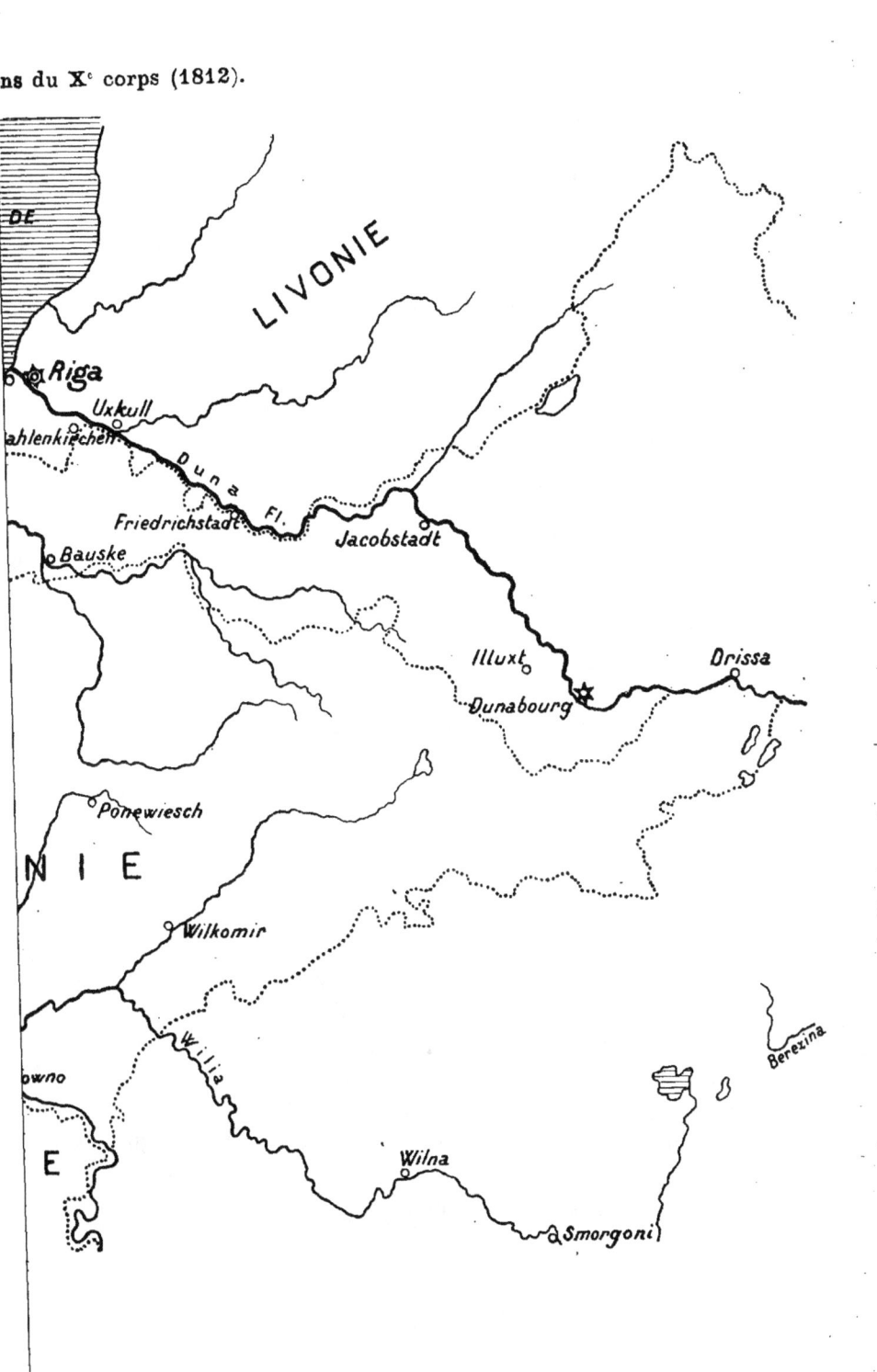

ns du Xe corps (1812).

chen étaient occupés comme points d'appui des avant-postes, que renforçaient au delà de Keckau quelques retranchements de campagne.

La petite île de Dahlen était au pouvoir des Russes, et la profondeur du chenal permettait à leurs canonnières d'approcher à distance de tir de nos avant-postes. En amont, la Düna était, il est vrai, moins profonde, et sur les autres faces de l'îlot des récifs empêchaient toute navigation; mais il y avait, permettant de prendre la position à revers, près de Bersemünde et plus en amont, quelques gués et passages qu'il fallait faire surveiller par des postes de cavalerie détachés à grandes distances. Ainsi, non seulement l'ennemi prenait en flanc le corps prussien, mais encore il pouvait le tourner sans rencontrer de grandes difficultés.

Telle était la position qui avait été déterminée par le maréchal Macdonald et dont il avait vraisemblablement été rendu compte au grand quartier général; on ne pouvait la modifier sans son assentiment.

La position centrale du corps était Olai-Peterhof, le point principal de l'aile gauche Zemhof. La pointe extrême des avant-postes d'Olai allait jusqu'à Krebsenkrug. Comme à partir d'Olai jusqu'à Riga la grande route passe à travers des forêts marécageuses et par là difficiles, les grand'gardes étaient échelonnées dans cette direction et assuraient leur liaison d'une manière constante par un système complet de patrouilles. Quelques werstes (1) plus loin que Krebsenkrug dans la direction de Riga commençait une digue longue de près de deux werstes, dont l'extrémité non loin de Portenhof était occupée par deux bataillons ennemis avec deux canons; mais une petite grand'garde et les patrouilles des Russes avaient pris poste à l'extrémité de la digue

---

(1) La werste ou versta = 1.067 mètres.

la plus rapprochée. Le terrain étroit, les haies des fermes isolées placées près de la route et la forêt même offraient cependant à nos chasseurs et à nos fusiliers de grands avantages pour la défense. Aussi toutes les entreprises de l'ennemi échouèrent; par contre, la digue arrêta toujours nos succès de ce côté.

Déjà le général Grawert avait, pour communiquer avec notre première ligne d'avant-postes sur le ruisseau du Beber, fait établir une route du village d'Olai vers Schwarzhof à travers le marécage. Mais, comme nous avions à l'aile gauche, à la suite du dernier engagement reporté en avant nos avant-postes, le général York fit interrompre la construction de cette route, dont l'extrémité fut fermée par un tambour et occupée par un fort poste d'infanterie. L'établissement de cette voie avait fait croire au gouverneur de Riga que l'on avait d'abord en vue d'assiéger le fort de Dünamünde, pour couper la place de sa communication avec la mer; aussi s'empressa-t-il d'y faire établir quelques batteries et retranchements.

Les avant-postes ennemis allaient de Finkenhof (ou Pinkenhof) à Beberbeck, suivaient le Beber, passaient par Schwarzhof et Portenhof et s'appuyaient à gauche à la Düna. Au delà de ce fleuve, les postes étaient poussés jusqu'au village de Küchholm. L'île de Dahlen était, comme nous l'avons dit, également occupée.

La garnison de Riga avait été renforcée au commencement d'août par un régiment de chasseurs en entier et par de nombreuses recrues. Elle pouvait compter à ce moment 14.000 combattants; beaucoup, il est vrai, étaient des soldats jeunes et peu sûrs, dont le nombre diminuait chaque jour par les désertions. Devant le port croisait une escadre anglaise sous le commandement de l'amiral Martin, qui avait mis à la mer plusieurs canonnières montées par des matelots et soldats de marine de même nationalité. Ces bateaux portaient un armement de grosses pièces, en partie de 24 livres; quelques-uns avaient aussi des mortiers. Les Russes avaient, en outre, une forte division de navires légers et quelques chaloupes venues de Sweaborg à Riga. Ces navires étaient armés de deux pièces de canon du plus fort calibre, qui se trouvaient placées sur le pont à l'avant et à l'arrière du bateau, de telle manière qu'on pouvait toujours faire feu sur l'ennemi avec une pièce, pendant qu'on chargeait l'autre.

Tous ces bâtiments étaient complètement pourvus de voiles et de rames et manœuvraient avec une grande précision. Cependant, leur tir incommodait peu les troupes qui se tenaient à quelque distance du rivage, parce qu'il était généralement trop haut. Le capitaine de frégate anglais Stuart avait le commandement supérieur de la flottille.

Il ressort de tout cela que le général York prit le commandement dans des conditions très difficiles. Le maréchal avait, il est vrai, promis de venir bientôt lui-même avec la 7e division; le parc de siège était attendu; le 9e corps était déjà rassemblé à Tilsit, et on espérait au moins voir dans peu de jours se joindre au corps de siège la division Daendels de ce corps d'armée qui était cantonnée à Tauroggen. Le maréchal avait également donné l'ordre au commissaire général des guerres Ribbentropp, qui remplissait alors les fonctions d'ordonnateur en chef pour tout le 10e corps, de préparer dans le plus grand secret un approvisionnement de vivres de trois mois pour 60.000 hommes. Nous verrons cependant, plus tard, que les promesses du maréchal ne se réalisèrent pas; que les préparatifs du siège restèrent inutiles et que le 9e corps, après s'être dûment refait sur le territoire de son allié, aussi bien pour le passé que pour l'avenir, reçut une autre destination. Il partit, le 30 août pour Smolensk, en passant par Vilna et Minsk : il avait un approvisionnement de vingt jours de vivres et de fourrages, en très grande partie tiré de la Prusse, et pour le transport duquel il fit encore des réquisitions de voitures dans ce pays déjà épuisé et au moment de la moisson.

Napoléon, persuadé qu'il dicterait la paix à Moscou, poursuivait son objectif, sans s'inquiéter de ce qu'il regardait comme accessoire. Passer la Düna à Riga avec les 9ᵉ et 10ᵉ corps aurait été assurément le meilleur moyen de forcer le corps de Wittgenstein à abandonner la haute Düna. En admettant même qu'un siège régulier de Riga eût présenté quelques difficultés d'exécution, les corps réunis de Macdonald, Victor, Oudinot et Saint-Cyr étaient plus que suffisants pour repousser bien loin Wittgenstein en Livonie et en Esthonie. Cette entreprise eût certainement inspiré aux Russes des inquiétudes pour Pétersbourg et leur aurait fait perdre une étendue de terrain très importante et très riche. Mais le destin entraînait Napoléon à sa perte.

14 août.

Le bataillon de fusiliers n° 7 arrive aujourd'hui sur la position d'Olai.

Un ordre du jour du maréchal règle les détails de la fête de Napoléon, qui doit avoir lieu demain. Le maréchal donne en même temps la nouvelle que le duc de Reggio a battu le comte Wittgenstein sur la route de Sebecz, en avant de Polotzk, et lui a infligé une perte de 8.000 hommes tués, blessés et prisonniers; que l'armée principale russe s'est retirée sur Smolensk; il indique enfin les positions présentement occupées par les corps de la grande armée.

15 août.

La fête de Napoléon a été célébrée comme il avait été ordonné.

16 août.

Le lieutenant-colonel de Horn rend compte que les postes de l'ennemi paraissent se renforcer sur la rive droite de la Düna. Le général Lœwis est arrivé à Iungfernhof.

17 août.

Le général York, à cette nouvelle, juge opportun de faire occuper le poste de communication de Plakan par deux compagnies du bataillon de fusiliers n° 7, sous le commandement du major de Funck; elles doivent relever là 80 tirailleurs qui rentreront à leur régiment.

Une patrouille du bataillon de fusiliers n° 1 envoyée de Schlock, forte de 1 sous-officier et 6 hommes, est tombée aux mains de l'ennemi, ce qui est arrivé déjà il y a peu de temps à une autre patrouille de 3 hommes du même bataillon. Le général commandant prend occasion de ces faits pour rappeler aux officiers de tout grade qu'ils doivent appliquer d'une manière stricte et scrupuleuse les prescriptions du service en campagne et particulièrement des avant-postes. La compagnie qui avait été détachée sur la rive droite de l'Aa est rappelée à son bataillon à Schlock; par contre, deux compagnies du régiment d'infanterie n° 6 sont commandées du camp de Zennhof pour le détachement d'avant-postes du colonel de Jeanneret.

Le général de division français Campredon fait savoir

que l'artillerie de siège avec accessoires destinée à Riga est en route sur trois colonnes de Memel, Tilsit et Georgenkrug, que lui-même arrive le lendemain à Mitau. Il demande en même temps, pour la garde des attelages rassemblés sur différents points et destinés au transport ultérieur du matériel, d'envoyer un détachement d'infanterie à Ianischki. Le général commandant désigne pour cette mission deux compagnies du bataillon de fusiliers n° 4 tirées de Mitau.

18 août.

Dès le matin, nous arriva la nouvelle inattendue suivante : l'ennemi avait, le 15, chassé de Friedrichstadt le poste de la 7° division, composé de 1 officier et 20 hommes du régiment de hussards prussiens n° 1, occupé cette ville, pillé et transporté en arrière le petit magasin qui s'y trouvait et enlevé un courrier français. De là, les Cosaques avaient osé se répandre dans la province.

Le général York résolut d'envoyer immédiatement une colonne mobile, qui aurait pour objet non seulement de rétablir le plus promptement possible la communication avec le maréchal, mais encore d'empêcher qu'un parti ennemi de quelque 200 chevaux menace la Courlande et inquiète dans sa marche le parc de siège. Le lieutenant-colonel de Horn reçut l'ordre de tirer de son détachement l'infanterie nécessaire à cette mission (deux compagnies du bataillon de fusiliers n° 3 et deux compagnies du bataillon de fusiliers n° 6); comme cavalerie, on fit venir du camp d'Olai l'escadron du capitaine de Manstein du régiment de dragons n° 1 et du camp de Zennhof l'escadron du capitaine de Weiss, du régiment de dragons n° 2; le major de Seydlitz fut chargé du commandement de cette colonne. Cette troupe se réunit dans la nuit du 19 au bourg de Baldohnen ; l'escadron de Weiss, qui devait marcher par Eckau, n'arriva que le jour suivant à Esserhof.

Dans le cas où il serait devenu nécessaire de se retirer derrière l'Eckau, le général Grawert avait antérieurement fait construire deux têtes de pont, l'une à Blockkrug sur la grande route, pour 1.000 hommes et 12 canons; l'autre près de la ferme Sillgrus, pour 400 hommes et 6 canons. Le corps pouvait ainsi, protégé sur ses derrières par ces têtes de pont, se replier en deux colonnes sur les deux rives de la Missa.

Le général York ordonna aujourd'hui d'établir une nouvelle tête de pont à Paulsgnade, au confluent de l'Eckau et de l'Aa, pour 400 hommes et 6 canons. Cet ouvrage, suivant l'intention du général, devait servir aussi bien dans un but offensif que dans un but défensif.

19 août.

Le maréchal, dans un ordre du jour parvenu aujourd'hui, témoigne son mécontentement au sujet du capitaine de Meyer du régiment de hussards prussiens qui s'est fait prendre. Pour avoir des nouvelles de l'ennemi, le maréchal avait organisé un service très régulier de patrouilles de reconnaissance partant de Dünabourg tantôt fortes, tantôt faibles, soit en avant sur la route de Liuszin, soit à droite de la route de Druja. A trois milles de Dünabourg, sur la première de ces routes, le major russe Bedraja avait pris position avec un corps de partisans et tendait de fréquentes embuscades à ces patrouilles, dont les habitants du pays lui annonçaient l'approche. C'était une de ces patrouilles qu'avait dirigée le capitaine Meyer. La compagnie d'infanterie polonaise qu'il avait avec lui n'ayant pas pu suivre assez vite ou étant restée trop loin en arrière, et un défilé déjà passé par les hussards n'ayant pas été occupé, les Russes avaient aussitôt profité de cette faute pour se porter vivement en forces sur leurs derrières. Entouré de tous côtés, le capitaine fut fait prisonnier avec un officier et 40 hussards; le reste, c'est-à-dire la plus grande partie de l'escadron, put heureusement se faire jour. Avec la nature de ce terrain extrêmement coupé et l'éloignement de tout point d'appui, c'est un grand honneur pour le régiment de hussards prussiens de n'avoir, dans des excursions presque journalières, éprouvé, sauf dans cette occasion, de perte sérieuse.

Le major de Seydlitz était parvenu ce soir à Wallhof avec sa colonne mobile. Les Cosaques glissés jusqu'aux environs d'Esserhof, s'étaient déjà retirés de tous côtés, satisfaits de rapporter des renseignements sur la situation du 10° corps, ainsi que d'avoir répandu de bonnes nouvelles de l'armée russe. A Wallhof, le major de Seydlitz apprit par un postilon prussien venant du quartier général du maréchal que le général Ricard avec sa brigade était en marche de Jacobstadt sur Friedrichstadt et avait déjà réoccupé cette ville.

20 août.

A cette nouvelle, le major de Seydlitz s'arrêta à Wallhof et envoya le lieutenant de Prittwitz de l'état-major général avec 30 dragons à Friedrichstadt, pour apprendre du général Ricard quelles dispositions il comptait prendre pour assurer sa communication avec le corps prussien, ainsi que pour protéger la route de Bauske. Mais, ce général n'ayant pour mission que d'occuper Friedrichstadt et ne voulant pas s'engager d'une manière positive au sujet de la protection de la route de Bauske, le major de Seydlitz en référa au général commandant pour savoir ce qu'il devrait faire ultérieurement.

Par un ordre du corps d'armée en date de ce jour, le lieutenant-colonel de Horn est promu au grade de colonel.

21 août.

Ordre est expédié au major de Seydlitz de rejoindre immédiatement le corps avec son détachement et d'abandonner sans délai au général Ricard le soin d'assurer la sécurité de la route de Friedrichstadt à Bauske.

Un détachement de 3 officiers et 80 chasseurs et fusiliers fut envoyé aujourd'hui d'Olai : il devait tenter de gagner Schwarzhof à travers le marais et d'enlever une des grand'gardes ennemies postées le long du Beber. Ces officiers, le lieutenant de Kröcher des chasseurs, le lieutenant de Hinzmann du bataillon de fusiliers n° 5 et le lieutenant de Bardeleben du bataillon de fusiliers n° 7, réussirent avec de grandes peines à traverser le marais; mais, au lieu de surprendre l'ennemi, ils furent découverts par ses sentinelles. L'ennemi fort d'environ 60 hommes, replia ses postes en toute hâte, non sans laisser quelques morts sur la place.

22 août.

Le major de Seydlitz reçut l'ordre indiqué plus haut de rejoindre le corps avec son détachement. Il se mit aussitôt en marche. A Neuguth, il apprit que ce matin même un violent combat avait eu lieu; les patrouilles russes venues jusqu'à cet endroit avaient raconté que les Prussiens étaient complètement battus et repoussés jusque derrière l'Eckau. Le major de Seydlitz, pensant qu'il ne s'agissait que d'un échec éprouvé par le détachement de Dahlenkirchen, continua sa marche jusqu'à Draaken, où il arriva à la tombée de la nuit; de là, il envoya dans la direction de Baldohnen une patrouille de reconnaissance de 30 chevaux et une patrouille mixte sous le lieutenant de Prittwitz, vers la Missa, à la recherche des postes prussiens. Le lieutenant de Prittwitz et ses dragons donnèrent pendant leur marche sur de petites patrouilles cosaques, lesquelles se replièrent aussitôt. Cet officier rencontra le premier poste prussien à Gallenkrug, et comme il apprit là que le colonel de Horn avait de nouveau pris position à Plakan, le major de Seydlitz se remit en marche pendant la nuit.

Les défauts de la position de notre aile droite n'avaient pas échappé aux Russes, et le gouverneur de Riga espérait en l'attaquant réparer les échecs de ses troupes à Eckau et Wollgund.

Cette entreprise deux fois ajournée fut enfin fixée à la date du 22. Pour se donner plus de chances, le général Essen résolut d'inquiéter en même temps toute notre ligne, en faisant marcher dans ce but presque toute sa garnison. Cet effort n'était nullement en relation avec le résultat à atteindre, même dans les circonstances les plus favorables. Ce n'était pas avec peu d'artillerie mobile et une cavalerie insuffisante qu'il était possible, en faisant effort sur une aile, de pousser plus loin un avantage péniblement obtenu par l'effort seul d'une infanterie en partie inexpérimentée. Ce ne sont pas les principes et les règles de l'art militaire que l'on peut jeter dans un sac à lotos et retirer, en tenant pour bon ce qui nous vient à la main. Habituer ses jeunes soldats au feu; ne laisser aucun repos à l'ennemi, quand il en aurait besoin; utiliser l'action extérieure d'une place qui n'est assiégée que de loin; ces entreprises et autres semblables sont cependant assez importantes, quand elles sont en rapport avec le reste. Le gouverneur risquait encore d'affaiblir le moral de son infanterie en efforts sans utilité et sans but, faute qu'il aurait pu expier durement dans le cas d'un siège qui était alors possible.

Suit la relation racontée simplement d'un combat, malheureux il est vrai, livré par les troupes prussiennes, mais qui témoigne glorieusement de leur ténacité et de leur bravoure.

Rapport du colonel de Horn.

Quand j'adressais hier à Votre Excellence un rapport général sur le combat de Dahlenkirchen, j'ignorais encore beaucoup de circonstances qui ont leur importance pour expliquer le résultat de cette journée. Je m'empresse aujourd'hui, après examen approfondi de ces faits, de donner à Votre Excellence une idée plus claire du combat, qui, tout malheureux qu'il soit, n'en fait pas moins honneur aux troupes qui y ont pris part.

La position de Dahlenkirchen, que j'occupais depuis un mois, était, Votre Excellence ne l'ignore pas, très étendue et très exposée de tous côtés. Vingt hussards à Friedrichstadt, à neuf milles de Dahlenkirchen, formaient le premier poste de liaison entre moi et la division Grandjean.

Cet éloignement rendait toute entreprise facile à l'ennemi sur le flanc droit et les derrières de ma position, d'autant plus que la Düna au-dessus de l'île de Dahlen présente beaucoup de passages. Cette île, que l'ennemi avait en son pouvoir et que je ne pouvais lui enlever, parce que j'étais trop faible pour l'occuper, lui permettait de m'observer et de surveiller rigoureusement le front de ma position. L'aile gauche enfin, que j'avais cherché à protéger le mieux possible par des retranchements contre les entreprises de l'ennemi, était cependant exposée au feu des batteries de l'île. De plus, tout le terrain par la grande route jusqu'à Riga est tellement coupé que les mouvements de l'ennemi de ce côté sont absolument couverts, et ses canonnières me tenaient en échec sur la basse Düna. Aussi étais-je empêché de pousser au loin mes patrouilles, qui, dès qu'elles avaient dépassé d'un quart de mille les petits postes, étaient exposées au feu des canonnières.

Dans ces conditions, je ne pouvais assurer la sécurité de

mon poste, qui n'était protégé d'aucun côté, que par une forte chaîne et par des patrouilles continuelles dans toutes les directions.

On comprend combien ce service devait être pénible et énervant pour les troupes, quand on considère que je n'ai jamais eu plus de 200 chevaux et que je suis resté longtemps avec dix compagnies d'infanterie seulement. L'ennemi, qui aurait pu faire un mois plus tôt ce qu'il a entrepris hier, avait vraisemblablement été retenu d'abord par l'impression produite sur lui par l'affaire d'Eckau, plus tard peut-être par d'autres considérations que je ne saurais indiquer, car je n'étais pas informé de ce qui se passait dans son camp. Il avait souvent de l'île Dahlen fait reconnaître ma position, en particulier par l'ancien major prussien de Tiedemann, sans toutefois qu'on en fût venu aux mains.

Dans l'après-midi d'avant-hier, le fait se reproduisit. Mes patrouilles s'avancèrent sur le chemin de Friedrichstadt jusqu'à Borckowitz, à trois milles de Dahlenkirchen, et à gauche sur la route de Riga tout près des canonnières; l'ennemi était tranquille et aucun mouvement ne se faisait remarquer dans son camp. A minuit, de nouvelles patrouilles se portèrent dans ces deux directions; tout était encore tranquille.

Hier, à 1 heure et demie du matin, les patrouilles s'étant de nouveau portées en avant, la première donna à Bersemünde, l'autre sur la route de Riga près du moulin neuf, contre les Cosaques. Aux premiers coups de feu, le camp fut en mouvement, et l'ennemi n'avait pas encore replié mes postes que les troupes étaient en position. L'ennemi par de fortes patrouilles avait souvent déjà donné l'alarme à mes grand'gardes; après quelques coups tirés, il se retirait. La faible lueur du jour qui se levait et plus encore la nature du terrain coupé empêchèrent de reconnaître l'intention de l'ennemi. Je me rendis à l'aile gauche d'où étaient partis les premiers coups de feu et où l'on apercevait quelque infanterie, qui, au lieu de presser vivement, s'amusait à tirailler avec le piquet de chasseurs.

Entendant tirer à l'aile droite, j'y envoyai le major de Thile pour prendre les dispositions nécessaires. Les troupes furent formées de la manière suivante : le bataillon de fusiliers n° 2, les deux escadrons de hussards et quatre pièces de canon à l'aile droite, le front à la route de Friedrichstadt, les deux compagnies du bataillon de fusiliers n° 3 et deux compagnies de chasseurs, ainsi que les quatre autres pièces d'artillerie, dans le retranchement de l'aile gauche, une compagnie du bataillon n° 6 restant en réserve au moulin de Dahlenkirchen derrière le retranchement, l'autre étant immédiatement détachée au défilé de la route de Plakan pour assurer cette ligne de retraite.

Ces dispositions prises, j'attendis les entreprises de l'ennemi : tout semblait faire croire encore qu'il ne s'agissait que d'une alarme. Favorisés par une obscurité croissante, 200 tirailleurs russes s'approchèrent à l'aile droite du bataillon de fusiliers n° 2. Celui-ci, lorsqu'il aperçut l'ennemi, se jeta sur lui et le repoussa l'espace de 2.000 pas jusqu'à une ferme; les hussards, malgré les difficultés du terrain, chargèrent la cavalerie ennemie qui s'avançait pour soutenir les tirailleurs. L'affaire paraissait ainsi presque terminée, lorsque le bataillon n° 2, accueilli à la ferme par le feu de plusieurs bataillons, fut forcé de se retirer, suivi par une ligne d'au moins 2.000 tirailleurs, qui, grâce aux couverts, avait déjà gagné son flanc droit. Pendant que cela se passait, l'attaque de l'ennemi sur l'aile gauche était molle et n'était soutenue par aucune artillerie, sauf deux pièces de l'île qui ne faisaient aucun mal. Dès que le bataillon de fusiliers n° 2 avait dû battre en retraite, le major de Thile me l'avait fait savoir. Il ne pouvait plus y avoir aucun doute que l'ennemi ne préparât une attaque sérieuse. J'ordonnai alors aux troupes de l'aile gauche de se replier et envoyai la compagnie du 6ᵉ bataillon de fusiliers au secours de l'aile droite. L'artillerie de la gauche partit la première; l'infanterie et les chasseurs se mirent lentement en mouvement, résistant avec une grande bravoure, et je fus plusieurs fois obligé de leur envoyer l'ordre d'accélérer leur retraite.

Le major de Borcke lui-même, commandant le bataillon de fusiliers n° 3, qui sentait la nécessité de se hâter, ne pouvait décider à battre en retraite les braves Poméraniens qui, bien mal à propos d'ailleurs, défendaient le terrain pied à pied. Pendant ce temps, le bataillon de fusiliers n° 2, vivement pressé par des forces très supérieures, se retirait par la route de Plakan. Le feu à mitraille de quatre pièces n'arrêta pas l'ennemi, qui couvrait toute la campagne de ses bataillons dispersés. La compagnie du bataillon n° 6, qui accourait au secours du bataillon n° 2, ne réussit pas davantage à maintenir la grande masse des tirailleurs ennemis; elle se replia dans le plus grand ordre, comme le bataillon n° 2. La cavalerie ne put charger l'infanterie de l'ennemi sur un terrain qui était marécageux et dut se contenter de repousser sa cavalerie qui pressait notre infanterie.

Le major d'Eicke fit une charge heureuse et prit un capitaine et un lieutenant : d'après ces officiers, le major de Tiedemann aurait été blessé dans cet engagement.

Si à ce moment l'infanterie de l'aile gauche s'était plus

pressée de se replier, elle aurait pu sans trop de pertes rejoindre les réserves. J'étais avec la cavalerie et m'efforçais par mes attaques de donner un peu d'air à cette aile gauche. Mon adjudant, le lieutenant de Dresky, que j'avais envoyé porter de nouveau à chaque compagnie l'ordre de se hâter, était pris et sans doute blessé, les essaims de tirailleurs russes couvrant partout la campagne et le major Valentini ayant affirmé depuis ne l'avoir pas revu.

Le feu de l'ennemi devenant de plus en plus violent, car il se concentrait maintenant sur un petit espace, qui était le point où les deux ailes devaient se rejoindre, la cavalerie fut obligée de se retirer en arrière du défilé défendu par une compagnie du bataillon de fusiliers n° 6 ; l'infanterie de l'aile droite suivit le mouvement, et les têtes des deux compagnies du bataillon n° 3 et des chasseurs rejoignirent heureusement l'infanterie qui déjà passait le défilé ; mais la plus grande partie de ces compagnies, cernée par l'ennemi, fut tuée ou prise après une résistance désespérée. Si ces braves gens n'avaient pas suivi ponctuellement mes ordres et ceux de leur distingué commandant, ils auraient pu se replier avec des pertes moindres; l'infanterie de l'aile droite les aurait recueillis et aurait fait alors l'arrière-garde, de sorte que l'ennemi, malgré les attaques les plus impétueuses, n'aurait pu mettre le désordre dans le bataillon n° 2. Le major de Borcke, qui marchait à la tête de ses deux compagnies, bien que blessé lui-même, se fit jour à la baïonnette malgré la cavalerie, dont un détachement cherchait à l'entourer.

Lorsqu'on eut atteint le défilé de la route de Plakan, l'ennemi ne fit plus que suivre la colonne à courte distance. Les troupes continuèrent à se retirer en ordre jusqu'à Plakan.

Les pertes en tués et blessés attestent la bravoure des troupes, et en particulier des officiers.

Les officiers hors de combat sont :

Des 3ᵉ et 4ᵉ compagnies du bataillon de chasseurs de la Prusse orientale :

1° Capitaine de Valentini II, tué ;
2° Lieutenant de Marées, blessé ;
3° Lieutenant de Pannewitz, blessé,
} restés sur le champ de bataille ;

4° Lieutenant de Knobelsdorf (1) ;
5° Lieutenant Pohle,
} prisonniers, on ne sait s'ils sont blessés.

6° Lieutenant Krüger, blessé, mais non prisonnier.

---

(1) Du 1ᵉʳ régiment à pied de la garde. Il faisait cette campagne comme volontaire.

Du bataillon de fusiliers n° 2 :

1° Major et commandant de Pfeiffer, blessé grièvement ;
2° Lieutenant de Raven I, blessé grièvement ;
3° Lieutenant de Mülbe, blessé grièvement ;
4° Lieutenant de Schachtmeyer, blessé légèrement ;
5° Lieutenant de Meller, blessé légèrement,
} non prisonniers.

6° Lieutenant Salinger ;
7° Lieutenant de Menkstern ;
8° Lieutenant de Hippel,
} prisonniers et probablement blessés.

Des deux compagnies du bataillon de fusiliers n° 3 :

1° Major et commandant de Borcke, blessé légèrement et non prisonnier ;
2° Capitaine de Zglinitzky, blessé dangereusement et prisonnier ;
3° Capitaine de Stülpnagel, tué ;
4° Premier lieutenant de Tilly ;
5° Second lieutenant de Grumbkow,
6° Second lieutenant de Pritzelwitz ;
7° Second lieutenant de Korff ;
8° Second lieutenant de Wolf,
} prisonniers et la plupart probablement blessés.

Des deux compagnies du bataillon de fusiliers n° 6 :

Lieutenant de Zaborowsky, blessé, et non prisonnier.

Des deux escadrons du régiment de hussards n° 3 :

1° Major de Schill, blessé légèrement ;
2° Lieutenant de Behr, blessé grièvement,
} non prisonniers ;

Premier lieutenant de Dreski, adjudant du colonel de Horn, blessé et prisonnier.

Votre Excellence remarquera que cette liste contient les noms d'hommes de haute valeur, dont je ressens profondément la perte. Le brave major de Pfeiffer, commandant le bataillon de fusiliers n° 2, s'est distingué à la tête de son bataillon et mérite que Votre Excellence le cite d'une façon toute particulière. Je serais très malheureux si je pouvais me reprocher d'avoir par ma faute causé la perte de tels hommes. Je sais parfaitement que, si je m'étais retiré dès la première alerte, je n'aurais perdu personne. Mais je devais m'assurer d'abord que c'était une attaque sérieuse ou une démonstration, et les ordres que j'avais reçus précédemment aussi bien que mon honneur propre me commandaient une pareille ligne de conduite, les intentions du maréchal duc de Tarente étant que le poste de Dahlenkirchen devait être occupé et non abandonné devant une simple démonstration. Que, par suite de cette attente, l'entreprise de l'ennemi dût fatalement entraîner pour nous un échec, cela résulte des propriétés défavorables du terrain que j'avais à occuper, et ce serait certainement l'avis de tous les officiers qui pourraient voir et juger la position.

Les forces de l'ennemi, d'après le dire des prisonniers, s'élevaient à 12 bataillons d'infanterie et 6 escadrons de cavalerie.

De notre côté, il n'y avait comme troupes combattantes, déduction faite de la compagnie chargée de couvrir le défilé sur la route de Plakan, que 9 compagnies et 2 escadrons qui donnent, en défalquant les malades et les employés, à peine 1.300 combattants.

La perte en sous-officiers et soldats tués, blessés, prisonniers ou disparus est la suivante, les comptes rendus ne portant pas encore de distinction particulière :

1° Des deux compagnies de chasseurs : 124 hommes.
2° Du bataillon de fusiliers n° 2 : 240 hommes.
3° Du bataillon de fusiliers n° 3 : 320 hommes.
4° Du bataillon de fusiliers n° 6 : 52 hommes.
5° Hussards : 36 hommes, 50 chevaux.
6° Artillerie : 3 hommes, 6 chevaux.

Total : 775 hommes, 56 chevaux.

Plakan, le 23 août 1812.

De Horn.

Les Russes avaient été moins heureux dans leur attaque sur nos avant-postes d'Olai. Voici la relation du major de Clausewitz concernant l'affaire :

Relation du combat du 22 aout aux avant-postes d'Olai.

A 5 heures du matin, l'ennemi, fort de cinq à six bataillons, attaqua vivement nos avant-postes. La patrouille fixe détachée du petit poste des chasseurs fut refoulée par l'avant-garde ennemie. Aussitôt, l'ancienne garde, commandée par le lieutenant de Rœder, du bataillon des chasseurs de la garde, détaché pour faire le service au bataillon de chasseurs de la Prusse orientale, et composée de 2 sous-officiers, d'un premier chasseur, de 24 chasseurs et de 30 fusiliers du bataillon n° 5, se porta vigoureusement en avant, ainsi que la nouvelle garde de même force qui arrivait précisément avec le lieutenant de Kroecher, et le piquet placé en arrière et fort de 2 sous-officiers et 30 fusiliers des bataillons 5 et 7 sous le lieutenant de Legré. Ces divers détachements se grossirent en chemin de toutes les patrouilles qu'ils rencontrèrent et infligèrent à l'ennemi, par leur bravoure et par un emploi intelligent du terrain, des pertes sensibles.

De son côté, le major de Clausewitz, commandant les avant-postes, ayant été informé de l'approche de l'ennemi et de sa force approximative, fit rompre sans retard toute sa troupe et se porta vivement à la rencontre de l'ennemi. Les deux compagnies de chasseurs qui bivouaquaient à côté, bien que considérablement affaiblies par des détachements, se portèrent aussitôt avec un grand courage à la rencontre des Russes sous la conduite des capitaines de Heidenreich et de Rieben. Ceux-ci, grâce à la supériorité du nombre, avaient déjà replié nos avant-postes qui se retiraient dans l'ordre le plus parfait pas à pas sous un feu violent. Les tirailleurs du bataillon de fusiliers n° 5, postés plus en arrière sous le commandement du capitaine de Rœppinghaus et des lieutenants de Fielder et de Hintzmann, arrivèrent à leur tour, et, réunis aux chasseurs, arrêtèrent par leur vigoureuse attitude l'élan de l'ennemi. Il s'engagea alors un feu des plus vifs, et les Russes, devenus beaucoup plus nombreux, dirigèrent un parti considérable sur notre flanc gauche. A ce moment-là heureusement arrivait le bataillon de fusiliers n° 5, dont une compagnie avait été laissée en arrière sur la route de Plakan pour tenir notre ligne de retraite. Le major de Clausewitz fit aussitôt partir à gauche de la route le major de Rudolphi avec deux compagnies de son bataillon pour repousser de ce côté l'attaque de l'ennemi, qui, grâce à la grande supériorité de ses forces, progressait sur ce terrain découvert et défavorable à l'action de nos chasseurs et tirailleurs. Ceux-ci, couchés à terre, avaient laissé approcher les Russes à cinquante pas et les avaient reçus par un feu bien ajusté. Le major de Rudolphi s'acquitta de sa mission avec beaucoup de jugement et de résolution. Ses compagnies se battirent avec la plus grande bravoure. L'ennemi lutta également avec opiniâtreté. Pour décider les Russes à la retraite, le major de Clausewitz se porta sur leur centre avec la 12ᵉ compagnie du bataillon de fusiliers n° 5 sous les ordres du major de Lettow et les deux compagnies du bataillon de fusiliers n° 7 qui arrivaient en colonne sur la grande route; il avait fait préalablement renforcer par les pelotons de tirailleurs de ces trois compagnies les troupes qui combattaient à droite et à gauche. Il parvint à rejeter l'ennemi de sa position, et lorsqu'il apprit que le 1er bataillon du régiment n° 5 laissé en réserve se hâtait pour le soutenir, il résolut de poursuivre vivement l'ennemi pour achever de le rompre. Les Russes s'enfuirent alors sur tous les points et gagnèrent précipitamment la chaussée de Riga. Dans cette circonstance, le lieutenant d'Uttenhoven, adjudant du major de Clausewitz, avec quelques dragons, réussit à couper et à faire prisonniers 49 Russes de la grand'garde du régiment n° 1 qui fuyaient vers la chaussée. L'ennemi fut complètement rejeté sur la digue. Le major de Clausewitz arrêta ses troupes sur les hauteurs de ce côté, attendit là que les Russes se fussent retirés et reprit ensuite ses anciennes positions sur l'ordre du général commandant.

La perte de l'ennemi peut s'élever à environ 100 morts et 250 prisonniers, dont 32 blessés; le nombre des blessés qu'il a évacués ne peut être connu, mais doit vraisemblablement être en rapport avec celui des tués.

Notre perte est la suivante :

1° Tués : lieutenant de Kroecher (1), plus 2 chasseurs du bataillon de chasseurs de la Prusse orientale et 5 fusiliers du bataillon n° 5 ;

2° Blessés : capitaine de Rieben, lieutenant de Roeder (2), 1 sergent-major, 1 premier chasseur, 1 clairon et 17 chasseurs du bataillon de la Prusse orientale; les lieutenants de Fielder et de Hintzmann avec 5 sous-officiers, 1 clairon et 47 hommes du bataillon de fusiliers n° 5, plus 4 hommes des deux compagnies du bataillon de fusiliers n° 7 (non compris les hommes blessés légèrement restés à leurs corps) ;

3° Prisonniers : 3 chasseurs et 2 dragons ;

4° Disparus : 1 fusilier du bataillon n° 7.

Pour occuper le corps prussien sur sa gauche et sur son centre pendant qu'il attaquait notre aile droite, le général Essen fit le matin du même jour insulter nos postes à Schlock et à l'auberge rouge non loin de Sainte-

---

(1) Du 1er régiment de la garde à pied : il faisait le service à ce bataillon et avait voulu faire la campagne pour son instruction personnelle. Il mourut le lendemain des suites de sa blessure.

(2) Du bataillon de chasseurs de la garde. Il mourut en 1813, à Prague, de blessures reçues à Culm.

Anne. Lorsque la lueur des fanaux à Schlock eut indiqué au colonel de Jeanneret que les canonnières s'avançaient sur l'Aa, il donna ordre à ses avant-postes de se replier, se porta au devant d'eux avec le soutien et réunit son détachement dans un pli de terrain derrière l'auberge neuve. Là s'engagea une action assez vive, dans laquelle les compagnies des capitaines de Sack et de Stengel du régiment d'infanterie n° 6, ainsi que le peloton de chasseurs du lieutenant de Kamptz, chargèrent à la baïonnette un bataillon de chasseurs russe qui les avait attaqués par derrière, le repoussèrent et, sans éprouver eux-mêmes aucune perte, lui firent 23 prisonniers. L'arrivée des canonnières détermina cependant le colonel de Jeanneret à ramener tout son détachement en arrière, l'infanterie jusqu'à Kliwenhof, la cavalerie jusque près de Wolgund. Notre perte fut de un hussard tué, de un hussard et un mousquetaire blessés. L'ennemi fort de 3 bataillons et 100 chevaux environ suivit seulement jusqu'à Kalnzeem; il doit, au dire des habitants, avoir eu plusieurs tués, dont un major et deux autres officiers et plusieurs blessés.

A la nouvelle que les canonnières placées à Bullenkrug s'étaient mises en mouvement et se dirigeaient sur Schlock, que ces bateaux portaient de l'infanterie et étaient accompagnés sur la rive gauche de l'Aa par un détachement de 50 à 60 chevaux, le major de Crammon fit aussitôt partir deux compagnies de son bataillon et le peloton du lieutenant de Borcke du régiment de dragons n° 2 pour Kauger-Zeem sur le bord de la mer; il plaça une compagnie aux dunes près de la route de Dünamünde et la quatrième compagnie en réserve à moitié chemin de Kaugerkrug à Schlock. Le détachement de hussards du lieutenant de Radonitz eut pour mission de soutenir les patrouilles d'infanterie poussées sur Waltershof et de faire tirer à l'ennemi quelques coups de canon pour avertir le colonel de Jeanneret. Les chaloupes canonnières anglaises et russes, suivies de plusieurs bateaux de transport avec de l'infanterie, remontèrent jusqu'au Pastorat, où ces barques mirent à terre leurs troupes qui comptaient, à ce qu'il semble, trois ou quatre bataillons. Dès que l'infanterie ennemie se fut formée, elle envoya en avant une ligne de tirailleurs qui força nos petits postes à se replier. Les Russes, supposant que Schlock était encore occupé par des troupes prussiennes, se tournèrent alors contre ce village et ouvrirent sur lui un feu d'artillerie et de mousqueterie bien inutile, jusqu'à ce qu'ils eussent reconnu leur erreur. Cependant, le major de Crammon avait remarqué en mer quelques chaloupes, dont il pouvait craindre un débarquement sur ses derrières. Il se retira avec son bataillon en deux colonnes jusque derrière Lappe-Meschzeem, où, protégé sur son flanc droit par le lac de Kauger, il prit une position que le terrain rendait particulièrement avantageuse. Il y repoussa plusieurs attaques de l'ennemi qui le poursuivait. Mais, toujours menacé à dos par un débarquement et commençant à manquer de munitions, il se mit en retraite sur Tuckum dans l'ordre le plus parfait. L'ennemi ne suivit et avec beaucoup de circonspection que jusqu'à Rappe-Zeem.

Le bataillon avait perdu 1 soldat tué et 10 blessés. Le major de Crammon cite avec éloges dans son rapport le fusilier Manese, non seulement pour le courage qu'il a montré, mais encore pour avoir avant de combattre parlé à ses camarades en termes simples mais énergiques, leur rappelant les hauts faits de leurs aïeux et les excitant à se montrer dignes du vieux nom prussien. Un prisonnier ramené par une patrouille de sous-officiers qui, séparée du reste de la troupe, s'était heureusement échappée à travers les marais, nous apprit que les Russes après le combat s'étaient installés sur la position précédemment choisie par le bataillon et avaient fait des pertes sensibles.

D'après des fragments d'un journal de campagne écrit à ce moment à Riga communiqués par une main amie, ainsi que d'après les déclarations d'autres officiers russes, il était arrivé, le 31 juillet (vieux style) ou le 12 août, de Finlande 4 bataillons et 30 canonnières de renfort dans la place. Cet accroissement de forces avait, dès le 12, donné l'idée au gouverneur de faire une nouvelle tentative sur le corps prussien, afin de chercher à le rejeter de l'autre côté de l'Aa. La dépêche du général Campredon au maréchal Macdonald, interceptée le 15, près de Friedrichstadt, lui apprit non seulement que le parc de siège était réellement près d'arriver, mais aussi que le maréchal Victor s'était arrêté avec son corps d'armée à Tilsit et que le général russe Tormassow opérait sur les derrières de la grande armée. Ces nouvelles ne firent que confirmer le gouverneur dans son dessein. Maints obstacles s'y opposaient cependant, ce qui en avait fait plusieurs fois différer l'exécution. Les premiers empêchements provenaient de ce qu'il fallait nécessairement embarquer des troupes sur les canonnières pour une expédition le long des côtes; puis des hésitations provenant de la jeunesse des nouveaux contingents; enfin, ces difficultés écartées, lorsque les troupes se furent portées, le 18, au rendez-vous qui leur avait été assigné pour l'opération, il se trouva par hasard qu'il était impossible de passer la Düna au point qui avait été choisi. Le 20, les dispositions prises ne furent pas davantage suivies d'exécution; mais, la rumeur publique ayant apporté de Mitau la nouvelle à Riga que le général York, ne voulant pas servir sous les ordres du général Daendels, s'était dit malade et avait abandonné le commandement du corps prussien, que ce corps faisait partout ses dispositions pour se retirer jusque derrière l'Eckau, l'attaque fut définitivement fixée au 22 et reçut alors son exécution.

Je n'ai pu me procurer le texte des ordres donnés pour cette attaque (car les fragments du journal de Riga déjà cité ne vont que jusqu'au 20); cependant il m'est permis d'avancer avec quelque exactitude les renseignements qui suivent.

3.000 hommes environ furent employés aux démonstrations sur Olai, sur Sainte-Anne et Schlock ; le général Wiliaminow conduisait de nouveau la colonne d'Olai, le colonel de Clemens, commandant en second de Dünamünde, la deuxième colonne. La colonne principale, qui s'avançait sur la route de Dahlenkirchen, était commandée par le lieutenant général Lœwis; elle comptait plus de 3.000 hommes. Une autre, enfin, avait pour mission de passer la Düna à Bersemünde et de prendre à dos le détachement de Horn; elle était aux ordres du colonel Ekeln, commandant le régiment des chasseurs de Finlande, et se composait de ce régiment et du détachement d'avant-postes du major Hirsch placé à Iungfernhof, ce qui montait à 500 hommes des deux armes et à 2 canons. Le lieutenant-colonel de Tiedemann était adjoint au commandant de cette dernière colonne.

Le premier bras de la Düna franchi à grand'peine sur un récif, le courant rapide du fleuve et les masses de rochers qui en parsemaient le lit présentèrent des difficultés encore plus grandes pour le passage du second bras; aussi dut-on laisser dans l'île les deux canons qui avaient passé le premier bras. Ces difficultés une fois surmontées, la colonne parvint à s'établir sur la rive entre Bersemünde et Keckau derrière une hauteur, tout près des vedettes prussiennes qui concentraient toute leur attention sur le passage de Bersemünde. L'ordre portait que le colonel Ekeln devait attaquer, dès qu'il entendrait l'attaque du général Lœwis; mais, pensant que sa position risquée pouvait être découverte à la pointe du jour, il résolut, avant qu'il fît complètement clair et après une attente de près de deux heures, de commencer le premier l'attaque.

Les avant-postes prussiens furent surpris et rejetés par la cavalerie russe sur les grand'gardes d'infanterie, pendant que le régiment de chasseurs finlandais prenait sa formation de combat. En même temps, un fort parti de cavalerie fut envoyé en amont sur la route de Friedrichstadt et Wallhof, pour protéger le flanc gauche contre un ennemi venant de cette direction. Le régiment de chasseurs finlandais, dans son attaque sur la droite du détachement de Horn, dut alors s'avancer sur un plateau marécageux et couvert de buissons et d'arbustes et recevoir non seulement un feu vif d'infanterie, mais encore un très violent feu de mitraille. Il fut forcé de s'arrêter et faisait même déjà ses dispositions pour battre en retraite, lorsqu'après un combat d'une heure et demie l'attaque du général Lœwis se fit enfin entendre. Le colonel Ekeln, remarquant de l'hésitation chez les troupes prussiennes, se porta de nouveau en avant. Le reste de la relation russe s'accorde essentiellement avec le rapport du colonel de Horn. C'est surtout à la précision des manœuvres et au choix judicieux des positions de l'artillerie prussienne que le détachement de Horn dut de ne pas être poursuivi par les Russes jusqu'à Plakan.

Le lieutenant-colonel de Tiedemann, qui s'était mis à la tête de la cavalerie russe, fut au premier choc blessé d'un coup de pistolet. La balle l'avait atteint directement au-dessus du nombril et était ressortie par la hanche droite. Il expira cinq heures après sa blessure à Riga, où sa mort excita une émotion générale.

Les Russes avouèrent pour cette journée une perte totale de 560 hommes.

23 août.

Les rapports informent que l'ennemi s'est contenté d'occuper le poste de Dahlenkirchen. Le 2ᵉ bataillon du régiment n° 1, tiré du camp d'Olai, est envoyé à Plakan pour renforcer le détachement de Horn. Le major général de Kleist avait également dans la nuit fait rompre ses troupes de Zennhof pour Wollgund, pour contenir à gauche les Russes s'ils continuaient de se porter en avant. Cependant, des déserteurs annoncent que l'ennemi s'est déjà replié jusqu'à l'auberge derrière Sainte-Anne, et le capitaine de Müller, qui avec une forte patrouille de reconnaissance s'est avancé jusqu'à l'auberge neuve, n'a rencontré personne. D'après ce rapport et les dires des déserteurs, il doit y avoir eu hier dans l'après-midi à Kalnzeem 17 grands bateaux et 12 petits, et chacune des attaques sur Sainte-Anne et sur Schlock a compté trois faibles bataillons avec 180 hommes environ de cavalerie en tout. Trois canonnières se sont avancées jusqu'à Klivenhof. Dans ces conditions, le major général de Kleist ordonne au colonel de Jeanneret de reprendre son ancienne position, en apportant toutefois quelques modifications dans le placement des avant-postes, parce que Schlock est resté au pouvoir des Russes. Les autres troupes reviennent au camp de Zennhof.

Cependant la première division du parc de siège est arrivée dans la journée à Ruhenthal près de Bauske, sous escorte de 7 compagnies d'artillerie française. Sur la proposition du général York, le général Campredon donne l'ordre aux autres divisions du parc d'interrompre leur marche pour quelques jours, afin d'attendre le développement éventuel des desseins de l'ennemi. La conviction du général Campredon est que la division Daendels du 9ᵉ corps doit sans plus tarder se joindre au 10ᵉ.

Le commandant de Mitau, major de Both, rend compte de la découverte qui a été faite de la voie par laquelle l'ennemi entretenait par mer une correspondance suivie avec les habitants du pays. Pour y parer, on fait les dispositions qu'il est possible de prendre dans une position aussi étendue que la nôtre, et un officier avec 30 chevaux est immédiatement envoyé en expédition le long des côtes jusqu'aux environs de Windau.

Le major de Trabenfeld, commandant de Memel, mande que les mouvements de l'armée russe sous le général Tormassow produisent à Kœnigsberg une grande sensation, et que le gouverneur, le général Loison, a décidé en conséquence de rassembler à Rastenbourg toutes les troupes prussiennes et autres mises à sa disposition.

24 août.

Le colonel de Horn reçoit l'ordre de reprendre le poste de Dahlenkirchen. Dans ce but les deux bataillons de mousquetaires du régiment de corps (n° 4), tirés du camp d'Olai, sont mis à sa disposition. Le colonel de Horn peut ainsi disposer pour son entreprise des troupes suivantes :

2 bataillons de mousquetaires du régiment d'infanterie n° 4 ;

1 bataillon de mousquetaires du régiment d'infanterie n° 1 ;

1 bataillon de fusiliers du régiment d'infanterie n° 6 ;

1 bataillon de fusiliers du régiment d'infanterie n° 2 (faible);

2 compagnies du bataillon de fusiliers n° 3 (le reste du bataillon);

2 compagnies du bataillon de fusiliers n° 7;

2 escadrons de hussards n° 2;

2 escadrons de dragons n° 1;

1 batterie à cheval n° 2.

Il donne les instructions suivantes :

Le but n'est pas de réoccuper dans son entier développement l'ancien poste de Dahlenkirchen, encore moins de s'y maintenir; mais il ne faut pas laisser croire à Riga que nous puissions être démoralisés par la dernière expédition des Russes. Le général commandant se réserve de décider prochainement sur les changements à intervenir dans la position de l'aile droite; il demande cependant au colonel de Horn son avis à ce sujet. Si le colonel de Horn était attaqué par des forces supérieures, il devrait se retirer non plus sur Plakan, mais sur Tomoschna, et de là en cas de nécessité vers Gallen (ou Galling)-Krug, voire même jusqu'à Eckau; dans tous les cas, il faut couvrir la route de Bauske et le parc de siège. Le poste de Plakan reste occupé. Le reste des deux compagnies de chasseurs doit aller rejoindre à Olai l'état-major du bataillon.

D'après des nouvelles envoyées par le major général de Kleist, l'ennemi a évacué le poste de Schlock et ses canonnières sont revenues jusqu'à Bullenkrug. En conséquence, le major de Crammon a reçu l'ordre de reprendre ses anciens postes. Mais les postes extrêmes de l'aile gauche restent à l'auberge neuve, où ils sont mieux placés qu'à Sainte-Anne. Les fanaux sont élevés de nouveau à Schlock.

Aujourd'hui le major de Rudolphi a été envoyé au général d'Essen à Riga, pour s'informer du sort des officiers et soldats qui sont tombés au pouvoir des Russes dans la journée du 22.

Il a été reçu avec toutes sortes de prévenances et il a pu se convaincre que tous les prisonniers jouissent d'un bon traitement. Les officiers ont même obtenu l'autorisation de porter leur épée. On paraît des deux côtés considérer la guerre plutôt comme une question d'honneur personnelle que comme une lutte véritable. Le général Essen a fait savoir que le total des sous-officiers et soldats prussiens faits prisonniers jusqu'à ce jour est de 675 hommes, et dans une lettre au général York il se déclare prêt à entamer des négociations pour l'échange des prisonniers.

Un ordre venu du grand quartier général défend, dans les provinces occupées par la grande armée, le commerce des armes, même pour les fractions de cette armée, et il enjoint d'exercer pour ce fait une surveillance spéciale sur les juifs. En même temps, il est porté à la connaissance des troupes que l'état-major général de l'aile droite (roi Jérôme) a été dissous; de plus, que la commission prévôtale du 1er corps a condamné à mort pour pillage quatre individus (Polonais et Bavarois).

25 août.

Le colonel de Horn rend compte que, ayant reçu trop tard la réponse faisant suite à son rapport d'hier, il a dû différer jusqu'à demain, au lever du jour, l'attaque ordonnée sur Dahlenkirchen. Il a, en attendant, détaché le major de Zielinski, avec un bataillon de son régiment et un escadron de hussards, pour renforcer le faible bataillon de fusiliers n° 2 qui occupe le poste de Gallenkrug.

Le major de Crammon attire l'attention sur le danger que courrait son poste, si Tuckum restait plus longtemps non occupé et si l'ennemi opérait un débarquement en arrière de Schlock. Le général York avait déjà fait lui-même cette remarque au moment de sa prise de commandement; mais, pour ne pas disloquer encore plus les troupes, il avait été forcé de laisser les choses en l'état. Il avait pourtant, pour soulager le service, fait rentrer à son bataillon à Schlock la 4e compagnie détachée en grand'garde sur la rive droite de l'Aa. Le major de Crammon reçoit alors pour instruction de rendre également praticables, pour l'été, en cas de danger, les chemins d'hiver à travers le marais vers les bois de Tuckum et de recommander la plus grande surveillance possible aux postes d'observation placés sur les côtés. On manque de troupes pour occuper Tuckum; et le poste de Schlock est trop important pour la sécurité du corps, pour qu'on puisse l'occuper seulement avec une partie du bataillon et envoyer l'autre à Tuckum.

26 août.

Les Russes n'ont pas attendu à Dahlenkirchen l'attaque du colonel de Horn; ils se sont retirés devant la marche en avant des troupes prussiennes; un Cosaque seul a pu être atteint. Mais l'îlot paraît être plus fortement occupé qu'auparavant; de plus, l'ennemi semble vouloir interdire les anciennes positions à nos postes et vedettes, qu'il a obligés maintes fois à se replier. Quelques demandes du colonel de Horn ont fait découvrir qu'un pli qui lui avait été expédié n'avait pas été remis, et avait dû sans doute être égaré.

D'après une information venue de Liebau, plusieurs navires de guerre ennemis se sont montrés devant ce port.

27 août.

28 août.

Compte rendu du colonel de Horn annonçant que les postes ennemis, bien que maintes fois repoussés, s'obstinent à s'établir de ce côté-ci du moulin, ce qui rend notre position moins sûre qu'auparavant. Faculté lui est donnée de diviser son détachement en deux parties et d'en laisser une à Catharinenhof et l'autre à Tomoschna; dans tous les cas les hauteurs de Dahlenkirchen doivent rester occupées par de fortes grand'gardes.

29 août.

Des patrouilles ennemies, qui depuis quelques jours se montraient aux environs de Baldohnen, avaient inspiré au général Campredon des inquiétudes pour Bauske et Ruhenthal, et le général York se porta aujourd'hui de sa personne vers Dahlenkirchen. Après avoir fait connaître au colonel de Horn les lieu et place qui lui paraissaient les plus convenables pour l'établissement provisoire de ce poste et avoir ordonné que le détachement replié vers Tomoschna fût reporté à Dahlenkirchen, le général, de retour à Peterhof, donna l'instruction suivante :

La hauteur de Dahlenkirchen et Keckau n'est plus tenue que par des postes de cavalerie. A deux ou trois verstes de là environ, sur la route de Tomoschna à Bauske, le major Zielinski s'établira sur la hauteur marquée, d'où l'on découvre au loin le terrain environnant, avec le 1er bataillon du régiment de corps, le bataillon de fusiliers n° 7, deux escadrons de hussards n° 3 et six pièces de la batterie à cheval n° 2 ; il a pour mission d'y prendre poste et de chercher à renforcer par la fortification une position naturellement très favorable. La nuit, en dehors des grand'gardes ordinaires de jour, trois forts piquets seront fournis et placés en se conformant au terrain, le premier sur le chemin de Dahlenkirchen à Baldohnen, le second directement sur la route de Riga, pour recueillir la garde avancée de cavalerie, la troisième plus à gauche sur le chemin de Dahlenkirchen à Plakan. A Tomoschna, où le colonel de Horn établit son quartier, seront placés le 2ᵉ bataillon du régiment de corps (n° 4), le bataillon de fusiliers n° 6, deux escadrons des régiments de dragons nᵒˢ 1 et 2 et les deux pièces restantes de la batterie à cheval : ils devront non seulement recueillir le major de Zielinski, mais encore, suivant les circonstances, tomber par une attaque de flanc sur l'ennemi qui s'avancerait imprudemment à droite ou à gauche.

En outre, des détachements de cavalerie, qui, à la manière des partisans, ne doivent jamais s'arrêter longtemps, éclaireront le terrain de Tomaschna par Baldohnen jusqu'à la Düna et maintiendront la communication avec Tomsdorf (dernier poste de la brigade Ricard qui se trouve à Friedrichstadt). A Plakan, le bataillon de fusiliers n° 2 avec quelques cavaliers servira de poste de liaison : il lui est prescrit un service proportionné à sa destination.

Le reste du bataillon de fusiliers n° 3 sera envoyé au détachement d'avant-postes à Olai; les deux compagnies du bataillon de fusiliers n° 7 qui s'y trouvent passeront à l'état-major de leur bataillon au détachement de Horn.

Sur la proposition du général Essen, d'envoyer à Staroi-Krug un officier du même grade pour conférer avec le lieutenant général Lœwis et arriver à une entente au sujet de l'échange des prisonniers, le général commandant désigna le lieutenant général de Massenbach; cet officier général se rendit, avec le colonel de Rœder, chef d'état-major, au lieu indiqué. On parut s'entendre complètement dès les premiers mots, et le général de Massenbach prit l'initiative, pour éviter une effusion de sang inutile, de proposer une espèce de ligne de démarcation à déterminer entre les avant-postes des deux partis. (Le maréchal, sur la demande du général Grawert, avait déjà approuvé un semblable accord.) Cependant, lorsqu'il fallut transformer en protocole les négociations orales et donner les signatures, le général Lœwis déclara qu'il n'avait pas les pouvoirs nécessaires; mais il promit, à la fin, de demander au général Essen la ratification de la convention.

On reçut aujourd'hui deux rapports du colonel de Czarnowski, commandant le régiment de hussards n° 2 détaché à la Grande Armée. L'un était du 18, l'autre du 31 du mois précédent.

La situation du régiment était représentée comme affligeante; il n'en avait pas moins mérité, par une conduite toujours honorable, les témoignages de satisfaction du roi de Naples. Il manquait alors au régiment 130 hommes environ et presque autant de chevaux; les munitions faisaient également défaut, parce que les projectiles français n'allaient pas à nos pistolets et carabines.

Le colonel de Below annonce l'arrivée très prochaine de quelques dépôts des régiments de la Prusse orientale à Memel : il détachera alors à Libau le bataillon du régiment d'infanterie n° 2 qui lui reste encore et rejoindra aussitôt de sa personne l'état-major du corps à Olai.

30 août.

Le général Lœwis écrivit aujourd'hui au général Massenbach une lettre tout à fait inattendue; on n'aurait pas pu hier prononcer l'échange des officiers faits récemment prisonniers, parce que ces officiers, paraît-il, et sans qu'il en ait eu connaissance, avaient été dirigés depuis quelques jours vers l'intérieur de l'empire. Il nommait d'autres officiers et proposait leur échange; mais il ne renouvelait ni la question d'échange pour les sous-officiers et soldats, ni la proposition qu'il avait faite lui-même d'une ligne de démarcation des avant-postes. L'inconséquence du gouverneur russe n'échappa pas au général York, qui fit répondre au général Lœwis qu'il considérait toute la négociation comme rompue. Puis, il écrivit au général Essen que, si les sauvegardes prussiennes enlevées à Baldohnen par les Russes dans le dernier combat et qu'il n'avait accordées que sur la demande pressante et sous la garantie du baron de Korff n'étaient pas immédiatement rendues, celui-ci serait immédiatement, comme otage, transporté à Graudenz. En attendant, M. de Korff fut emmené à Mitau (1).

Le général de Kleist fait savoir que l'ennemi travaille à des retranchements sur la langue de terre de Dünamünde à Bullenkrug; et le colonel de Horn rend compte que les Russes ont ramené leurs vedettes jusqu'au ruisseau en arrière du moulin de Titurg, et que le major de Zielinski est revenu avec son détachement de Tomoschna à Dahlenkirchen. Ce dernier rapport apprit au général York que sa deuxième instruction au colonel de Horn avait été perdue. Il ne restait plus qu'à en envoyer une autre le 31 et à prendre des mesures telles que, par la suite, un semblable accident ne pût arriver.

---

(1) Le général Essen s'excusa quelques jours après, disant que la prise des sauvegardes avait lieu en dehors de lui, mais qu'il ne pouvait en livrer les auteurs, parce qu'ils appartenaient à la légion allemande ; qu'il était prêt, d'ailleurs, à la première occasion, à laisser libres pareil nombre de prisonniers.

Aux autres griefs du général York, se plaignant que de nombreux paysans s'étaient enfuis dans les bois, et que certains d'entre eux avaient tiré sur les soldats prussiens isolés, ce qui, dans l'état actuel des choses, ne nuisait certainement pas aux Russes, mais pourrait finir par tourner au préjudice du pays, le général Essen répondit qu'il désapprouvait également cette manière de faire, et qu'il l'avait déjà très sévèrement défendue. Au reste, les paysans courlandais et lettons ne s'étaient sauvés dans les bois que pour ne pas être employés de force, aussi bien par les Russes que par les Prussiens, aux travaux de fortification. Dans les petits campements qu'on découvrait et qu'on faisait disparaître, il n'y avait point d'armes ; ces pauvres gens se résignaient à leur sort et ne demandaient qu'à rester tranquilles dans leurs huttes. Le tir sur nos soldats avait très bien pu n'exister qu'en imagination.

Nota. — *Toutes les notes de la traduction sont du général de Seydlitz.*

1ᵉʳ septembre.

Lorsque ce matin au lever du jour l'infanterie aux ordres du major de Zielinski se mit de nouveau en marche des hauteurs de Dahlenkirchen, pour occuper la nouvelle position choisie par le général d'York, l'ennemi franchit aussitôt la Düna à Kirchholm avec 40 chevaux, dans l'intention probable de s'opposer à la marche de notre infanterie. Mais, vivement pressé par nos hussards, il repassa le fleuve après avoir tiré quelques coups de feu. Cet incident n'en décida pas moins le colonel de Horn à faire rentrer le major de Zielinski et à laisser provisoirement à Katharinenhof le major de Lessel avec son détachement; le contre-ordre ne devait être exécuté qu'à la nuit tombante.

2 septembre.

Un ordre du jour du maréchal annonce les victoires de Smolensk et de Polotzk, ainsi que les avantages remportés par les Autrichiens sur l'armée de Tormassow.

Le major de Trabenfeld mande de Memel l'arrivée, à la date du 28, du colonel de Maltzahn avec les dépôts des régiments d'infanterie de la Prusse orientale. Ces détachements comprennent 26 officiers et 1.670 hommes; un peloton de 23 chevaux se trouve, en outre, à Memel. Ces troupes avaient d'abord été à Rastenbourg et venaient d'être renvoyées de là à Kœnigsberg. Par suite du départ successif des troupes appartenant au corps mobile, ce détachement devait être remplacé à Memel par des troupes sédentaires. Le général Loison ayant sur ces entrefaites nommé le colonel de Maltzahn commandant supérieur de la place et des troupes de

Memel, parce que Memel pouvait en quelque sorte être regardé comme la place d'armes du corps mobile, le général York ordonna que le major de Trabenfeld resterait comme commandant en second. Le major d'Engelbrecht du corps des ingénieurs avait remplacé dans la direction des fortifications le major Markoff passé au corps mobile.

3 septembre.

De la côte de Schlock, on avait vu s'élever en mer plusieurs fusées. Le major Crammon annonçait en même temps que la nouvelle voie à travers le marais avait été rendue praticable; en cas d'attaque, deux compagnies devaient se replier par ce chemin, les deux autres et la cavalerie en suivant le bord de la mer.

A l'aile droite, une patrouille de cavalerie de trois hommes envoyée vers Dünahof est tombée au pouvoir des Russes (1). Le bataillon de fusiliers n° 6 a relevé le bataillon de fusiliers n° 2 au poste de Plakan; ce dernier est rentré au camp d'Olai.

4 septembre.

L'ennemi s'était emparé pendant la nuit des hauteurs de Dahlenkirchen; mais il en a été chassé vers midi. La perte en hommes est inconnue, du moins de notre côté.

5 septembre.

Une troupe de Cosaques a traversé vers midi la Düna à Bersemünde et pris poste en cet endroit en face de

---

(1) On aurait pu les échanger, au lieu des sauvegardes; mais le général York ne voulait faire profiter de cette faveur que les soldats blessés.

notre grand'garde. Le major de Zielinski, voulant se débarrasser de ce voisinage trop rapproché, a marché aussitôt sur Bersemünde avec deux compagnies de fusiliers, un escadron de hussards, un obusier et deux canons. Les Cosaques ont dû repasser précipitamment le fleuve. Pour donner une leçon aux Russes et éviter à l'avenir des taquineries de cette sorte, le major a fait canonner par son artillerie le village situé sur la rive opposée et fait en même temps rapprocher son infanterie. Un assez vif combat de mousqueterie s'est engagé alors, dans lequel nous avons eu un fusilier et un dragon (de la grand'garde) légèrement blessés. De leur côté, les Russes avaient occupé le poste avec une force d'un bataillon environ; on a pu voir qu'ils avaient fait filer sur des voitures un certain nombre de blessés. A la tombée de la nuit, le major de Zielinski a repris sa position en arrière.

6 septembre.

7 septembre.

D'après un rapport de l'aile droite, le poste de Tomsdorf a été renforcé par une compagnie de voltigeurs polonaise. Le major de Crammon mande que le nombre des canonnières ennemies semble avoir augmenté à Bullenkrug.

Le maréchal, dans une dépêche de ce jour, donne son approbation à une proposition du général d'York, demandant que les prisonniers russes faits par le corps prussiens pussent, par analogie avec ce qui se passait au corps autrichien, être dirigés sur des places de ce côté-ci.

8 septembre.

9 septembre.

Le colonel de Horn a placé aujourd'hui un poste de 60 chevaux à Baldohnen. Une réserve de cartouches a été déposée au tambour du poste sur le nouveau chemin de Schwarzhof.

10 septembre.

Une patrouille de trois hussards est tombée la nuit dernière, près de Dahlenkirchen, dans une embuscade ennemie; d'un autre côté, un chasseur prussien aux avant-postes d'Olai a pris une vedette cosaque, près de laquelle il s'était glissé.

Plusieurs détachements d'artillerie française et polonaise et de sapeurs (dont le bataillon du génie de l'île d'Elbe), appartenant au parc de siège, étant arrivés à Bauske, le général commandant a fait rallier le détachement du colonel de Horn par l'escadron du régiment de dragons n° 1 qui y avait été détaché; il donne également l'ordre aux deux compagnies du bataillon de fusiliers n° 4, qui avaient été envoyées au-devant du parc, de rentrer à Mitau. Deux compagnies du bataillon détaché à Libau du régiment n° 2 doivent rejoindre l'état-major du corps.

Pour l'occupation des batteries placées sur l'Aa près du confluent avec l'Eckau, le général Campredon a accordé quatre pièces (autrefois prussiennes) de 24 livres tirées du parc de siège. Deux canons avec un officier et 50 artilleurs français sont affectés à la batterie de la rive droite de l'Aa, les deux autres avec deux officiers et 50 artilleurs français (en tout une compagnie) à la batterie de la rive gauche de ce fleuve. La batterie intermédiaire est occupée par deux pièces prussiennes de 6 livres. Enfin, l'artillerie française travaille à la construction des magasins à poudre nécessaires aux pièces de gros calibre.

Le général d'artillerie français Darançay est arrivé à Mitau avec plusieurs officiers d'artillerie et du génie. Ils ont quitté la Grande Armée à Witepsk, pour être employés au siège de Riga. Mais, à la suite de la marche inattendue du corps de Victor de Tilsit sur Vilna, il ne leur semble plus à eux-mêmes bien vraisemblable que le siège de cette place puisse être pris au sérieux.

Un ordre du grand quartier général, en date du 22 août, défend de laisser pénétrer les parlementaires ennemis au quartier impérial, prescrivant de recevoir leurs dépêches aux avant-postes, de renvoyer les parlementaires, s'il n'y a pas de réponse immédiate à faire, sans engager de conversation avec eux.

Un ordre du maréchal fait savoir au corps que l'empereur a nommé consul à Mitau M. Sadet, et que les autorités civiles et militaires sont invitées non seulement à le reconnaître dans ses fonctions, mais encore à lui prêter aide et assistance quand il le demanderait.

Déjà, fin juillet, deux auditeurs au conseil d'Etat avaient été désignés à Vilna comme intendants des subsistances de la province de Courlande par le général de division Mathieu Dumas, intendant général de la Grande Armée, et placés aux ordres du maréchal duc de Tarente. La nomination d'un gouverneur général de la province était réservée. M. de Chambaudoin, jeune homme de vingt et un ans, fils du préfet d'Evreux, fut intendant de la Haute-Courlande ou des cercles de Mitau et Jakobstadt; M. de Montigny, ancien officier, intendant de la Basse-Courlande ou des cercles de Goldingen et Tuckum avec le district de Pilten. Les fonctionnaires russes ayant abandonné leurs postes au moment de notre entrée en Courlande et s'étant retirés pour la plupart à Riga, un nouveau gouvernement central avait été installé avec les anciens fonctionnaires et députés des Etats du pays pour toute la Courlande, la Semigalle et le district de Pilten, lequel avait une organisation particulière. Le comte Charles de Medem était président supérieur de tout ce territoire, avec MM. Ernest de Schœppingg, Guillaume de Rudiger, Guillaume de Holte comme membres du gouvernement et le secrétaire général Schultz. Les ordonnances et réquisitions des deux intendants leur étaient adressées (1).

Un ordre impérial qui venait de paraître imposait précisément au pays une contribution de guerre de deux millions de roubles, et le maréchal à son tour requérait 50.000 peaux fourrées (vêtement d'hiver habituel des paysans). Une autre réquisition plus importante encore de 30.000 paires de souliers, 2.000 paires de bottes, 60 caissons attelés et harnachés du modèle prussien (destinés à la 7⁰ division), 850 chevaux de cavalerie et 300 du train, indépendamment des attelages à 4 ou à 6 chevaux pour les voitures ci-dessus énoncées suivant leur grandeur, avait été ordonnée dès l'installation des intendants (2).

11 septembre.

---

(1) Ces intendants avaient un style officiel particulièrement curieux : « Nous, Jules de Chambaudoin, etc., et Charles de Montigny, etc., en exécution des ordres de S. Exc. Monsieur le comte Dumas, intendant général de la Grande Armée, ainsi que des ordres et instructions de S. Exc. Monseigneur le maréchal duc de Tarente, commandant le 10ᵉ corps de la Grande Armée, avons ordonné et ordonnons ce qui suit. » Daru occupait auprès de Napoléon, dans cette campagne, le poste de ministre secrétaire d'Etat, et Mathieu Dumas avait été nommé à sa place intendant général de l'armée.

(2) Une très faible partie de toutes ces réquisitions fut livrée en réalité. Nous reviendrons plus tard sur ce sujet.

12 septembre.

Pour assurer la communication avec le poste de Tomsdorf, le colonel de Horn avait fait établir à Dünahof par le major de Thile de l'état-major une grand'garde de 30 cavaliers commandés par un officier. D'après le rapport de ce jour un poste de un sous-officier et neuf hommes tirés de cette grand'garde est placé le jour au gué d'Uxkull, toute la grand'garde devant se retirer la nuit en arrière d'un défilé à un quart de mille sur le chemin de Baldohnen, où elle ne peut pas être cernée. Le pont de radeaux, placé jusque-là entre Kaeshof et Isbeneck et destiné à la retraite des bagages, a été aujourd'hui rapproché de Mitau, pour pouvoir communiquer plus facilement avec la route de Würzau et Szawlen.

13 septembre.

Un bataillon de marche fort de 11 officiers et 556 hommes, convalescents des hôpitaux de Prusse, provenant des différents régiments et nations de la 7ᵉ division, est arrivé aujourd'hui à Mitau.

Le lieutenant-colonel français Richard a été chargé, avec un détachement de sapeurs français, de rechercher dans les forêts de la Düna, entre Dünahof et Tomsdorf, les bois susceptibles d'être employés à la construction et à la fortification. Un peloton de cavalerie prussienne lui est fourni pour sa sûreté.

Un ordre du maréchal, en date du 8, défend, sous les peines les plus rigoureuses, tous les jeux de hasard au corps d'armée (1); il recommande aussi aux senti-

---

(1) Je n'ai jamais pu connaître la cause de cette défense. Au corps prussien, les officiers avaient assez de motifs de s'abstenir du jeu.

nelles et vedettes la plus grande attention à l'égard des déserteurs ennemis, parce que l'on a déjà vu des soldats russes se présenter comme déserteurs, puis s'emparer de nos vedettes et les emmener prisonnières.

14 septembre.

Le major général de Kleist rend compte que, par suite du progrès des maladies qui sévissent chez les hussards, il a fait relever le peloton de hussards composé de 1 officier et 20 hommes qui se trouvait à Schlock par un peloton de dragons de la même force.

Le temps commence à devenir rigoureux et les nuits sont particulièrement froides.

15 septembre.

De la grand'garde de Dünahof, des troupes ennemies en marche ont été observées la nuit dernière sur l'autre rive du fleuve. Des déserteurs de Riga parlent du départ de quelques bataillons pour le corps d'armée du général Wittgenstein. Les têtes de pont de Zenhof, Sillgraus et Paulsgnade sont maintenant achevées et une autre à Mitau pour 600 hommes et 12 canons est en plein travail. Le vieux rempart du château de Mitau a été pourvu d'un parapet pour le flanquement de cette dernière tête de pont.

D'après une décision du maréchal, des dispositions doivent être prises pour évacuer sans retard sur la Prusse les malades et blessés transportables du corps d'armée (1).

---

(1) Là-bas, ils étaient entretenus aux frais de la Prusse; ils l'étaient ici de la France, aussi loin que l'administration du pays dépendait des autorités françaises. Quant à un mouvement du corps d'armée, le maréchal devait le regarder alors comme impossible, car il n'aurait pas laissé rentrer dans leur pays, en Samogitie, les chevaux qui avaient amené le parc de siège.

Un ordre du jour daté de Kalkunen près Dünabourg le 11 porte ce qui suit :

La contribution de guerre de deux millions de roubles, que S. M. l'Empereur et Roi a imposée à la province de Courlande doit être prélevée sur les propriétés foncières seules, sans toutefois que les paysans puissent être frappés. MM. les généraux et tous membres de l'armée ont pour devoir, dans le cas où les paysans seraient imposés, de leur faire connaître l'ordre ci-dessus, de leur faire comprendre qu'ils ne sont tenus à aucune contribution et de les engager à porter plainte si on les a déjà forcés à payer (1).

---

(1) Il n'y avait peut-être pas deux millions d'argent comptant dans toute la Courlande; car, si Libau est un port de commerce assez florissant, il ne s'y trouve pourtant que peu ou point de banquiers ou de capitalistes. Mitau, capitale de la province, est une ville où habitent surtout des fonctionnaires, des savants, des artistes, des boutiquiers, des ouvriers, et, comme partout, des marchands juifs. Pour se procurer la très faible partie de la contribution qui put être levée, les Français durent se contenter de prendre des objets d'or et d'argent au lieu de pièces monnayées, parce que le rouble-papier n'avait plus cours.

Les troupes faisant partie de la 7e division ne pouvaient ainsi recevoir, pour l'arriéré de leur solde, qu'un acompte en effets d'argent, au lieu d'argent monnayé. Les Français ne rapportaient d'ailleurs qu'un maigre butin de Russie ; aussi (d'après le capitaine d'Artois : *Relation de la défense de Dantzig en 1813*), le payeur de la 7e division dut-il regretter amèrement qu'une petite partie de la contribution de Courlande, environ 4.000 reichsthaler, ait été précisément versée en argent monnayé au moment de l'évacuation de Mitau ; comme le général Campredon ne voulut pas différer son départ, cet argent (Monsieur d'Artois veut-il en avoir des nouvelles ?) fut abandonné au commandant prussien, major général de Both, et tomba ainsi dans la caisse du corps prussien.

Il est étonnant de voir avec quelle amertume la plupart des auteurs français, lorsqu'ils parlent de ce temps-là, s'expriment maintenant encore à l'égard de la Prusse. C'est avouer que la défection des Prussiens a porté un coup sensible non seulement à Napoléon, mais encore à leur orgueil national. Mais il faut pardonner à l'auteur allemand, qui n'écrit que pour son peuple et pour son armée, si pour lui aussi, quelquefois, souvent involontairement, des mots amers se glissent sous sa plume. L'officier prussien fera la part de ce qu'ont exigé les nécessités ou les règles de la guerre ; à l'habitant, laissons ses plaintes, qui sont souvent son seul soulagement. Il eût été plus convenable que M. d'Artois ne renouvelât pas les exclamations du sieur Blech.

Mais que doit-on dire de ses indignes accusations contre le corps prussien ? Pas une n'est fondée, et toutes trouveront leur réfutation

Un courrier apporta dans la soirée la nouvelle de la victoire de Napoléon à Mojaisk. Le maréchal ordonna de la célébrer par un *Te Deum* et par 51 coups de canon.

16 septembre.

Le colonel de Rœder, chef d'état-major général, envoyé en mission auprès du maréchal, se met aujourd'hui en route pour Kalkunen où les généraux Campredon et Darançay avaient également été appelés.

Maints déserteurs de Riga parlent de l'arrivée prochaine d'un corps nombreux, que l'on attend dans cette ville.

Un navire, qui était sorti depuis quelques jours de Riga et voulait transporter sur la côte nord-ouest de Courlande deux gentilshommes, un monsieur de Korff et un monsieur de Sass, a été jeté à la côte par la tempête près de Lappe-Mesch-Zeem et forcé de jeter l'ancre. Le lieutenant de Fabecki du bataillon de fusiliers n° 1 fit alors équiper quatre barques et donna la chasse à cette chaloupe qui leva l'ancre et prit la fuite, mais fut bientôt atteinte et forcée de se rendre.

17 septembre.

Le général Ricard fait connaître que les troupes

---

dans le journal sans qu'il soit besoin de revenir à M. d'Artois. Il n'était point bien difficile de présenter les justes prétentions avec les accusations. M. l'intendant général de Ribbentrop a déjà réclamé une enquête et produit des preuves ; les lui a-t-on demandées ? Un officier du génie français appelle la destruction d'une demi-douzaine de maisons de paysans, lesquelles se trouvaient dans la zone des retranchements, la dévastation de plusieurs villes et villages ! C'est le sort qu'avait réservé le général Campredon à près de 200 maisons du faubourg de Memel, si la préparation de la défense de cette ville avait été terminée, ou, qui plus est, conduite au point que M. de Campredon avait décidé.

Mais assez sur ce sujet.

ennemies, observées dans la nuit du 14 au 15, ont tenté hier de passer à Linden, mais ont été vigoureusement repoussées. Il demande au général York, dans le cas où l'ennemi se présenterait de nouveau en aval, d'assurer principalement la sûreté des routes de Dünahof et de Baldohnen. Ce soin fut aussitôt confié au colonel de Horn.

18 septembre.

Arrivée au camp d'Olai du 2ᵉ bataillon du régiment d'infanterie n° 2 venant de Memel.

19 septembre.

Le colonel Horn fait surprendre les grand'gardes ennemies au Moulin-Neuf; les pertes des Russes sont de quelques hommes tués et un prisonnier.

20 septembre.

Le bataillon de fusiliers n° 4 relève au poste de Schlock le bataillon de fusiliers n° 1, lequel va à deux marches de là tenir garnison à Mitau.

21 septembre.

Le général York reçoit avis qu'un bataillon français de marine va venir prochainement relever à Libau les deux compagnies prussiennes.

22 septembre.

Le colonel de Rœder est rentré de Kalkunen. D'après le maréchal, Napoléon pensait que le général Wittgenstein se retirerait de lui-même, par suite de la marche sur Moscou de l'armée française, sinon jusqu'à Pétersbourg, au moins en arrière du lac Peipus. Le maréchal Saint-Cyr devrait alors le suivre de près, et le 10ᵉ corps pourrait sans plus tarder entreprendre le siège de Riga. Si le général Wittgenstein ne battait pas en retraite, il y aurait lieu sans doute de diriger contre lui une attaque combinée, à laquelle devrait aussi prendre part une partie du 10ᵉ corps. L'opinion du maréchal et des ingénieurs français était d'ailleurs que Riga, trois semaines au plus après l'ouverture de la tranchée, serait obligée de se rendre. (Peut-être le 22 juillet cela aurait-il pu se faire, mais non plus le 22 septembre.)

Cependant, on travaillait activement aux préparatifs du siège et dans tous les bois on fabriquait de grandes quantités de gabions et de fascines.

Un ordre du maréchal nomme l'inspecteur aux revues Bergier ordonnateur en chef par intérim du 10ᵉ corps d'armée. En conséquence, le commissaire général des guerres Ribbentrop reprend ses anciennes fonctions au corps prussien (1).

23 septembre.

Le colonel de Horn confirme l'information déjà reçue, que l'ennemi a considérablement renforcé ses postes de l'autre côté de la Düna et qu'il a barré tous les passages à ce fleuve.

Dans la soirée, arriva la nouvelle de l'entrée de Napoléon à Moscou, qui avait eu lieu le 14. Le bruit se répandit aussitôt à Mitau de grands changements qui se seraient produits à Pétersbourg. Au reçu de ces nouvelles, le gouverneur de Riga fit demander d'une manière pressante au général d'York une entrevue aux

---

(1) Nous reviendrons là-dessus. Depuis longtemps déjà, les Français se trouvaient gênés par la présence d'un fonctionnaire prussien à la tête d'un emploi d'une telle importance.

avant-postes; le général York crut, dans cette circonstance, devoir y consentir et répondit qu'il se trouverait demain matin à Staroikrug.

24 septembre.

Le général York, avant de se rendre à Krebsenkrug en traversant les avant-postes prussiens, envoya son aide de camp, le major de Seydlitz, au général Essen, pour lui annoncer son arrivée. Le major de Seydlitz trouva dans une maison de campagne sur la route le général, qui, le prenant avec lui dans sa voiture, lui fit de nouveau traverser les avant-postes russes pour le conduire à Staroikrug. Les nouvelles, que, chemin faisant, le général Essen apprit, du major de Seydlitz (1), avaient sans doute d'avance réduit à néant

---

(1) Au début de l'entretien, le général commença par donner l'assurance du chagrin qu'il éprouvait d'être obligé de traiter en ennemies les troupes du plus intime ami de son empereur. Puis il parla du grand mécontentement qui dominait en Allemagne et de l'ardent désir des princes allemands de secouer le joug de Napoléon. Il dit qu'il ne s'agissait plus que de désigner un chef; que cette grande situation, la plus haute de toutes, revenait à l'ami personnel d'Alexandre, et qu'il ne pouvait pas y avoir enfin d'occasion plus favorable que le moment présent, la plus grande partie de l'armée française ayant été détruite à la bataille de Mosaisk.

Je répondis prudemment que les sentiments des princes allemands m'étaient tout à fait inconnus, mais qu'un changement dans sa politique pouvait moins que jamais convenir à la Prusse, puisque Napoléon venait, le 14, d'entrer en vainqueur à Moscou. Le général Essen parut frappé de la réponse; il se remit pourtant, en protestant que la nouvelle de la prise de Moscou ne lui était pas encore parvenue, et, bien qu'elle fût admissible, il n'en était pas moins assuré que, même à Astrakhan, l'empereur Alexandre ne signerait pas la paix, parce que les armées de Tormassow et de Tschitschagoff avaient déjà coupé la ligne d'opérations de Napoléon.

Lui ayant alors raconté qu'au départ du courrier Moscou était en flammes et en grande partie réduite en cendres, le général parut profondément impressionné, et, me serrant les mains convulsivement : « Croyez-moi, dit-il, l'incendie de Moscou brûlera les frontières de la France. »

Le général Essen était d'un extérieur agréable et plein de di-

tout le résultat qu'on attendait de cette entrevue. Cependant, on s'aborda de part et d'autre avec de grands compliments, puis on se sépara avec assez d'embarras, sans avoir parlé d'autres choses que de questions tout à fait indifférentes et du sort (assez doux d'ailleurs) des gentilshommes courlandais qui avaient été arrêtés. Les deux généraux furent ainsi trompés dans leur attente.

25 septembre.

Le colonel de Hünerbein, qui a pris provisoirement le commandement de sa brigade, en remplacement du général Ricard promu général de division et appelé à la Grande Armée, fait savoir de Friedrichstadt qu'il a reçu du général de division Grandjean l'ordre, dans le cas d'une attaque ennemie sur le corps prussien, de se porter aussitôt au secours de ce corps.

Le corps prussien occupe à la date de ce jour les positions suivantes :

A) *Camp d'Olai.*

Avant-postes (major de Clausewitz) :
Bataillon de chasseurs de la Prusse orientale.
Reste du bataillon de fusiliers n° 3.
Bataillon de fusiliers n° 5.
Deux canons d'artillerie montée.
Gros (lieutenant général de Massenbach ; colonel de Below) :
2 bataillons 1/2 du régiment d'infanterie n° 2.

---

gnité; il paraissait très dévoué à son empereur. Il perdit deux mois après son gouvernement, tout en conservant ses titres et dignités avec la bienveillance impériale. Il mourut en 1813, peut-être de chagrin, dans un bain à Baldohnen. On lui reprocha généralement d'avoir brûlé avec trop de hâte les faubourgs de la ville; les circonstances, cependant, justifiaient cette mesure. C'est ainsi que dans la carrière du soldat, par la nécessité d'une décision rapide, un simple hasard, un malentendu peut effacer en un instant la gloire de trente ans d'honneur et de dévouement.

Bataillon de fusiliers n° 5.
2 escadrons du régiment de dragons n° 1.
1 batterie à pied n° 1.
1/2 batterie à pied n° 3.
1/2 batterie à pied n° 4.
6 pièces de la batterie à cheval n° 3.

B) *Aile à droite à Dahlenkirchen, Tomoschna et Plakan.*

Colonel de Horn.

2 bataillons de mousquetaires du régiment d'infanterie n° 1.
2 bataillons de mousquetaires du régiment d'infanterie n° 4.
Bataillon de fusiliers n° 5.
Bataillon de fusiliers n° 7.
2 escadrons du régiment de dragons n° 1.
1 escadron du régiment de dragons n° 2.
2 escadrons du régiment de hussards n° 3.
1 batterie à cheval n° 2.

C) *Aile gauche à Zennhof et Kalnzeem.*

Major général de Kleist.

Colonels de Raumer et de Jeanneret.

2 bataillons de mousquetaires du régiment d'infanterie n° 3.
2 bataillons de mousquetaires du régiment d'infanterie n° 6.
Un détachement de chasseurs.
3 escadrons du régiment de dragons n° 2.
2 escadrons du régiment de hussards n° 3.
1 batterie montée n° 1.
A Schlock : le bataillon de fusiliers n° 4.
A Mitau : le bataillon de fusiliers n° 1 et 1/2 batterie à pied n° 3.

D) *Détachements.*

a) A Libau :

2 compagnies de mousquetaires du régiment d'infanterie n° 2.

b) A Memel :

1/2 batterie de 12 livres.
1 batterie à pied n° 2.
1/2 batterie à pied n° 4.

D'après les états de situation, il y a réellement présents au corps, outre les états-majors, les pionniers et les hommes détachés :

360 officiers et 11.415 hommes d'infanterie;
62 officiers et 1.406 hommes de cavalerie;
29 officiers et 848 hommes d'artillerie;
Avec 24 pièces d'artillerie à cheval et 20 à pied.
En tout : 451 officiers, 13.669 hommes et 44 canons.

Absents :

10 officiers et 213 hommes blessés;
35 officiers et 963 hommes malades;
21 officiers et 989 hommes disparus.
En tout : 66 officiers et 2.165 hommes.

26 septembre.

Ce matin, le major de Lessel annonce de Plakan qu'il a la nuit dernière fait enlever la grand'garde ennemie établie depuis quelques jours à Keckau; le colonel de Horn rend compte qu'une troupe ennemie assez considérable a passé la nuit dans l'île et qu'il s'attend à être attaqué à tout instant. Dans l'après-midi arrive la nouvelle que le major Zielinski a été attaqué par des forces très supérieures et qu'il s'est replié vers Tomoschna sur le colonel de Horn.

Il aurait fait sa retraite sans perdre un seul homme, sans la bravoure inconsidérée d'un jeune officier du régiment d'infanterie n° 1, lequel avait abandonné son poste pour se porter à découvert au-devant des Russes avec sa grand'garde forte de 50 hommes. Bientôt entouré par la cavalerie ennemie, il fut forcé de se rendre, malgré les efforts que fit pour le dégager avec les cavaliers de son poste le lieutenant de Dessauniers du régiment de dragons n° 1; mais celui-ci eut le malheur de tomber avec son cheval et fut également fait prisonnier (1).

---

(1) On perdit ainsi une grande partie de la grand'garde de

RELATION DES COMBATS D'ECKAU ET SUR L'AA DU 27 SEPTEMBRE AU 2 OCTOBRE.

On savait depuis longtemps, à Mitau, que le corps russe laissé en Finlande devait en être retiré et amené par mer en Courlande. Des bruits faisaient croire qu'il devait, réuni à des troupes suédoises, tenter un débarquement à Memel ou à Libau, en dos du corps prussien. Ce n'était que depuis huit jours environ que des déserteurs et des nouvelles positives nous avaient fait connaître que ce corps, sous le commandement du lieutenant général Steinheil, avait pris terre à Reval et était en marche sur Riga. D'après la destination du corps prussien, le général York ne pouvait faire autre chose qu'attendre tranquillement dans ses positions le développement de l'action commencée et se contenter de faire venir de Memel tout ce qui pouvait s'y trouver de troupes, tout en améliorant les voies de communication et en pressant le plus possible l'achèvement des têtes de pont. La nouvelle reçue récemment de la prise de Moscou par les Français fit croire au général York qu'il se produirait un arrêt dans les opérations des Russes ou bien que le général Steinheil, appelé par Wittgenstein, s'empresserait de le rejoindre. Cependant, dans l'après-midi du 26, on fut prévenu que l'ennemi pressait vivement notre aile droite avec de grandes forces et que l'avant-garde du colonel de Horn avait été forcée de se replier sur la position principale à Tomoschna.

Le général York, devinant aussitôt les desseins de

Dünahoff. C'est tout à fait à contre-cœur que le général York avait consenti à l'établissement de cette grand'garde ; elle était cependant bien nécessaire, car, sans elle, chaque patrouille cosaque aurait troublé le travail des sapeurs français dans la forêt.

l'ennemi, donna ordre au colonel Horn de se porter derrière la Missa avec son détachement, d'appeler à lui le bataillon de Plakan, et, si l'ennemi faisait encore mine de vouloir l'attaquer, de se retirer lentement sur la route d'Eckau, où dans tous les cas il recevrait des renforts et de nouveaux ordres.

Pendant que le général, le soir du même jour, mettait en route les troupes du camp d'Olai pour Garossenkrug en arrière, il prescrivait au détachement de Kleist de se tenir prêt à partir. Il attira l'attention des généraux Campredon et Darançay sur l'évacuation éventuelle de Mitau, et, en même temps qu'il rendait compte au maréchal, il invitait le colonel de Hünerbein à Friedrichstadt à appuyer vivement avec sa brigade au corps prussien; lui-même entreprenait avec le détachement d'avant-postes du major de Clausewitz une reconnaissance vers la digue de Riga. Son but était de faire des prisonniers pour se renseigner, et en même temps de masquer la marche en retraite des troupes du camp d'Olai et d'amener de l'indécision dans les mouvements de l'adversaire.

Les avant-postes ennemis qui occupaient les hauteurs derrière Staroikrug furent repoussés et laissèrent entre nos mains un Cosaque et 11 chasseurs finlandais. On apprit par eux avec toute certitude que non seulement le général Steinheil était réellement arrivé à Riga avec son corps d'armée, mais qu'il était la veille au soir parti pour Dahlenkirchen avec la plus grande partie de ses troupes, et que de plus le soir de ce jour deux autres expéditions devaient être dirigées l'une contre Schlock, l'autre contre Mitau.

Sur ces entrefaites, la nuit était arrivée. Le général fit alors placer sur la digue une douzaine de canons qui tirèrent, pour porter l'alarme dans Riga. Le détachement du major de Clausewitz s'était également mis en marche sur Garossenkrug, à l'exception de deux compagnies de fusiliers et d'une de chasseurs, qui, sous le commandement du capitaine de Heidenreich, avaient pour mission de tenir encore une heure et demie, puis de battre en retraite en servant d'arrière-garde à la colonne. Ordre fut expédié au général Kleist d'appeler de suite à lui le bataillon de Schlock, puis d'envoyer un bataillon du 3º régiment et deux escadrons de dragons nº 2 du camp de Zennhof à Garossenkrug pour se joindre aux troupes d'Olaï; il devait avec le reste de son infanterie occuper les têtes de pont, envoyer dans toutes les directions de fortes patrouilles de cavalerie, pour être rapidement renseigné aussi bien de l'approche de l'ennemi que des événements de l'aile droite, et pouvoir en conséquence prendre le plus tôt possible ses dispositions.

Ses troupes dirigées sur Garossenkrug s'étant réunies dans la matinée du 27 et ayant pris un peu de repos, à la suite du rapport envoyé par le général Kleist qu'on ne découvrait trace de l'ennemi ni sur la route de Sainte-Anne ni sur celle d'Olaï, le général York résolut, quoique sans nouvelle encore du colonel Horn, de mettre ses troupes en marche sur Eckau; il envoya d'avance le chef d'état-major, colonel de Rœder, pour préparer dans les environs de cette ville une installation convenable. La tête de la colonne arriva vers une heure de l'après-midi près d'Eckau, au moment où le colonel de Horn, suivi lentement par l'ennemi, passait avec son détachement la rivière du même nom; en même temps arrivait le colonel de Rœder, disant qu'il n'y avait dans tous les environs aucune position complètement satisfaisante mais qu'à un quart de lieue de là, près de Neu-Sorgen, il y avait une hauteur, de laquelle on pourrait au moins observer le déploiement de l'ennemi. Le général York ordonna alors à l'infanterie et à l'artillerie à pied des deux détachements de s'arrêter, et prescrivit au lieutenant général de Massenbach de maintenir l'ennemi avec la cavalerie et l'artillerie à cheval (4 escadrons de dragons n° 1, 3 escadrons n° 2, 2 escadrons de hussards n° 3 et 2 batteries à cheval), jusqu'à ce que l'on eût pris position. Cette position était resserrée et les ailes n'avaient aucun point d'appui.

Le général chargea alors le major de Schmidt de faire occuper la crête de la hauteur par de l'artillerie, la ferme et les petits fossés avec des bouquets d'aunes qui se trouvaient au pied avec de l'infanterie légère; le reste de l'infanterie formée en colonnes de bataillon se tenait à couvert derrière la hauteur.

Les Russes débouchèrent avec une grande supériorité de forces sur les deux ailes de la cavalerie, et il s'engagea une vive canonnade, sans grande perte cependant de notre côté. Lorsque l'infanterie eut pris position, le général York ordonna la retraite de la cavalerie qui se fit en échiquier avec une grande précision. Sept escadrons furent placés à l'aile gauche et deux à l'aile droite, l'artillerie, partie près de l'infanterie légère, le reste à la position principale.

Cependant l'ennemi continuait à déployer ses forces et portait en avant une nuée de tirailleurs avec du canon, mais sans en venir à une attaque sérieuse. Il se contentait, avec quelques bataillons, de dessiner de loin un mouvement enveloppant, en manœuvrant sur notre aile gauche.

Le général York, pénétrant le plan de l'ennemi qui était de nous séparer du parc de siège et nullement de nous livrer une bataille rangée, décida de se retirer sur Bauske, où il espérait se réunir à la brigade du colonel de Hünerbein. Le déclin du jour devait bientôt d'ailleurs obliger l'ennemi, par suite de la difficulté du terrain, à arrêter son mouvement enveloppant. L'ennemi suivit jusqu'à Karlshof, où le général York constitua une arrière-garde composée de deux bataillons du régiment n° 2, d'un bataillon du régiment n° 3, de trois escadrons de dragons n° 2, d'une batterie à cheval et d'une demi-batterie à pied; il en donna le commandement au lieutenant général de Massenbach.

L'ennemi s'établit dans le voisinage et opposa à l'arrière-garde des grand'gardes. Après deux heures d'attente, le général Massenbach se retira dans le plus grand silence, et, pour masquer sa retraite, il fit un peu plus tard donner l'alarme aux grand'gardes ennemies. Le corps lui-même campa, pendant la nuit, derrière la Memel ou Mummel, près de Bauske.

Cependant, comme à la pointe du jour il n'était parvenu aucune nouvelle du colonel de Hünerbein et que l'ennemi pouvait gagner Ruhenthal par un autre chemin, tout éloigné et difficile qu'il était, le général York se trouva dans l'obligation de penser à la sûreté du parc et de marcher pour le défendre. Le général Kleist reçut, par le major de Thile, l'ordre d'évacuer les têtes de pont sur l'Eckau et la ville de Mitau, et sans délai de rejoindre le gros du corps avec ses troupes. Le général York était fermement décidé à défendre le parc jusqu'à son dernier homme. En conséquence, le lieutenant-colonel de Lossau fut envoyé pour choisir, d'accord avec le général Darançay, une position convenable. Le général Massenbach avec l'arrière-garde s'établit à Bornamünde; Bauske resta occupé par le major d'Eicke avec le bataillon de fusiliers n° 2 et deux escadrons du régiment de hussards n° 3. Le pont de la Mummel fut brûlé. L'arrivée d'un ennemi supérieur força cependant d'abandonner bientôt son poste le major d'Eicke qui incendia, avant de se retirer, le magasin de foin et de paille qui s'y trouvait. L'ennemi poursuivit avec un détachement de cavalerie jusqu'au delà de la Muscha.

Le corps occupa le soir la position de Ruhenthal, qui est peut-être une des plus singulières dont l'histoire fasse mention. Ainsi, l'artillerie, dont on avait renvoyé les attelages, était parquée sans aucun ordre au milieu du plateau. D'accord avec le général Darançay, le lieutenant-colonel de Lossau fit cependant, par les soins du bataillon de sapeurs de l'île d'Elbe, placer 45 canons de 12 livres dans un carré ouvert en arrière, dont chacun des angles antérieurs renfermait un obusier de 25. Quelques autres obusiers du même calibre furent disposés sur les différentes voies d'accès de la position. Les pièces de 24 livres et les gros mortiers qui se trouvaient encore sur leurs voitures fermèrent comme une barricade la quatrième face du carré; quant aux boulets, formés en tas réguliers, ils furent répartis sur le front. Le magasin renfermant 5.000 quintaux de poudre placée en barils et sur un espace d'environ mille pas devait vraisemblablement, lors d'une attaque, être enflammé par les projectiles, ce qui pouvait être aussi dangereux pour les amis que pour les ennemis. Les troupes avec l'artillerie de campagne furent placées en arrière, des deux côtés du carré. Dans la nuit, l'arrière-garde conduite par le général Massenbach se réunit à elles; le capitaine de Prinz resta toutefois, avec un escadron du régiment de dragons n° 2, en poste d'observation à Bornamünde. De l'autre côté, le major de Stiern fut détaché en flanc-garde vers Gräfenthal avec un escadron du régiment de dragons n° 1 et un détachement d'infanterie; de même, 4 bataillons, 2 escadrons et une demi-batterie à pied furent envoyés pour tenir le pont de radeaux (1) qui avait été jeté

---

(1) Pont fréquemment employé en Russie.

par le général Campredon à Messothen (où 4 canons français de 12 livres avaient déjà été placés).

Le lendemain 29 de grand matin, des reconnaissances partirent dans toutes les directions. D'après leurs rapports, il devait y avoir deux corps ennemis considérables, l'un sur la rive droite de l'Aa, à Gräfenthal, l'autre en arrière de Bauske. Le général Massenbach reçut alors la mission de vérifier ce dernier renseignement. Il trouva des postes de cavalerie ennemie forts de 2 à 300 chevaux poussés assez loin; mais il ne put découvrir ce qu'il y avait dans et derrière Bauske.

Vers 7 heures, le général Kleist arriva à son tour de Mitau avec son détachement. Il avait quitté cette ville, la veille à 4 heures de l'après-midi, en passant par Sessau, Kulpenhof et Neubergfried. Manquant de chevaux, ces animaux ayant tous été requis par les soins de l'administration française, il s'était vu dans la nécessité de faire enclouer et jeter dans la rivière les pièces de 24 de la défense de l'Aa et du confluent de l'Eckau. Le bataillon de fusiliers n° 4 de Schlock l'avait déjà rejoint; mais le détachement de cavalerie de ce poste avait été laissé en arrière comme troupe franche entre Mitau et Memel.

A 10 heures, le colonel de Hünerbein donna avis qu'il était arrivé avec la brigade à Zerrauxt. Le général York, qui s'était convaincu, par une reconnaissance personnelle de la position, que son corps ne pourrait combattre près du parc que dans des conditions désavantageuses, se trouva ainsi rassuré pour son flanc droit. En même temps qu'il donnait ordre au colonel de Hünerbein de rejeter de nouveau de Bauske les troupes avancées de l'ennemi, il résolut de profiter de la division du corps russe et de se tirer par une offensive vigoureuse de sa situation embarrassée. Ce plan simple était le suivant : passer l'Aa à Messothen avec la plus grande partie de son corps, faire seulement inquiéter avec l'avant-garde et par la brigade Hünerbein le corps de Steinheil, qui d'après les dernieres nouvelles avait dû marcher d'Eckau sur Zoden; tomber avec la masse principale de son corps sur le corps russe de Lœwis à Gräfenthal et détruire ainsi d'un seul coup le plan combiné de l'adversaire.

Le corps, pour l'accomplissement de ce dessein, fut réparti de la manière ci-après :

Avant-garde.

Colonel de Jeanneret.

4 escadrons de hussards n° 3.
1 escadron de dragons n° 2.
5 bataillons de fusiliers n°s 2, 4, 5, 6 et 7.
1 batterie à cheval.

Aile droite.

Lieutenant général de Massenbach.
Colonel de Below.

1 escadron de dragons n° 1.
4 bataillons de mousquetaires des régiments n°s 1, 2 et 4.
1 batterie à cheval.
1 batterie à pied.

Aile gauche.

Major général de Kleist.
Colonel de Horn.

2 escadrons de dragons n° 1.
1 bataillon de fusiliers n° 3.
4 bataillons de mousquetaires n°s 5 et 6.
1 batterie à cheval.
1/2 batterie à pied.

Réserve.

Colonel de Raumer.

2 escadrons de dragons n° 2.
2 bataillons de mousquetaires n° 3.

1 bataillon de chasseurs.
1 bataillon de fusiliers n° 1.
1 batterie à pied.

L'escadron détaché du régiment de dragons n° 2 fut laissé en arrière pour garder la route de Bauske.

A 2 heures environ, le corps se mit en marche. L'avant-garde avait déjà passé l'Aa à Messothen et facilement refoulé les avant-postes de l'ennemi, quand le major de Stiern fit savoir vers 5 heures qu'il était vivement pressé et qu'une nombreuse infanterie débouchait à Gräfenthal. Le général York, qui ne regardait cette marche en avant que comme une reconnaissance, ordonna au général Kleist de se porter à la rencontre des Russes avec l'aile gauche et de les rejeter de l'autre côté de la rivière. L'avant-garde continua la poursuite de l'ennemi. Non loin de Kosackenkrug, près d'une ferme, elle donna sur quelques bataillons d'infanterie ennemie, qui avaient du canon. L'ennemi, bien que posté avantageusement dans des fossés, derrière des haies et des broussailles, fut vivement abordé avec autant d'ordre que de résolution. Le major de Reuss avec le bataillon de fusiliers n° 4 repoussa les tirailleurs russes et, après l'entrée en ligne des bataillons de fusiliers n°^{s} 5 et 6, il joignit l'ennemi qui de ferme en ferme se déroba dans les bois. Le feu continua jusqu'à la tombée de la nuit; le colonel de Jeanneret prit alors position à Kosackenkrug et plaça des avant-postes. On trouva sur le terrain plusieurs morts et blessés ennemis et l'on prit un officier et 15 hommes. Notre perte était faible : quelques hommes tués et blessés.

Il faisait déjà nuit, quand le général Kleist, non loin de la ferme de Kiopen, donna sur l'ennemi venant de Gräfenthal. L'obscurité était telle, qu'il n'était guère possible de distinguer les objets à quelque distance;

dans ces conditions, on pouvait difficilement se servir d'artillerie et de cavalerie. Le général Kleist résolut néanmoins d'attaquer l'ennemi; en conséquence, il rappela l'escadron de Stiern, qui escarmouchait encore avec la cavalerie russe, et le plaça à la réserve qui comprenait le régiment d'infanterie n° 6, la cavalerie et l'artillerie.

Le major de Borcke forma la première ligne avec le bataillon de fusiliers n° 3. Arrivé presque inaperçu à 40 pas du village, il fit croiser la baïonnette et enleva sans tirer un coup de feu les premières clôtures; l'ennemi se maintint cependant sur la rive droite.

C'est alors que le capitaine de Clausewitz, portant vigoureusement en avant les tirailleurs du 5° régiment d'infanterie, arriva à son tour; ces deux troupes réunies parvinrent à rejeter complètement l'ennemi du village. Trois bataillons frais, qui se tenaient en arrière du village, essayèrent, il est vrai, de le reprendre; ils furent pris en flanc par le régiment d'infanterie n° 5 qui venait d'arriver et par les tirailleurs du 6°, et furent vivement repoussés. Les Russes renforcés tentèrent une nouvelle attaque; mais, pressés par l'entrée en ligne inattendue des troupes qui arrivaient en toute hâte de l'autre côté de l'Aa sous la conduite du colonel de Raumer, ils se virent forcés de renoncer à leur tentative et firent leur retraite dans une assez grande confusion.

Le général York, entendant le feu violent qui venait de la colonne de Kleist, avait en effet prescrit au colonel de Raumer, qui venait précisément de passer l'Aa à Messothen, de s'avancer immédiatement le long de la rive droite de cette rivière avec son infanterie (le bataillon de chasseurs, l'artillerie et la cavalerie restaient en arrière), et de tomber en flanc et en dos sur l'ennemi.

Parvenu près du lieu du combat, le colonel de Raumer n'hésita pas une minute à passer la rivière avec ses troupes. Cette opération n'était pas sans présenter de grandes difficultés, par suite de l'obscurité, du fond pierreux et de la profondeur de l'eau qui montait généralement jusqu'au-dessus des hanches et par endroits encore plus haut. Tout fut surmonté par la bonne volonté des soldats; portant armes, gibernes et sacs au-dessus de leurs têtes, ils se jetèrent bravement à l'eau, pour voler au secours de leurs camarades. Mais l'ennemi n'attendit pas l'attaque et les tirailleurs de la pointe des trois bataillons purent seuls tirer.

Il fallut ensuite par cette froide nuit d'automne tenir au bivac, près de grands feux, ces troupes qui étaient complètement trempées; les soldats même les meilleurs furent ainsi amenés à consommer à l'avance la ration d'eau-de-vie du lendemain.

Tout se passa en bonne humeur, et au matin les troupes étaient aussi disposées à se battre que la veille au soir.

Un grand nombre de morts ennemis gisaient sur le sol; 3 officiers et environ 300 hommes étaient prisonniers entre nos mains. Nos pertes, il est vrai, étaient assez sensibles; elles étaient de 8 officiers et 250 hommes tués ou blessés. Un des derniers coups de l'ennemi, une balle égarée, passant par-dessus l'infanterie, alla tuer bien loin en arrière le fils du général Massenbach, jeune homme de grande espérance, adjudant de régiment au régiment de dragons n° 1.

L'obscurité de la nuit et la difficulté d'un pays inconnu coupé de haies et de fossés avaient empêché de poursuivre l'ennemi; ses patrouilles se rencontraient fréquemment avec les nôtres.

Pendant que les événements précédents avaient lieu près de Kiopen, le général York faisait passer l'Aa à

Messothen au lieutenant général Massenbach, commandant de l'aile droite, pour donner une réserve à l'attaque du colonel de Jeanneret. Plus tard, il est vrai, ces troupes furent ramenées près du pont, et le régiment d'infanterie n° 2 fut seul laissé pour les relier à l'avant-garde. Dans la nuit, le colonel de Hünerbein fit savoir qu'il avait occupé Bauske et qu'il n'y avait plus d'ennemis jusqu'à Carlshof (1). Cette nouvelle engagea le général à poursuivre le jour suivant, 30, les avantages obtenus en ce jour. Le colonel de Hünerbein eut pour mission de pousser une partie de ses troupes vers Eckau, et avec le reste de marcher sur Messothen, où il devait attendre les événements ultérieurs. Le colonel de Jeanneret reçut l'ordre avec l'avant-garde de converser à gauche sur la route d'Annabourg; mais, pour observer le général Steinheil qui s'était replié sur Eckau, un fort détachement devait être laissé à Kosackenkrug. Les troupes de l'aile droite, à l'exception des deux bataillons de mousquetaires du régiment d'infanterie n° 2, furent ramenées en arrière de l'Aa et étaient destinées à suivre le mouvement de l'aile gauche sur Gräfenthal.

En exécution de ces dispositions, le colonel de Jeanneret laissa les bataillons de fusiliers n°s 2 et 7, les 3e pelotons (ou les tirailleurs) du bataillon de fusiliers n° 4 et un détachement mixte de cavalerie à Kosackenkrug. Lui-même, à la pointe du jour, prit la direction d'Annabourg avec le reste de ses troupes (dont

---

(1) A sa grande surprise, le général York apprit à ce moment-là que le colonel Hünerbein, avec seulement trois bataillons du 5e régiment polonais, une demi-batterie à cheval polonaise et deux escadrons de hussards prussiens très affaiblis par des détachements, avait fait sa jonction avec lui ; que le 4e bataillon du 5e polonais avait été laissé en colonne mobile à Friedrichstadt, et que le régiment d'infanterie bavaroise (à deux bataillons de six compagnies, fortes de 200 hommes chacune), faisant partie de la brigade, se trouvait encore dans et près de Jacobstadt.

les tirailleurs d'un bataillon de mousquetaires du régiment d'infanterie n° 1, sous le capitaine de Mirbach, qui avaient rejoint pendant le combat de la veille au soir). Le bataillon de fusiliers n° 6, qui avait été la veille réserve de l'avant-garde, fit la liaison avec le régiment d'infanterie n° 2, lequel devait s'avancer le long de l'Aa et avait été placé sous les ordres du colonel de Jeanneret. Aux environs de Lautschkrug, près de quelques fermes dépendant de Schlockhof (Schlockhof est à un demi-mille plus loin), on atteignit l'ennemi, qui avait jeté dans les broussailles et les fossés une nuée de tirailleurs, derrière lesquels marchaient 4 ou 5 faibles bataillons, partie en colonne, avec quelques canons. Après une courte canonnade par notre artillerie, le colonel fit avancer les bataillons de fusiliers n°ˢ 4 et 5 et attaquer les Russes; une partie de la cavalerie couvrait notre flanc droit, l'autre partie suivait en réserve.

Le régiment d'infanterie n° 2 et le bataillon de fusiliers n° 6 restèrent, pendant cette attaque, à peu près à même hauteur. Nos deux bataillons repoussèrent les tirailleurs ennemis de position en position. Le 3ᵉ régiment de chasseurs russe et le bataillon de réserve du 5ᵉ tentèrent enfin d'arrêter l'impétueux élan de nos fusiliers et coururent à eux en ligne déployée à la baïonnette. Mais le major d'Eicke, devinant leur dessein, les chargea aussitôt en flanc avec deux escadrons et demi de son régiment, les foula aux pieds de ses chevaux et en prit le plus grand nombre. Cependant, occupés à désarmer et à ramener leurs prisonniers, nos hussards, surpris par deux escadrons de dragons russes et une troupe de Cosaques sortant au trot de derrière un bouquet d'arbres, allaient être obligés de les rendre. Le moment était critique, lorsque le capitaine de Mirbach, du régiment d'infanterie n° 1, se portant vivement au pas de course avec ses tirailleurs sur le terrain découvert, alla occuper une haie qui lui permettait de prendre en flanc la cavalerie ennemie. Arrêtés par son feu bien dirigé, ainsi que par l'entrée en ligne vigoureuse du major de Rudolphi avec le bataillon de fusiliers n° 5 et par les hussards qui s'étaient ralliés, les Russes furent obligés de battre définitivement en retraite.

Le général de Kleist avait également rompu au lever du jour et pris comme point de direction de marche Gräfenthal, qu'il supposait encore occupé par l'ennemi. Les Russes avaient cependant évacué cette localité dès le matin et avaient pris position non loin du pastorat de Sallgallen, sur l'autre rive de l'Aa; mais ils avaient poussé leur avant-garde, comme on l'a dit, vers Kosackenkrug. Arrivé en face de cette position, le général Kleist fit avancer son artillerie et canonner le corps russe. L'artillerie ennemie voulut répondre, mais elle fut bientôt réduite au silence, par l'entrée en ligne d'une partie des brigades de Raumer et de Below, qui, ayant passé l'Aa à gué, se réunit aux troupes arrivant sous la conduite du colonel Jeanneret.

Voulant profiter de l'ébranlement visible du corps russe, les troupes réunies sur la rive droite de l'Aa allaient passer à l'attaque de la dernière position de l'ennemi, lorsque le général York, mû par des motifs plausibles, fit rompre le combat. En effet, il ne savait pas encore si la brigade de Hünerbein avait pu atteindre Messothen, et, d'après les dires de tous les prisonniers, le général Steinheil se trouvait encore à Eckau avec un corps assez considérable, pendant qu'un autre corps sous le gouverneur de Riga lui-même était depuis la veille à Mitau avec plusieurs canonnières. Cette dernière nouvelle était confirmée par des officiers et des soldats à demi convalescents, qui précisément la veille, apprenant l'arrivée des Russes, avaient quitté Mitau de bonne heure et avaient rejoint leurs corps (1).

Dans de semblables circonstances, c'eût été de la témérité d'oser s'engager, en continuant à combattre, dans un cul-de-sac entre Garosse et Eckau, où toute manœuvre devenait impossible et où le corps de la rive droite de l'Aa pouvait être pris de flanc et de dos. Car rien n'aurait pu empêcher le général Essen ou le général Steinheil, partant de Mitau ou d'Eckau, de se porter vers Ruhenthal sur nos derrières; le fruit de plusieurs jours d'efforts pouvait ainsi être perdu, le salut du parc compromis dans un moment d'irréflexion. De plus, si les troupes étaient pleines de bonne volonté, les hommes et les chevaux n'en étaient pas moins fatigués et en partie sans vivres, parce que le soldat, malgré tous les ordres donnés à ce sujet, s'était délivré de la charge de les porter, souvent dès la première heure (2). Ainsi, lié dans ses mouvements par l'intérêt supérieur de la sécurité du parc, qui lui paraissait être son principal objet, le général York se trouvait satisfait d'avoir, par ces premiers avantages, éloigné du parc le corps ennemi qui l'avait le plus menacé et

---

(1) Le lieutenant de Rœder, du bataillon de chasseurs de la garde, avait réuni un certain nombre de ces demi-convalescents, les avait formés en troupe, et, ayant atteint l'avant-garde, avait pris au combat de ce jour une part très glorieuse.

(2) Cet accident ne doit nullement être imputé aux employés de l'administration des vivres. Ceux-ci ont accompli pendant les dernières affaires, comme pendant le reste de la campagne, ce que le sentiment du devoir, le désintéressement et une bonne volonté infatigable sont seuls capables de faire. D'ailleurs, toute l'organisation de cette branche de l'administration du corps peut être regardée comme un modèle, ce qui semble prouver l'utilité de la réforme qui les avait placés sous la direction technique de leurs chefs spéciaux.

de lui avoir causé une perte d'environ 1.500 hommes tués ou blessés et d'autant de prisonniers (1).

Dans l'après-midi, le colonel de Hünerbein fit savoir qu'il était arrivé avec sa brigade à Messothen et qu'il avait envoyé sur Eckau le lieutenant-colonel de Kaminski avec un bataillon de Polonais, un escadron du régiment de hussards prussiens n° 1 et les troupes prussiennes laissées en arrière à Kosackenkrug. Il fut aussitôt donné ordre au lieutenant-colonel de Jürgass de se porter de nouveau à la recherche de l'ennemi avec trois escadrons de son régiment et le bataillon de fusiliers du régiment n° 6. Cet officier supérieur trouva le corps russe déjà en position derrière la Garosse, avec des tirailleurs en avant et sa cavalerie encore plus loin comme avant-postes; dans ces conditions, il crut avoir rempli sa mission et resta avec le gros de son détachement à Annabourg. Le quartier général du général York était à Zemalden; le corps campa à cheval sur l'Aa.

Octobre.

Le matin du 1ᵉʳ octobre, le colonel de Hünerbein fit savoir que le lieutenant-colonel de Kaminski n'avait

---

(1) Cette modération du général York ne pouvait manquer d'être blâmée par ceux qui trouvent toujours mal ce qu'ils n'ont pas fait. Ses sympathies particulières pour les Russes pouvaient, il est vrai, dans cette circonstance, leur fournir un argument spécieux. Le général York ne voyait certainement pas dans la chute de l'empire russe un moyen de relèvement de l'antique splendeur de la Prusse : l'intérêt momentané de la patrie et un constant et fidèle souci de l'honneur de ses armes pouvaient très bien s'allier avec cette manière de voir. Enfin, le général Darançay, commandant du parc, pourrait rendre bonne justice au général York; et même, de l'avis de critiques qui ne peuvent être accusés d'hostilité au maréchal, celui-ci n'a jamais osé, même après ses désaccords avec le général York, s'expliquer sur ce point d'une manière claire et en quelque sorte publique.

plus trouvé personne à Eckau et que, d'après les dires des habitants, le général Steinheil marchait avec une partie de son corps vers Garossenkrug, pendant que l'autre partie rétrogradait jusqu'en arrière de Gallenkrug.

A cette nouvelle, le général York résolut de tenir en échec de front le corps ennemi par un fort détachement et de marcher avec le gros de son corps sur Mitau, pour prendre l'ennemi à dos ou l'obliger à se retirer de lui-même sur Riga. Pendant ce temps, l'avant-garde était déjà parvenue à Annabourg, et le lieutenant-colonel de Jürgass s'était porté de là jusqu'à Lahmerkrug avec deux escadrons de dragons et le bataillon de fusiliers n° 6; il y rencontra les avant-postes russes et fit escarmoucher avec l'ennemi.

Voici l'exposé des dispositions prises pour l'exécution de ce dessein :

Le colonel de Jeanneret, avec le bataillon de chasseurs de la Prusse orientale, les bataillons de fusiliers n°s 4, 5, 6 et 7, la 1/2 batterie à cheval n° 1, deux escadrons de dragons n° 2 (sous le lieutenant-colonel de Jürgass) et deux escadrons de hussards n° 3 (sous le major de Thümen), s'approchera de la position ennemie et engagera le combat. Le colonel de Hünerbein marchera sur Annabourg et suivra en échelon le colonel de Jeanneret; le lieutenant-colonel de Kaminski marchera de son côté, avec le bataillon polonais et ses hussards du régiment n° 1, d'Eckau vers Garossenkrug, et cherchera en menaçant le flanc de l'ennemi à faciliter l'attaque de front du colonel de Jeanneret. Il laissera un détachement mixte pour occuper Eckau et en placera un autre plus petit au débouché du bois d'Annabourg; quant aux troupes prussiennes amenées de Kosackenkrug, il les renverra toutes en arrière au corps prussien. Le corps se formera lui-même sur la rive gauche de l'Aa et se mettra en marche vers 1 heure sur Mitau avec avant-garde et flanqueurs.

Cependant, avant même le départ de l'ancienne avantgarde d'Annabourg, le lieutenant-colonel de Jürgass avait été attaqué par quelques escadrons de cavalerie ennemie. Se portant vivement contre eux, il les rompit et les rejeta avec perte sur Garosse. L'ennemi faisant avancer alors de l'infanterie et quelques pièces de canon, le colonel de Jeanneret envoya au secours du lieutenant-colonel de Jürgass le bataillon de chasseurs de la Prusse orientale, un escadron de hussards et un canon. Le colonel de Jeanneret, en se portant en avant avec le gros, trouva le lieutenant-colonel de Jürgass engagé dans un combat opiniâtre; ce ne fut qu'au prix des plus grands efforts et grâce à un emploi intelligent du terrain, que le bataillon de chasseurs et le bataillon de fusiliers n° 6 purent se maintenir dans les broussailles et les fossés. Le colonel de Jeanneret fit alors entrer en ligne les trois autres bataillons de fusiliers, et l'ennemi fut chassé de vive force d'un petit bois dont il s'était emparé. Le bataillon de fusiliers n° 6, qui avait besoin d'être réapprovisionné en munitions, dut être placé en réserve.

La force du corps ennemi et les rives marécageuses de la Garosse, qui ne permettaient pas de pousser plus loin l'attaque de front, décidèrent le colonel de Jeanneret, après quelques démonstrations et conformément, d'ailleurs, à ses instructions, à se borner à inquiéter l'ennemi et à occuper son poste. Il s'engagea alors un feu de tirailleurs calme, mais bien réglé, qui mit des deux côtés beaucoup de monde hors de combat; il commençait, à la nuit tombante, à s'affaiblir de plus en plus, quand sur l'autre rive du ruisseau une attaque du lieutenant-colonel de Kaminski dans le flanc gauche des Russes mit complètement fin à ce feu. L'arrière-garde russe s'empressa de rejoindre le gros de son corps dans la forêt. On ne jugea pas à propos de poursuivre pendant la nuit. Enfin, le colonel de Hünerbein arriva à son tour avec le reste de sa brigade.

Pendant que ce combat se livrait sur la Garosse, le

gros du corps prussien avait tranquillement continué sa marche sur Mitau et de loin été spectateur de l'engagement du colonel de Jeanneret. La nouvelle avant-garde de cette colonne trouva Mitau déjà évacué par l'ennemi; elle traversa la ville et alla occuper la tête de pont de l'autre côté de l'Aa. Le corps n'entra pas dans la ville et prit position à la lisière de la forêt entre Käshof et la route de Mitau à Sessau. Le quartier général fut établi à la maison forestière de Würzau.

Cependant, comme le général York n'avait pas encore appris à minuit que les Russes avaient abandonné la ligne de la Garosse, il se décida à envoyer le colonel de Raumer avec trois bataillons d'infanterie, deux escadrons de dragons et quatre pièces par Mitau sur Garossenkrug, pour porter le dernier coup à la résistance de l'ennemi, s'il tenait encore. Le général Kleist de son côté eut pour mission de marcher, avec un autre détachement, par Zennhof vers Olai, pour essayer de couper la retraite à l'ennemi. Enfin, les colonels de Jeanneret et de Hünerbein reçurent l'ordre de recommencer le combat, en même temps que le colonel de Raumer attaquerait dans le dos des Russes; si l'ennemi s'était retiré, ils devaient le suivre sans retard. Ce fut le deuxième cas qui se présenta, et, le

2 octobre,

au matin, en s'avançant vers Peterhof, on ne trouva que deux cents hommes environ blessés et éclopés avec une voiture de poudre abandonnée. Les patrouilles envoyées de là sur la route de Riga prirent encore un officier et un certain nombre de Cosaques. Les colonels de Jeanneret et de Hünerbein s'arrêtèrent à Peterhof, envoyant en avant vers Plakan le lieutenant-colonel de Kaminski avec son détachement.

La marche du colonel de Raumer sur Garossenkrug était désormais inutile; aussi, le général York fit-il revenir sur Mitau ces troupes, ainsi que celles du général Kleist.

La perte totale des Russes, dans les différents combats livrés du 26 septembre au 2 octobre, peut être, sans exagération, évaluée à 4 ou 5.000 hommes, dont près de 2.500 prisonniers.

La nôtre, d'après les situations officielles des corps, est la suivante :

	Officiers.	Sous-officiers.	Soldats.	Chevaux.	
	5	5	109	1	tués.
	35	58	714	50	blessés.
	4	18	271	60	disparus.
En tout.....	44	81	1.094	111	

Les officiers tués étaient :

Le capitaine de Halten, les lieutenants de Schimmelpfennig et de Müller, du régiment d'infanterie n° 5; d'Olczewski, du régiment d'infanterie n° 6; de Massenbach, du régiment d'infanterie n° 1.

3 octobre.

Le major de Wrangel, aide de camp du roi, lequel, depuis son arrivée au corps, était resté dans l'entourage du général commandant, est parti aujourd'hui pour Berlin en mission, porteur du rapport sur les derniers combats si glorieux pour les armes prussiennes.

Le général York voulut, après tant de fatigues, donner à ses troupes un repos bien mérité. En conséquence, la brigade de Hünerbein fut détachée à Eckau, le détachement de Jeanneret rappelé et le corps établi en position derrière l'Aa.

Mitau fut occupé par quatre bataillons, les têtes de

pont de l'Aa et d'Eckau, chacune par un bataillon, avec l'artillerie nécessaire. Un poste de liaison de deux compagnies d'infanterie fut envoyé à Garossenkrug. Trois bataillons et une batterie furent placés en pointe sur la route de Tuckum, les autres troupes entre Käshof et la route de Sessau. La ligne des avant-postes passait par Kalnzeem, Kliwenhof, Katharinenhof, Zennhof, Dalbing et Schulzenkrug.

Le général Grawert était resté jusqu'au 26 septembre malade à Mitau; à cette date, apprenant l'arrivée des Russes, il partit pour la Silésie en passant par Memel. Il rencontra le 30 à Schrunden les deux compagnies du régiment d'infanterie n° 2, qui, relevées de leur poste à Libau par un bataillon de marine français, sous le colonel Proteau, étaient en marche pour rejoindre leur corps vers Mitau. S'était joint à elles le détachement de cavalerie du poste de Schlock, fort de 2 officiers, 4 sous-officiers et 40 hommes du régiment de dragons n° 2. Le général Grawert fit repartir aussitôt ceux-ci jusqu'à Frauenbourg; mais il laissa l'infanterie à Schrunden. Après la réoccupation de Mitau, ces détachements furent rappelés à leurs corps. A la nouvelle de la prise de Mitau par les Russes, le colonel Proteau avait évacué Libau et s'était retiré vers Polangen, d'où il se porta de nouveau en avant, pour venir vivement réoccuper son poste de Libau avec le bataillon de marine.

Les Russes n'ayant fait paraître aucune relation officielle de leur campagne en Courlande, l'auteur de ce journal a dû se contenter, pour ce qui les concerne, des faits qui lui ont été communiqués par des officiers de cette nation. Parmi ces communications, celles qui méritent le plus de confiance sont exposées ci-dessous, sans qu'il soit possible cependant de répondre de leur parfaite exactitude.

A la suite de l'entrevue de l'empereur Alexandre avec le prince royal de Suède, à la fin d'août à Abo, le corps russe resté en Finlande reçut l'ordre de prendre part à son tour à la guerre contre la France. Sa première destination, après le traité d'alliance avec la Suède, avait été de concourir à la conquête de la Norwège. Maintenant, des bruits répandus intentionnellement parlaient d'un appui effectif des Suédois sur le continent, au moyen d'une diversion sur les derrières de l'armée française, et des préparatifs effectués dans plusieurs ports suédois (1) paraissaient faits pour donner créance à cette rumeur. Quoi qu'il en fût, ces démonstrations remplissaient admirablement le but que l'on cherchait, puisqu'elles retenaient le 11e corps sur l'Oder, une partie du corps prussien à Memel et le 9e corps, au moins pendant pendant quelque temps, à Tilsit.

Les troupes (2), d'abord embarquées en Finlande sous le commandement du général Steinheil, étaient

---

(1) A Karlshamm, Westerwyk, Karlskrona.

(2) A) *Troupes de la 6e division, sous le général Rachmanow* :

1° Le régiment de mousquetaires d'Asow;
2° Celui de Nisow ;
3° Le 3e régiment de chasseurs ;
4° Le bataillon de grenadiers combiné de la 6e division.

B) *Troupes de la 21e division* (dont le chef, général Deminow, restait encore en Finlande avec l'autre moitié de la divsion) :

5° Le régiment de mousquetaires de Newsk ;
6° Celui de Pétrowsk ;
7° Celui de Lithuanie ;
8° Le bataillon de grenadiers combiné de la 24e division, sous le général Fock.

De plus, le régiment des dragons de Finlande et un de Cosaques ; enfin, quelques bataillons de réserve, destinés au renforcement de la garnison de Riga.

Comme artillerie, une batterie à pied de 12 livres et deux de 6 (à 10 pièces).

sur ces entrefaites arrivées à Reval et de là devaient marcher sur la haute Düna, pour renforcer le corps de Wittgenstein; elles devaient, avant toutes choses, rejeter de l'autre côté du fleuve les détachements de Macdonald qui s'étaient aventurés sur les derrières de Wittgenstein, pendant que ce général se préoccupait de la possibilité d'une pareille entreprise. Le général Essen, qui voulait faire oublier par de brillants faits d'armes l'incendie prématuré des faubourgs de Riga, profita de l'arrivée des troupes de Finlande pour proposer au général Steinheil l'enlèvement du parc de siège resté à Ruhenthal sans attelages, en lui présentant cette entreprise comme facile et peu dangereuse. Ce qui donnait à cette opinion de la vraisemblance, c'est que le général Essen le 24 septembre, dans son entrevue avec le général York, avait réellement essayé de convenir avec le corps prussien, non par une défection ouverte, mais par de fausses manœuvres, de l'abandon du parc. Mais la nouvelle tout à fait inopportune de l'entrée de Napoléon à Moscou devait étouffer dans l'œuf un semblable projet. Pourtant, prévoyant que le général York, comme dans les précédentes attaques contre une de ses ailes, attendrait les premiers résultats, avant d'entreprendre des changements notables dans sa position, on conçut le plan de faire reculer lentement le 26 l'aile droite du corps prussien jusque derrière l'Eckau, pour faire croire au général York que cette attaque n'avait pour but que de ramener le corps prussien derrière cette rivière. Si le général York se retirait alors avec les troupes d'Olai et de Zennhof derrière les têtes de pont de Zennhof, le général Steinheil, grâce à la supériorité de ses forces, devait rejeter vivement le colonel Horn sur Schœnberg, pendant que le général Lœwis, avec un autre corps de 6 à 8.000 hommes tiré de Peterhof, suivant la route directe de Garossenkrug et Annabourg, tomberait sur le parc à Ruhenthal; le général Essen avec quelques bataillons devait masquer le mouvement en maintenant le général York aux têtes de pont, et des canonnières remontant la rivière devaient encore lui faire craindre pour Mitau.

La marche soudaine du général York d'Olai sur Eckau renversa ce plan, et rien n'égala la surprise du général Steinheil, lorsque, le 27, il rencontra, au lieu du détachement de Horn, un corps de troupes considérable, et que, d'après quelques traînards de l'arrière-garde prussienne, qui avaient vu venir à leur rencontre des troupes du camp de Zennhof, il dut se rendre compte que, selon toute apparence, le corps prussien s'était tout entier réuni. Que ce soit la reconnaissance entreprise le 26 au soir par le général York contre la digue de Riga ou d'autres causes qui aient influé sur la marche du détachement du général Lœwis, la question reste pendante. Il n'en est pas moins certain que c'est cette nuit-là qu'à diverses reprises les dispositions ont été changées, et les attaques sur Olai, comme celles sur Schlock, dirigées de Riga, ont eu lieu, comme nous l'avons vu, dès la matinée du 27 et le 28.

De plus, lorsque le général Steinheil reçut, dès son arrivée à Eckau, la nouvelle du départ de la brigade Hünerbein de Friedrichstadt, et qu'il dut par suite s'affaiblir encore par un détachement à Wallhof, il renonça complètement à l'idée de livrer bataille ce jour-là et se contenta de rester avec le gros de son corps à Neusorgen. Pour les mêmes motifs, il se contenta le 28 de faire suivre le corps prussien par un détachement jusqu'à Bauske, pendant qu'il concertait avec le général Lœwis appelé à Eckau un autre plan d'opérations. D'après ce nouveau plan, le corps de Lœwis, qui était arrivé assez tard dans la soirée du 28 à Gräfenthal, devait le lendemain, dès la tombée de la nuit, passer l'Aa au lieu convenu et, s'avançant sous le couvert des bois, déboucher en arrière du parc, pendant que le corps de Steinheil, marchant sur Messothen, maintiendrait de front le corps prusien. Cependant ce plan fut encore complètement déjoué par la résolution inattendue prise le 29 par le général York de passer à son tour à l'offensive. Le général Steinheil, après la défaite de son arrière-garde, se retira le 30 au matin jusqu'à Eckau, le général Lœwis restant encore sur la hauteur du pastorat de Sallgallen, espérant peut-être que le général Steinheil ferait volte-face. Il n'en fut pourtant pas ainsi, sans doute parce que le général Steinheil, en s'arrêtant davantage sur la rive gauche de la Düna, craignait pour sa responsabilité et redoutait des reproches qui lui furent effectivement adressés.

L'arrêt inattendu du corps prussien après le combat du pastorat de Sallgallen fit croire aux généraux russes que le général York attendait l'arrivée de sérieux renforts, pour tomber sur le général Lœwis avec des forces très supérieures et le mettre complètement en déroute. Celui-ci se hâta alors de se replier derrière la Garosse, où le général Steinheil lui envoya le lendemain matin, 1er octobre, un nouveau renfort. Mais la marche du corps prussien sur Mitau détermina les généraux russes à abandonner le soir même leur position sur la Garosse et à se retirer avec le gros de leurs troupes jusqu'à Peterhof, où l'arrière-garde, atteinte par le lieutenant-colonel de Kaminski, éprouva quelques pertes.

Pendant que ces événements se passaient sur l'Aa, le général Essen, arrivé à Mitau en compagnie du gouverneur civil comte Sievers, s'était empressé de dissoudre le gouvernement établi par les Français; il avait adressé de violents reproches à ceux qui en avaient fait partie et aussitôt pris avec toute assurance possession de l'administration civile de la province; il apprit, sur ces entrefaites, que toute l'entreprise avait avorté. Il se vit alors obligé d'évacuer Mitau, où il dut abandonner dans les hôpitaux prussiens 150 soldats russes blessés ou malades, que le comte Sievers recommanda par écrit à la loyauté prussienne. Les officiers et soldats blessés ou malades, ainsi que les employés de lazaret, laissés par nous à Mitau, avaient été pendant l'occupation russe traités avec une grande humanité et laissés complètement libres.

Opérations du corps prussien, depuis la seconde entrée à Mitau jusqu'aux cantonnements de Tilsit et de Kœnigsberg, à la suite de la convention avec le général de Diebitsch (4 octobre 1812-9 janvier 1813).

C'est le 29 septembre, dans la soirée, que le courrier, envoyé par le général York, apporta à Kalkuhnen la nouvelle que le corps russe de Finlande attendu depuis quelques jours était réellement arrivé à Riga et que l'aile droite du corps prussien avait été déjà attaquée et ramenée en arrière. Si la première annonce de cette nouvelle avait été reçue avec peu de faveur, la confirmation était acceptée avec moins de plaisir encore. Le maréchal ne s'illusionnait pas sur la portée de l'entreprise ennemie et comprenait très bien le danger dans lequel se trouvait le parc privé d'attelages. Le capitaine Beurmonville, aide de camp du maréchal, fut envoyé de suite à Vilna, pour demander au duc de Bassano des conseils, sinon des secours. En attendant, le maréchal résolut de se porter en personne avec la brigade Bachelu au secours du corps prussien. Cette brigade continua sa marche le 30, jusqu'à Illuxt, où s'étaient rendus le maréchal et le général Grandjean. La brigade Radziwill ou le 10° régiment d'infanterie polonais et un escadron de hussards prussiens restèrent à Dünabourg et près de cette ville, et le 13° régiment bavarois en arrière à Jacobstadt; la raison probable était que le maréchal n'osait pas, sans une approbation venue de Vilna, abandonner complètement une position que lui avait tracée Napoléon. D'Illuxt, le maréchal prit le 1ᵉʳ octobre la route de Bauske et passa la nuit dans la petite ville d'Okmist en Samogitie. Le 2, le quartier général fut transporté à Rittenhof près de Nerft, le 3 à Herbergen, où le maréchal reçut la première nouvelle de la victoire du corps prussien. Il alla alors le 4 à Schœnberg, où il emmena, pour garder son quartier général, le premier bataillon et l'artillerie du 1ᵉʳ régiment d'infanterie westphalien; le reste de la brigade, sous le commandement du général Grandjean, fut dirigé par Walhof sur Eckau. A Schœnberg, le maréchal trouva un courrier du général York, avec le rapport officiel sur les combats.

Le 5, le quartier général vint à Bauske et le capitaine Beurnonville arriva de Vilna.

Le 6, le maréchal transporta son quartier général à Stalgen et prit à partir de ce jour le commandement particulier des troupes devant Riga.

4 octobre.

Le service de sûreté du corps dans la nouvelle position gagnée hier a été réglé aujourd'hui avec exactitude. Sur la nouvelle envoyée par le maréchal qu'il allait venir au corps prussien, auquel il amenait une brigade de la 7ᵉ division de renfort, et qu'il avait déjà donné des ordres pour faire ramener le parc à Tilsit et à Memel (1), le général York pensa que, dans l'état présent des choses et d'après le cantonnement des troupes de la 7ᵉ division à Eckau, il devait modifier ses dispositions. Il décida, en conséquence que, le

---

(1) Ce qui assurément demandait du temps.

5 octobre,

un détachement, du corps prussien, fort de 4 bataillons et d'une batterie et demie d'artillerie à pied, sous le commandement du major de Zielinski, serait envoyé à Eckau, afin de conserver la possession de ce poste.

Cependant, le major de Zielinski, ayant, à son arrivée à Eckau, trouvé les troupes venues de Dünabourg sous le général Grandjean réunies à la brigade du colonel de Hünerbein, crut conforme à ses instructions de continuer à marcher avec son détachement et de prendre un bivouac pour la nuit entre Eckau et Gailhof.

6 octobre.

Le major de Zielinski reçut l'ordre de marcher sur Garossenkrug.

7 octobre.

D'après plusieurs rapports, fin septembre et commencement d'octobre, du major de Trabenfeld arrivés aujourd'hui même de Memel, la garnison de cette place se composait alors d'une batterie et demie à pied de 6 livres et d'une demi-batterie de 12, ainsi que de la compagnie de pionniers n° 2, appartenant au corps mobile; puis de troupes sédentaires, les dépôts des quatre régiments d'infanterie de la Prusse orientale, les deux compagnies de garnison des 1er et 2e régiments prussiens, le dépôt du 2e régiment de hussards du corps, enfin 1 officier et 53 marins français; en tout, 2.000 combattants. En artillerie, 17 pièces de campagne et 9 de forteresse.

Le contre-amiral français Baste avait de nouveau

rendu libres les 17 navires destinés à être coulés à Schwarzort (pour barrer la passe du Kurische-Haff), et désarmé deux bâtiments de la flottille à cause de leur mauvais état; pour les remplacer, il avait émis des prétentions sur le bateau de la douane armé de 4 canons; mais le major de Trabenfeld s'y était refusé.

Un transport venu de Dantzig par Kœnigsberg et chargé de 2 à 3 millions de cartouches et d'autre matériel destinés au siège de Riga avait été sur ces entrefaites retenu à Memel; le chef de bataillon français Guidonnet, qui, avec un détachement du 4° régiment d'artillerie, aurait dû en prendre réception, était rentré à son corps.

D'après des informations officielles tant de Berlin que du gouverneur français de Kœnigsberg, on aurait appris par voie diplomatique la nouvelle certaine que la Suède préparait une expédition contre Memel.

8 octobre.

Sur l'ordre du maréchal, les généraux Grandjean et Bachelu, avec le 11° régiment d'infanterie polonais et un escadron du régiment de hussards prussien n° 1, rétrogradent sur Illuxt, pour servir de soutien aux garnisons de Dünabourg et de Jacobstadt. A leur place, le colonel de Horn est détaché avec le régiment d'infanterie n° 2, les bataillons de fusiliers n°ˢ 4 et 7, le régiment de dragons n° 1, un escadron de dragons n° 2 et une batterie à pied, pour renforcer le colonel de Hünerbein à Eckau. Le major de Zielinski marche, avec les deux bataillons de mousquetaires de son régiment, de Garossenkrug sur Mitau, d'où le régiment d'infanterie n° 5 sort pour camper. Le bataillon de fusiliers n° 1 reste comme poste de liaison à Grossenkrug.

9 octobre.

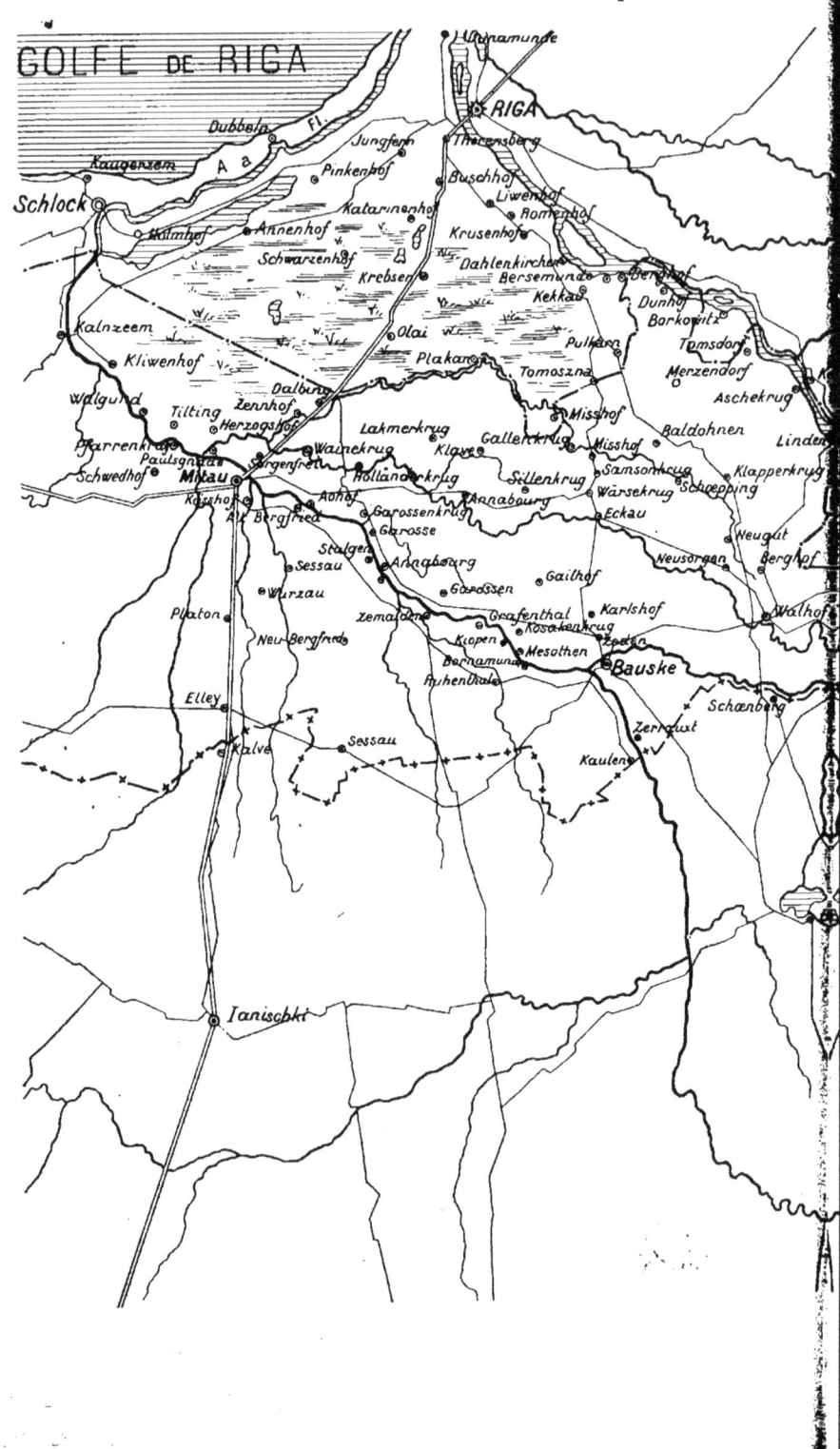

Carte particulière des op

du Corps prussien (1812).

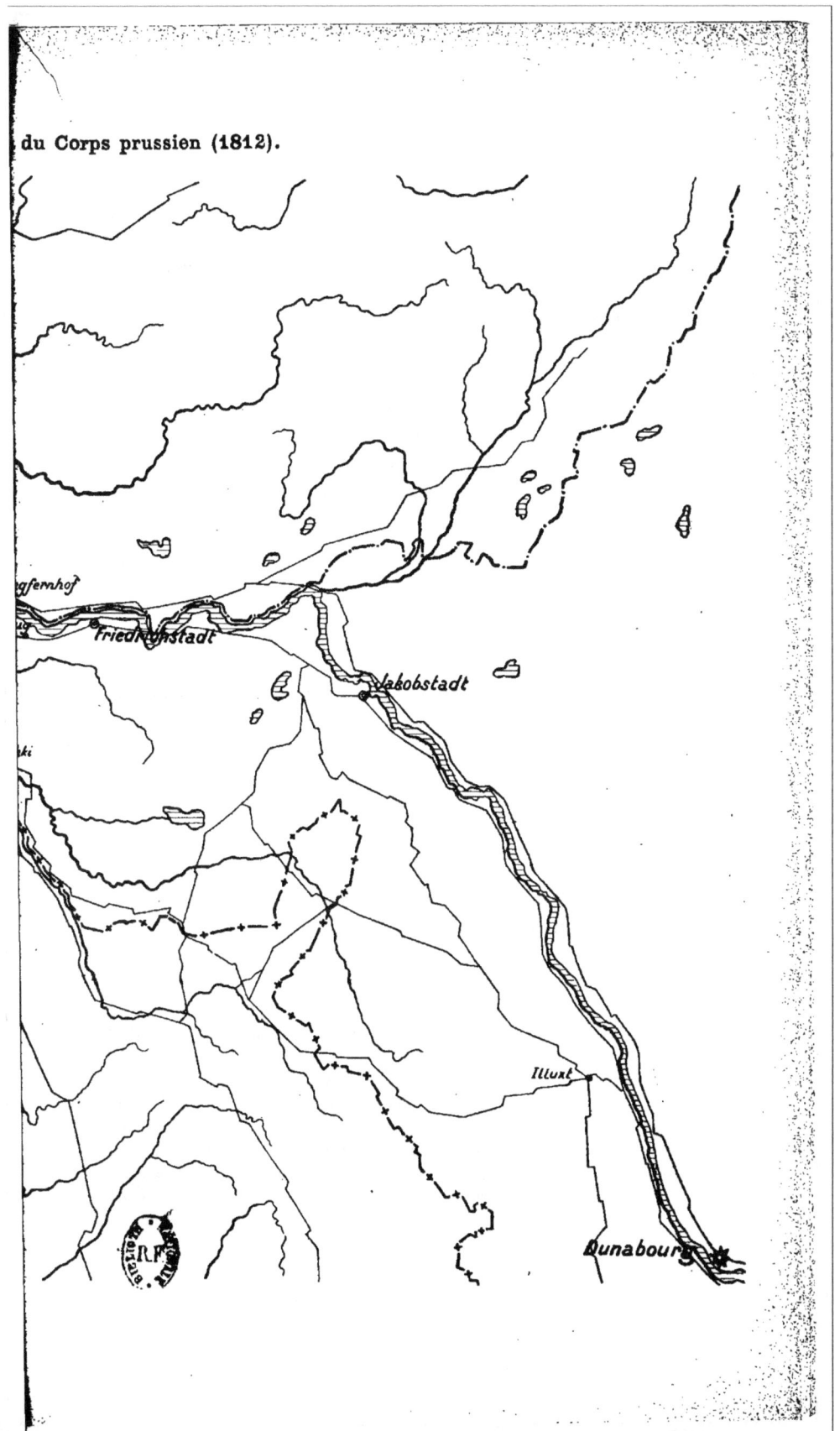

10 octobre.

Le régiment d'infanterie n° 5 part à son tour, pour rejoindre le détachement du colonel de Horn à Eckau.

D'après un rapport du colonel de Hünerbein, le 4ᵉ bataillon du 5ᵉ régiment d'infanterie polonais se trouvait à Friedrichstadt, avec un poste à Iungfernhof; 3 compagnies du 2ᵉ bataillon du 1ᵉʳ régiment d'infanterie westphalien étaient à Wallhof; les trois autres compagnies en colonne mobile entre Jacobstadt et Friedrichstadt. Le major de Funck avec le bataillon de fusiliers prussien n° 7, 50 dragons et 10 hussards, circulait en colonne mobile entre Iungsfernhof, Linden, Thomsdorf et Baldohnen.

11 octobre.

Des déserteurs de Riga apportent la confirmation de la nouvelle que le corps de Steinheil a de nouveau quitté cette ville et a passé la Düna en amont. La force des avant-postes ennemis paraît avoir été diminuée.

12 octobre.

Une forte reconnaissance ennemie s'est avancée aujourd'hui jusqu'au village d'Olai.

13 octobre.

Le maréchal donne l'ordre du mouvement suivant :

> Le lieutenant général d'York reprendra demain ses anciennes positions, jusqu'à celle de Dahlenkirchen qu'il peut avoir réoccupée après-demain. Le lieutenant général d'York fera, comme précédemment, observer et couvrir l'Aa et Schlock; il est informé qu'un détachement de 5 à 600 hommes du génie est en marche pour occuper Tuckum. Le général

commandant verra à placer le général de Kleist avec ses troupes à Zennhof ou à l'établir dans les têtes de pont au confluent de l'Eckau et de l'Aa. Le colonel de Horn, avec ses six bataillons, ses cinq escadrons et son artillerie, bien que momentanément aux ordres du colonel et brigadier de Hünerbein, reste sous le commandement du lieutenant général d'York, comme le colonel de Hünerbein lui-même. Il s'ensuit que, si ce dernier est forcé de faire un mouvement, il peut l'exécuter sans amener de dérangement dans toute la ligne de la position prussienne, et le colonel de Horn se trouvera, avec le général commandant d'York, dans les mêmes rapports et relations que précédemment. Néanmoins, pour obtenir plus de célérité dans les communications, les brigadiers de Hünerbein et de Horn rendront compte au maréchal duc de Tarente, en même temps qu'au lieutenant général d'York, de tout ce qui mérite d'être transmis. Il ressort de cette disposition que l'aile droite de la ligne du lieutenant général d'York est renforcée par une partie de la brigade du colonel de Hünerbein. La brigade de ce colonel se rendra demain, avec les troupes à ses ordres du colonel de Horn, sur la Missa et la Keckau vers Tomoszna; il placera ses neuf bataillons et ses six escadrons de la manière ci-après :

Les trois bataillons du 5ᵉ régiment polonais, les hussards n° 1 et l'artillerie de la 7ᵉ division sur la Missa couvriront les routes de Baldohnen et de Dahlenkirchen. C'est une deuxième réserve qui se tient prête à se porter où sa présence devient nécessaire, et qui, par sa position, se trouve en liaison naturelle avec toute la ligne de la 7ᵉ division.

Le colonel de Horn reprendra après-demain son ancienne position avec les troupes prussiennes, c'est-à-dire trois bataillons avec de la cavalerie et de l'artillerie en proportion, aux avant-postes; les trois autres bataillons et le reste de la cavalerie et de l'artillerie en réserve sur la Keckau, près de Tomoszna. Le lieutenant général d'York, plaçant encore un bataillon à Plakan comme précédemment, occupera ainsi toutes ses anciennes positions et aura le commandement de toute la ligne.

Le général Grandjean reçoit l'ordre de tenir la ligne de la Düna de Jacobstadt à Friedrichstadt. Dès que son mouvement sera effectué, un bataillon du 5ᵉ régiment sera employé sur la ligne de la Düna de Friedrichstadt à Dahlenkirchen. Cette ligne sera surveillée par de fréquentes patrouilles, reconnaissances et par des colonnes mobiles, que les colonels de Hünerbein et de Horn commanderont pour protéger leur aile droite. Le général Grandjean reçoit en même temps l'ordre de faire des démonstrations offensives sur Dünabourg et Creuzbourg, pour alarmer l'ennemi, le retenir autant que possible sur la rive droite et empêcher que le lieutenant général d'York ne soit inquiété à gauche, lorsqu'il se présentera. Les grand'gardes sur la ligne du général d'York n'ont pas pour mission de résister, mais seulement d'observer, et devront se replier sur la réserve des avant-postes; celle-ci également sur la première, sur la deuxième et sur la troisième ligne, si les circonstances et la supériorité de l'ennemi l'exigent. Toute la ligne devra donc se réunir d'abord sur la Missa, puis sur l'Eckau, enfin sur l'Aa. Dans cette dernière éventualité, trois ponts devront être jetés sur ce fleuve, l'un à Annabourg, le second à Garossen et le troisième entre ce lieu et Mitau.

Le quartier général du maréchal est à Stallgen.

14 octobre.

En exécution de l'ordre de mouvement ci-dessus, le corps se mit en marche pour occuper les emplacements qui lui avaient été désignés. Le lieutenant général de Massenbach prit, en se portant sur Olai, le commandement de l'avant-garde et s'occupa du placement des avant-postes.

Composition de l'avant-garde :

2 escadrons de hussards n° 3;
Bataillon de chasseurs de la Prusse orientale;
2ᵉ bataillon du régiment n° 4;
Bataillon de fusiliers du régiment n° 5;
1/2 batterie à cheval.

Elle suivait la grande route de Riga.

Le gros, conduit par le colonel et brigadier de Below, comprenait :

Le bataillon de fusiliers du régiment n° 2;
Un escadron de dragons n° 2;
Une demi-batterie à cheval;
Le 1ᵉʳ bataillon du régiment n° 4;
Une batterie à cheval;

Une demi-batterie à pied ;
Le régiment d'infanterie n° 1.

La colonne traversa la tête de pont de Sillgruss et prit le nouveau chemin du camp près d'Olai. A Peterhof, le bataillon de fusiliers n° 2 sous le commandement du major de Bülow quitta la colonne pour se rendre à Plakan. Le bataillon de fusiliers n° 1 reçut l'ordre d'aller de Garossenkrug aux avant-postes d'Olai.

Le major de Clausewitz reprit le commandement des avant-postes d'Olai ; son détachement se composait du bataillon de chasseurs de la Prusse orientale, des bataillons de fusiliers n°ˢ 1 et 5 et de deux pièces de l'artillerie à cheval ; le camp fournit les pelotons de cavalerie nécessaires aux avant-postes.

L'aile gauche du corps, sous le général de Kleist, avec les brigadiers de Raumer et de Jeanneret, se porta aujourd'hui également sur ses anciennes positions. Elle comprenait :

Tout le régiment d'infanterie n° 3 ;
Tout le régiment d'infanterie n° 6 ;
Deux escadrons de dragons n° 2 ;
Deux escadrons de hussards n° 3 ;
Une batterie à pied et une à cheval.

Le bataillon de fusiliers du régiment n° 3 et un détachement de cavalerie furent envoyés de suite de Mitau sur Tuckum et Schlock en colonne mobile. Cette dernière localité, d'après les nouvelles reçues, devait être encore au pouvoir de l'ennemi. De Zennhof, le colonel et brigadier de Jeanneret fut, avec le 1ᵉʳ bataillon du régiment n° 6 et deux escadrons du régiment de hussards n° 3, détaché dans les anciennes positions de grand'garde vers Clivenhof et Kalnzeem ; le bataillon de fusiliers du régiment n° 6 resta à Mitau comme troupe d'occupation. Le général de Kleist établit son quartier général à Zennhof.

A l'aile droite, l'avant-garde, sous le major de Treskow, composée de deux escadrons de hussards n° 1 et du bataillon de fusiliers n° 4, s'était avancée jusqu'à Gallenkrug. Le lieutenant-colonel de Kaminski, avec un bataillon du 5ᵉ régiment d'infanterie polonais et un escadron de dragons n° 2, se porta sur Schœppingmühle, et de ce point fit occuper le passage de la Missa, près de Fœrster-Frey.

Le gros de l'aile droite campa près de Misshof, les troupes prussiennes en première ligne, les Polonais en deuxième. Le détachement du major de Funck, qui avait battu le pays en colonne mobile entre Eckau et la Düna, prit poste au bourg de Baldohnen.

Nos patrouilles découvrirent les avant-postes ennemis derrière l'Eckau à Tomoszna.

15 octobre.

Ordre du jour.

Le général de division Taviel est désigné pour commander en chef l'artillerie du 10ᵉ corps et s'occuper de tous les besoins de cette arme; le chef de bataillon Saint-Cyr est son chef d'état-major. Le général de division Campredon, chef du corps du génie, étant nommé gouverneur de Courlande, sera provisoirement remplacé, dans tout ce qui a rapport à cette arme, par le colonel Blein. Le capitaine de vaisseau Proteau est nommé commandant de la marine (1) en Courlande et en même temps commandant militaire du cercle de Golding et Pilten; le major Guillaumin, du génie, remplit les mêmes fonctions dans le cercle de Tuckum. L'ordonnateur Blin-Mutrel a pris la direction de l'intendance du 10ᵉ corps; il est chargé d'assurer la subsistance des troupes (2).

MACDONALD.

---

(1) Il ne lui manquait que des bateaux.
(2) Il ne tarda pas à arriver au corps d'armée, et s'il soigna des troupes avec sollicitude, ce ne fut certes pas les troupes prussiennes.

D'après un rapport du colonel de Hünerbein, le colonel de Horn était parti ce jour-là même à 8 heures du matin de Misshof avec les troupes sous ses ordres, auxquelles il faut ajouter un détachement du régiment de hussards n° 1 et une demi-batterie polonaise d'artillerie à cheval; il s'était installé sur les positions de la Keckau, qu'avaient évacuées les postes de l'ennemi.

Sa marche s'était faite dans l'ordre suivant :

Avant-garde.

Major de Treskow.

Deux escadrons de dragons n° 1;
Bataillon de fusiliers n° 4.

Gros.

Un officier et 30 chevaux du régiment de hussards n° 1;
Un escadron du régiment de dragons n° 1;
Les tirailleurs du régiment d'infanterie n° 2;
La demi-batterie polonaise à cheval;
Régiment d'infanterie n° 2;
Une batterie à pied;
Régiment d'infanterie n° 5;
Un escadron du régiment de dragons n° 1.

L'avant-garde, dès qu'elle fut arrivée à Tomoszna, prit la route de Catharinenhof; le reste de la colonne, excepté le régiment d'infanterie n° 5 et la batterie à pied de 6 livres, qui restèrent à Tomoszna, continua sa marche sur Dahlenkirchen. Le major de Treskow avait ordre de laisser le bataillon de fusiliers n° 4 à Catharinenhof et de s'avancer avec les deux escadrons de son régiment jusqu'à l'auberge de la Maison-Rouge, où il devait rencontrer les colonels de Hünerbein et de Horn qui s'étaient portés en avant avec la cavalerie de la colonne principale.

Les avant-postes ennemis se trouvaient sur la hauteur de Dahlenkirchen. A l'approche des troupes prussiennes, ils repassèrent la Düna par le gué de Dahlenhof. Puis les grand'gardes prussiennes furent établies absolument comme elles étaient avant le combat du 26 septembre. Sur la route de Riga, nos patrouilles trouvèrent les premiers postes de l'ennemi dans l'ancienne position du Moulin-Neuf.

Pendant le placement des avant-postes, on remarqua de la hauteur de Dahlenkirchen qu'une troupe d'infanterie ennemie de la force d'un demi-bataillon, après avoir passé la Düna par le gué de Bersemünde, faisait mine de marcher contre ce village. Le colonel de Hünerbein fit aussitôt occuper un petit bois voisin par une compagnie du régiment d'infanterie n° 5, qui, appelée de Tomoszna avec 50 chevaux pour la protection du flanc droit, avait d'abord été dirigée sur ce village; lui-même, avec cinq compagnies du régiment d'infanterie n° 2, un escadron de dragons, ainsi que le détachement de hussards et la demi-batterie polonaise, marcha droit à l'ennemi.

Les Russes cherchèrent alors en grande hâte à repasser le fleuve, où plusieurs se noyèrent; d'autres périrent par le feu de l'artillerie polonaise. Quelques obus mirent également le feu au village de Duding, où l'infanterie ennemie cherchait à se rallier. Vers le soir, le colonel de Hünerbein ramena les troupes aux positions de Tomoszna et Misshof, ne laissant que des grand'gardes à Catharinenhof, Dalhenkirchen, Reppenkrug, etc.; leur emplacement fut reconnu avant la nuit par une patrouille ennemie d'environ 30 chevaux.

Ainsi, le corps prussien avait sur tous les points repris sa position primitive. Le général York n'en prévoyait pas moins que l'ennemi ne nous y laisserait pas en repos, et il tenait ce dernier mouvement comme trop hardi et prématuré, car on avait encore à mettre à l'abri le parc de siège. D'un autre côté, le maréchal n'avait pas accepté les propositions du général York, soit qu'il voulut se faire ressortir auprès de l'Empereur, soit qu'il voulût montrer à l'ennemi par une offensive audacieuse qu'il était là en personne et qu'il ne le craignait point. Il restait ainsi au corps prussien la tâche ardue d'abandonner ses postes détachés à chaque mouvement en avant de l'ennemi et de se replier d'un échelon sur l'autre; il fallait aussi prévoir que les Russes ne manqueraient pas d'incendier nos baraques, pour lesquelles les matériaux commençaient à manquer, et qui pourtant par la saison déjà humide et froide étaient si nécessaires pour la conservation et la santé des troupes.

L'artillerie restée à Memel et appartenant au corps reçut l'ordre de rejoindre sans retard. Le commandant de Memel fut invité à faire protéger jusqu'à Schrunden ces pièces par une escorte d'infanterie, qui devait être relevée en ce point par un détachement envoyé du corps.

16 octobre.

Les Russes attaquèrent nos postes de cavalerie près de Dahlenkirchen et les rejetèrent sur les soutiens d'infanterie; après quoi, ils revinrent sur leur ancienne position. Vers le soir, ils renouvelèrent leur attaque, et, se jetant au galop sans pointe sur le poste de sous-officier, ils nous tuèrent un dragon et en prirent trois. L'officier accourant à leur secours sauva les autres. Le petit poste de Ziegelei fut également attaqué et repoussé sur la grand'garde d'infanterie de Katharinenhof; mais l'ennemi fut reçu là par une telle fusillade, qu'il se hâta de rétrograder jusqu'à Ziegelei.

Le capitaine de Müller, envoyé par le colonel de Horn du camp de Tomoszna, arrivant alors avec 60 chevaux du régiment de dragons n° 1, ramena sur la grande route l'ennemi qui s'était avancé tout près de Dahlenkirchen; les postes reprirent ensuite leurs positions primitives.

Le major de Borck a fait aujourd'hui une reconnaissance jusqu'à deux werstes de Schlock. Son détachement ayant alors donné sur un fort poste d'infanterie, il s'est replié à quelques werstes en arrière, non toutefois sans avoir envoyé un officier avec 20 fusiliers de son bataillon à travers la forêt de Tuckum, pour découvrir d'un autre côté s'il y avait encore des canonnières à Schlock.

17 octobre.

Les attaques d'hier sur Dahlenkirchen n'étaient que le prélude de nouvelles entreprises de l'ennemi. Dans tous les cas, le moment était venu où l'action extérieure de Riga devait produire tout son effet et où la position stratégique de cette place, par rapport aux opérations de Wittgenstein, pouvait avoir une influence décisive.

Si le maréchal avait concentré tout son corps et passé la Düna, même pour peu de jours, avec la plus grande partie de ses forces, il en aurait plus imposé aux Russes que par les mesures qu'il avait prises. Quelque deux cents projectiles envoyés par une demi-douzaine de gros obusiers du parc tenu en arrière auraient causé du désordre et pour longtemps porté la crainte dans une forteresse, dont le plus grand défaut est de manquer d'espace intérieur et dans laquelle, comme dans toute grande ville de commerce maritime, se trouve une quantité de matières inflammables. Cependant, le maréchal s'en tint au vieux système de cordon et fut ainsi ramené sur ce terrain, où l'ennemi avait appris à connaître chaque soutien et l'emplacement de chaque poste. Assurément, de courtes offensives sur la basse Düna auraient été le meilleur moyen de donner de l'air aux deux corps d'Oudinot et de Saint-Cyr sur le haut fleuve. Cette idée était dès ce moment celle du général York, et il est à supposer que le duc de Tarente lui-même n'y était pas resté étranger; mais il paraît avoir eu trop de souci de sa responsabilité, pour oser prendre l'initiative d'une pareille entreprise.

La partie la plus menacée de la position devant Riga paraissait maintenant être l'aile gauche; aussi le général York, au lieu de barrages (1) trouvés insuffisants, fit immerger dans l'Aa, non loin de Wollgund, une forte palissade, pour empêcher les canonnières de remonter le fleuve jusque près du confluent de l'Eckau.

La première nouvelle des entreprises des Russes dans cette journée fut envoyée de Plakan par le major de Bülow annonçant qu'il était attaqué.

Le général York se vit alors forcé de ramener un peu en arrière les postes avancés sur la grande route de Riga, pour éviter qu'ils ne fussent pris à revers par l'ennemi venant de Plakan. Il était encore occupé à faire exécuter ce mouvement, lorsqu'arrivèrent les uns après les autres plusieurs comptes rendus du général Kleist : l'ennemi se portait en force contre l'aile gauche; le colonel de Jeanneret s'était replié jusqu'à Wollgund; enfin, 12 canonnières s'avançaient, protégées à terre sur la route de Kalnzeem par environ deux bataillons d'infanterie et 200 chevaux. Une dépêche arrivée plus tard dans la soirée annonça que le colonel de Jeanneret avait rétrogradé jusque dans la tête de pont de Pauls-

---

(1) Poutres garnies de pointes de fer et liées avec des chaînes, d'après les indications d'un officier français.

gnade; l'ennemi était déjà à Wollgund, mais les canonnières étaient arrêtées aux palissades et s'occupaient de les enlever. Le général Kleist était allé lui-même à Paulsgnade, pour préparer en personne les mesures nécessaires. Trouvant que les rapports des grand'gardes étaient incomplets et manquaient de précision, il envoya en patrouille les lieutenants de Norelly et de Düringsfeld, pour recueillir sur la force et la position de l'ennemi des renseignements plus sûrs. Il reporta également les postes avancés jusqu'à Herzogshof. Le général de Kleist fut alors autorisé à attaquer le lendemain l'ennemi, mais seulement pour assurer sa retraite. Il reçut, avec l'agrément du général York, le 2ᵉ bataillon du régiment d'infanterie nº 4 mis à sa disposition. Avec le reste des troupes du camp d'Olai, le général York résolut de rétrograder dans les têtes de pont de l'Eckau, tout en laissant au bourg d'Olai le détachement d'avant-postes du major de Clausewitz.

Le colonel de Horn avait, dès la première heure, reporté en avant l'ancienne et la nouvelle grand'garde, pour réoccuper la position abandonnée la veille. Il les fit suivre comme soutien par deux compagnies du régiment d'infanterie nº 2, sous le capitaine de Trabenfeld, et 60 dragons du régiment nº 1, auxquels le 2ᵉ bataillon du régiment d'infanterie nº 5, sous le major de Lœbel, placé à Garrenkrug, servait de réserve.

La grand'garde du côté de Katharinenhof devait être soutenue par le bataillon de fusiliers nº 4 du major de Goltz (1); pour soutenir la grand'garde de Reppenkrug, le capitaine Schmalensee fut commandé avec 200 hommes du régiment d'infanterie nº 2. Lorsque le colonel de Horn, qui s'était porté en avant sur la grande route

---

(1) Mort au combat de la Katzbach, comme major et commandant du 12ᵉ régiment de réserve, actuellement 24ᵉ régiment d'infanterie de ligne.

avec les grand'gardes, eut atteint la dernière ferme avant Dahlenkirchen, il découvrit derrière la Keckau des masses d'infanterie et de cavalerie; en même temps, on entendit, vers Katharinenhof une vive fusillade. La grand'garde, qui s'était avancée de ce côté, avait donné précisément dans les environs de Ziegelei sur une troupe de 150 à 200 hommes d'infanterie ennemie et avait dû se replier sur son bataillon. Le colonel de Horn, avec la grand'garde sur la route, fut alors obligé de se retirer en arrière du ruisseau de Sekuppe, près de la ferme Korull. L'ennemi fit suivre par deux bataillons, ce qui amena un engagement de mousqueterie qui dura plusieurs heures, d'ailleurs sans résultat. Cependant, le colonel de Horn entendait le feu augmenter d'intensité du côté de Katharinenhof. Pour empêcher le major de Goltz de s'exposer au danger d'être pris en flanc et de dos par les masses ennemies de Dahlenkirchen, il lui envoya l'ordre d'arrêter la poursuite des Russes et de se replier jusque derrière le pont, au vieil abatis d'arbres. Pendant ce temps et après une courte pause sur les bords de la Sekuppe, une partie de l'infanterie russe se précipita tout à coup sur le pont avec de grands cris; mais elle fut reçue par les deux compagnies du régiment n° 2 par un feu si efficace qu'elle recula dans le plus grand désordre et s'entassa sur le pont; le capitaine d'infanterie de Trabenfeld et le capitaine de cavalerie de Manstein en profitèrent vivement pour enlever aux Russes un officier et 70 hommes. Excité par ce résultat, le capitaine de Trabenfeld poursuivit au delà du pont; mais, surpris à son tour par de la cavalerie ennemie, il tomba lui-même entre les mains des Russes avec 3 officiers et 46 hommes, la plupart blessés. Le colonel de Horn fit alors exécuter par quelques pelotons du 2ᵉ bataillon du régiment n° 5 des feux de salve, dont l'effet fut si vif et si efficace, que l'ennemi n'osa tenter une nouvelle attaque. Enfin, fatigué des petites chicanes des Cosaques et des tirailleurs ennemis, le colonel de Horn fit avancer deux canons, qui, par six coups qui portèrent, firent complètement cesser tout ce trouble. La réserve ennemie était restée tranquille à Dahlenkirchen. Si elle eût fait le moindre mouvement en avant, le colonel de Horn, même à forces égales, aurait dû abandonner la position de Tomoszna, qui était trop resserrée et ne permettait qu'une défense passive. Lorsque la nuit fut venue, le colonel de Horn rétrograda sur Tomoszna avec ses troupes, ne laissant que des grand'gardes à Garossenkrug et à Pulkan.

A la nouvelle que le général d'York avait quitté le camp d'Olai, le colonel de Hünerbein abandonna aussi ses positions et se retira pendant la nuit par Misshof sur Eckau.

18 octobre.

Les lieutenants de Düringsfeld et de Norelly avaient rempli, avec beaucoup de circonspection, la mission que leur avait confiée le général de Kleist. Ils étaient allés tout près de l'ennemi et non seulement ils avaient reconnu avec soin sa position, mais encore les chemins qui y conduisaient. Comme il résultait de cette reconnaissance que la route militaire faite en été d'Herzogshof à la ferme Tiltin était encore praticable, non plus pour du canon, mais pour l'infanterie et la cavalerie, le général Kleist résolut d'entreprendre en deux colonnes l'attaque qu'il méditait. En conséquence, le colonel de Raumer reçut dans la nuit même la mission de marcher de Zennhof vers Wollgund, par Warren, avec les deux bataillons de mousquetaires du régiment n° 3, le 2ᵉ bataillon du régiment n° 4 mis à sa disposition par le général York, une demi-batterie à cheval et deux escadrons du régiment de dragons n° 2 ; il devait rester caché à la lisière de la forêt jusqu'à la pointe du jour. Avec le reste des troupes, c'est-à-dire les deux bataillons de mousquetaires du régiment n° 6 (à l'exception de deux compagnies laissées pour la défense de la tête de pont et des batteries de l'Aa) et les deux escadrons du régiment de hussards n° 3, le général de Kleist se porta lui-même en avant par Herzogshof et la ferme Tiltin. Les deux colonnes firent leur jonction vers Wollgund à la lisière de la forêt. Malgré tous leurs efforts, les canonnières ennemies n'avaient pu réussir à enfoncer nos palissades pendant la nuit. Mais les Russes s'étant aperçus, le matin de ce jour, de la marche de nos colonnes, firent marcher leur infanterie et cavalerie, soit environ 3 à 4 bataillons et 200 chevaux, par une ligne oblique en avant de la palissade, pour y attendre, à ce qu'il semble, tranquillement notre attaque. Le général de Kleist ordonna alors au colonel Raumer de faire amener son artillerie en position et de canonner l'ennemi, pendant que l'infanterie s'avancerait le long du bois, pour gagner ainsi le flanc de l'ennemi. Les troupes russes se retirèrent précipitamment par la route de Kalnzeem. Les canonnières russes et anglaises mirent à la voile et par un vent favorable revinrent également en arrière. Le général de Kleist suivit avec le gros jusqu'à Kliwenhof.

Deux cents coups de canon de gros calibre, tirés par les canonnières sur nos troupes, n'eurent pour effet que de tuer un cheval d'artillerie et de blesser un artilleur. Les Russes s'étant ensuite retirés de Kalnzeem jusqu'à Schlock, le général de Kleist fit aussi revenir ses troupes sur leurs anciens emplacements. Le colonel de Jeanneret resta cependant avec l'avant-garde à Kliwenhof.

Le général York n'en fit pas moins renouveler auprès du maréchal, à cause de la position exposée du corps prussien, des observations qui furent enfin accueillies.

19 octobre.

D'après les rapports des avant-postes, l'ennemi a poussé aujourd'hui de fortes patrouilles de reconnaissance sur les deux routes de Mitau et de Bauske, sans cependant rien entreprendre.

Le général d'York donne l'ordre d'enfoncer à Pfarrenkrug entre Wollgund et le confluent de l'Eckau une nouvelle palissade de cinq rangs. C'était par égard pour les habitants de Mitau qu'on avait négligé jusqu'à ce jour une mesure reconnue nécessaire.

20 octobre.

Le duc de Tarente donne l'ordre du mouvement suivant :

Le lieutenant général d'York couvrira Mitau avec huit bataillons, deux escadrons et une artillerie convenable, et occupera la ligne de l'Eckau, depuis la forêt d'Annabourg jusqu'à l'embouchure de cette rivière. Les avant-postes s'étendent de Skrabbenkrug par le pastorat Dalbing jusqu'à Peterhof ; près de Kalnzeem, ils doivent observer Schlock, si cette localité ne peut être occupée. Trois bataillons et deux escadrons seront placés en réserve à Alt-Bergfried ou en face d'Aahof, sur la rive gauche de l'Aa, et également trois autres bataillons et deux escadrons sur cette rive à hauteur de Garossenkrug.

Un escadron sera jusqu'à nouvel ordre détaché à Annabourg à la disposition du colonel de Hünerbein.

Le lieutenant général d'York mettra encore à la disposition de cet officier supérieur une batterie à cheval et partagera entre les autres corps le reste de son matériel. Un général commandera la réserve, un autre la ligne sur l'Eckau et les avant-postes. Le quartier général du lieutenant général d'York sera à Mitau.

Le colonel et brigadier de Hünerbein couvrira l'Eckau par la forêt d'Annabourg et entretiendra la communication avec Friedrichstadt par Wallhof; il a pour cet objet 10 bataillons dont 6 prussiens et 4 polonais, 6 escadrons, 1 batterie 1/2 à cheval et le matériel qu'ils comportent.

Le colonel de Hünerbein aura constamment en réserve quatre bataillons, quatre escadrons et une batterie à cheval, pour pouvoir détacher sur les points de l'Eckau menacés un ou plusieurs bataillons et escadrons. Ses avant-postes seront poussés aussi loin que possible, en évitant toutefois qu'ils soient trop exposés.

Ce n'est que dans le cas de nécessité absolue que le brigadier de Hünerbein disposera de l'escadron posté à Annabourg, lequel est destiné, avec le régiment westphalien, à constituer une réserve qui est placée provisoirement à Annabourg et Stalgen.

Conformément à cet ordre de mouvement, les troupes occupent les positions suivantes :

21 octobre.

a) *L'Eckau depuis l'embouchure jusque vers la forêt d'Annabourg, en comprenant les têtes de pont de Paulsgnade, Zennhof et Sillgruss.*

Major général de Kleist.
Colonel de Raumer.
Colonel de Jeanneret.
Régiment d'infanterie n° 3.
Régiment d'infanterie n° 6.
1er bataillon du régiment d'infanterie n° 4.
Bataillon de fusiliers n° 2.
Bataillon de fusiliers n° 4.
4 escadrons du régiment de hussards n° 3.
1/2 batterie à cheval.
1 1/2 batterie à pied vers Schloch.
Bataillon de fusiliers du régiment n° 3.

b) *Première réserve à Alt-Bergfried.*

Lieutenant général de Massenbach.
Colonel de Below.

2ᵉ bataillon du régiment d'infanterie n° 4.
Bataillon de fusiliers du régiment d'infanterie n° 6.
Bataillon de chasseurs de la Prusse orientale.
1 batterie à cheval.

c) *Deuxième réserve vis-à-vis Garossenkrug.*

Lieutenant général de Massenbach.
Colonel de Jürgass.

Régiment d'infanterie n° 1.
Bataillon de fusiliers n° 1.
2 escadrons de dragons n° 2.
1/2 batterie à cheval.

d) *L'Eckau depuis la forêt d'Annabourg.*

Colonel de Hünerbein.
Colonel de Horn.

Régiment d'infanterie n° 2.
Régiment d'infanterie n° 5.
Bataillon de fusiliers n° 4.
Bataillon de fusiliers n° 7.
Régiment de dragons n° 1.
2 escadrons du régiment n° 2.
1 batterie à cheval.
1 batterie à pied.

Détachement de la 7ᵉ division :

2 escadrons du régiment de hussards prussien n° 1.
5ᵉ régiment d'infanterie polonais.
1/2 batterie à cheval polonaise et le régiment d'artillerie polonais.

Quartier général du général d'York à Mitau, où le maréchal établit provisoirement le sien.
Quartier du général de Massenbach à la ferme Dannenthal, celui du général de Kleist à Paulsgnade.

Le colonel de Hünerbein rend compte qu'il a reçu du maréchal l'ordre de se maintenir avec ses troupes dans la position d'Eckau et de pousser, s'il est possible, ses postes jusqu'à la Missa.

Un autre compte rendu du même fait connaître que, la nuit précédente, une compagnie du 5ᵉ régiment polonais postée à Neuguth et 7 hussards prussiens ont été surpris par les Russes et en grande partie faits prisonniers.

Le général-major de Kleist envoie l'état suivant de répartition des troupes placées sous son commandement :

I. *Holländer-Krug.*

Major de Zielinsky.

1er bataillon du régiment d'infanterie n° 4.
2 compagnies du 2e bataillon du régiment d'infanterie n° 6.

II. *Tête de pont de Sillgruss.*

Major de Steinmetz.

1er bataillon du régiment d'infanterie n° 3 occupe Weine-Krug.
1/2 batterie à pied n° 3.

III. *Tête de pont de Zennhof.*

Major de Steinmetz.

2e bataillon du régiment d'infanterie n° 3.
1/2 batterie à pied n° 3.

IV. *Tête de pont de Paulsgnade et retranchements des bords de l'Aa.*

2 compagnies du 2e bataillon du régiment d'infanterie n° 6.
1/2 batterie à pied n° 4, à la batterie de l'Aa.
1/2 batterie à cheval n° 1, dans la tête de pont.

V. *Avant-postes des deux côtés de la Missa, route de Riga.*

Bataillon de fusiliers du régiment d'infanterie n° 2.
Bataillon de fusiliers du régiment d'infanterie n° 5.
Détachements de tirailleurs sous les capitaines de Clausewitz et de Mirbach.

VI. *A et près de Wollgund.*

1er bataillon du régiment d'infanterie n° 6.

VII. *Sur la rive gauche de l'Aa, pour observer Schlock.*

Le bataillon de fusiliers n° 3.

Deux escadrons de hussards n° 3 restent sur la Missa, où le major d'Eicke a pris le commandement des avant-postes. Les deux autres escadrons de ce régiment, sous le major de Thümen, restent à Kliwenhof. Le régiment fournit également aux majors de Zielinski et de Borck les cavaliers nécessaires pour le service des patrouilles et de vedettes.

22 octobre.

D'après un déserteur venu de Riga, les vaisseaux et navires anglais devaient depuis quelques jours avoir quitté la rade de Riga, pour retourner en Angleterre; plusieurs navires russes auraient été aussi renvoyés en Finlande, parce qu'on ne voulait pas les laisser pendant l'hiver à Riga.

Du corps de Steinheil, on savait qu'il avait passé la Düna à Druja et à Drissa.

Le détachement d'avant-postes de Dalbingen rend compte qu'une patrouille envoyée du poste de Peterhof vers Plakan a donné sur une troupe ennemie d'infanterie et de cavalerie, qui l'a rejetée au delà du vieux camp auquel les Russes ont mis le feu.

Le maréchal a visité les têtes de pont et a témoigné sa satisfaction particulière pour leur construction et armement.

23 octobre.

Le major d'Eicke rend compte que l'ennemi a établi un petit camp près du moulin à vent d'Olai.

Le colonel de Hünerbein écrit ce qui suit :

J'ai pu arriver à établir une partie de mes troupes, c'est-à-dire l'avant-garde, la cavalerie et une fraction de l'artillerie, dans les fermes et maisons isolées des environs d'Eckau, des deux côtés du ruisseau, sous des abris, il est vrai, très médiocres, généralement des granges et des hangars. Mes avant-postes sont sur la Januppe ; un officier et quarante hommes près de Klawe, s'éclairant vers Plakan et en face de Kliewe;

une compagnie à Sillenkrug, avec des patrouilles vers Klawe et Bullenkrug; deux compagnies près de Samsonkrug, envoyant leurs patrouilles dans les directions de Gallenkrug et de Schœppingsmühle, avec trois compagnies en réserve à Wärsekrug; deux compagnies à Ramittenkrug, qui patrouillent vers Schœppingsmühle et Fœrster-Frey.

Pour la surveillance de la route de Riga à Schœnberg, il y a deux compagnies à Kallenkrug, embranchement de cette route avec celle d'Eckau à Friedrichstadt. Ce poste envoie des patrouilles par Neuguth vers Baldohnen. Deux compagnies à Wallhof servent de liaison avec la 7ᵉ division qui se trouve à Illuxt et avec la position de la Düna qui s'étend de Klein-Junkerhof jusqu'au confluent de l'Eglau dans la Düna.

Pour assurer la sécurité de ces postes et le flanc gauche de la position de la Düna, j'enverrai de temps en temps une colonne mobile explorer le pays entre l'Eckau et la Düna, dans la direction de Linden et Thomsdorf, à gauche vers Baldohnen, Merzendorf et Borkwitz.

Les patrouilles ont jusqu'à présent rencontré l'ennemi en arrière de Klapperkrug, près de Baldohnen et derrière la Missa vers Schœppingsmühle et Fœrster-Frey. A Missakrug, il y a une forte grand'garde.

Un ordre du jour du duc de Tarente fait connaître qu'un grand convoi doit être formé au 10ᵉ corps, pour parer aux irrégularités qui ont eu lieu dans les réquisitions (1).

Des fourrures reçues sur le compte à valoir, 3.500 avaient été délivrées à la 7ᵉ division, aux troupes françaises d'artillerie, du génie et de marine et 3.500 autres au corps prussien. Le général York distribua les peaux qui lui avaient été attribuées aux sept bataillons de fusiliers, lesquels, par suite du service de grand'-

---

(1) Mesure qui, pour le pays comme pour le corps, avait l'air plus avantageuse qu'elle n'était facile à exécuter. On oubliait que les hommes et les chevaux d'un semblable parc ont également besoin d'être nourris et d'être abrités en hiver; que ces fragiles petites voitures de paysans, dépourvues de ferrures, demandaient des réparations incessantes et que leur livraison doublait les charges de l'habitant. C'était un de ces cas où les choses qui paraissent en particulier simples et utiles sont en règle générale difficiles à exécuter.

garde, avaient leur habillement dans le plus mauvais état. Il fallut aussi rejeter quelques centaines de fourrures qui, ayant été portées, étaient déchirées ou remplies de vermine.

24 octobre.

Le colonel de Hünerbein rend compte :

La colonne mobile, envoyée dans la direction de Friedrichstadt et composée du 3e bataillon polonais, de 30 dragons et de 20 hussards, a, en arrivant à Neuguth hier soir à son retour, été attaquée par deux bataillons d'infanterie ennemie et 300 hommes de cavalerie; après un combat d'une heure, qui a coûté trois morts et des blessés, elle a été forcée de se retirer vers Krons-Misshof. Par suite d'une erreur de manœuvre inexplicable, les 50 cavaliers, séparés du bataillon polonais, ont dû faire retraite sur Wallhof; mais bientôt, et sans aucune perte, ils ont pu rejoindre le bataillon à Krusenhof.

Un ordre du général d'York en date de ce jour décide ce qui suit :

Tous les officiers blessés et malades seront dirigés sur Memel; ceux dont la guérison paraît prochaine resteront dans cette ville; ceux, au contraire, dont le rétablissement demande plus de temps, seront évacués sur Kœnigsberg. Le chirurgien général Vœlzke est chargé spécialement de l'exécution de cet ordre.

25 octobre.

Le maréchal transporte son quartier général à Stalgen.

Le colonel de Hünerbein rend compte que les combats d'avant-postes qui ont lieu journellement l'obligent à renforcer de 100 hommes le poste du bois de Klawe et à faire occuper celui du bois d'Annabourg par une compagnie entière de Polonais.

Depuis plusieurs jours on savait que des paysans

des environs d'Eckau portaient des vivres à Riga par des chemins cachés de la forêt. Trois furent enfin pris et amenés. Leur interrogatoire fit connaître qu'ils avaient été incités à cet acte par leur inspecteur des vivres, qui, au su de leur arrestation, s'empressa de fuir.

Un rapport du major de Trabenfeld de Memel, en date du 22, fait savoir qu'il est arrivé la veille dans cette ville pour le corps prussien le 1er bataillon de marche de 1.000 hommes de la réserve, lequel doit être dirigé sur Mitau sous peu de jours avec des effets d'équipement. Le renvoi du matériel du parc français de siège à Memel avait donné lieu à de grandes contestations. Comme le préfet insurgé du cercle de Teltsch alléguait qu'il lui était absolument impossible de fournir le nombre d'attelages demandé, le lieutenant-colonel français Guidonnet, chargé d'exécuter ce transport, avait aussitôt, sans plus de façons, exigé 300 voitures de Memel pour relais à Grottingen. On les lui avait naturellement refusées et on n'avait fait aucun cas de ses menaces, dans la conviction que le préfet n'avait eu pour but que de se soustraire à cette charge pour la faire peser sur des sujets prussiens. Le commandant de district, colonel de Malzahn, avait, il est vrai, consenti à en fournir au moins la moitié. Mais, un officier prussien envoyé à Grottingen ayant découvert que les Polonais avaient déjà avisé, on se dispensa également de cette demi-fourniture. Les fonctionnaires prussiens des pays frontière avaient, d'ailleurs, énormément de peine, à s'opposer aux tentatives des Polonais pour se soustraire à toute charge. Il fallait un talent tout spécial et propre seulement aux Russes (singulier mélange de rigueur et de flatterie insinuante) pour réquisitionner en Pologne avec succès. Aussi, les Français et leurs alliés tiraient-ils de Prusse tant qu'ils pouvaient.

26 octobre.

---

27 octobre.

Arrivée du major de Fiebig I avec les batteries jusque-là restées à Memel.

Tandis que tout commandant de troupes des petits princes de la Confédération, dans la marche des frontières de la Prusse alliée dans la Pologne à conquérir, enlevait pour ses besoins tout ce qu'il pouvait prendre, le général d'York adressait des propositions régulières pour le remplacement urgent des effets d'équipement du service courant, sans se payer des vaines promesses des fonctionnaires français en Courlande, ou se laisser abuser sur les ressources des provinces prussiennes voisines. Si la chose avait pu se faire, sans compromettre l'honneur des troupes, le général d'York ne se serait pas plus affecté de voir le corps prussien perdre ainsi peu à peu ses moyens d'action, que les autres commandants des corps de la Grande Armée. Mais, par suite de la position du corps prussien, il se vit forcé, pour ne pas abandonner son artillerie, de se créer lui-même des ressources. Il ordonna donc de renvoyer à Memel deux colonnes de ponts qui se trouvaient à l'armée, de les y démobiliser, puis de les faire partir pour Graudenz; les hommes et les chevaux devenus disponibles devaient être affectés comme réserve à l'artillerie.

28 octobre.

Par un ordre du maréchal, le commandant prussien de Mitau, major de Both, est nommé commandant du cercle de Mitau; le chef de bataillon Blanc du génie français, commandant du cercle de Selbourg, avec Jacobstadt pour résidence; les commandants de villes et d'étapes sont placés sous les ordres des commandants de district. Le même ordre avertit de se tenir en garde contre des officiers russes qui, sous des déguisements de paysans, circulent dans la province et dont trois doivent avoir été récemment à Ruhenthal et à Bauske (1).

Arrivée du major comte Henkel de Donnersmark, aide de camp du roi, venant de Berlin et porteur des récompenses accordées par Sa Majesté au corps prussien pour les heureux combats de fin de septembre, plus un don de 3.000 reichsthaler pour les blessés.

29 octobre.

Les Russes s'avancèrent de Plakan par des chemins de traverse avec quelques faibles bataillons, et environ cent chevaux, repoussèrent nos grand'gardes et obligèrent le bataillon de fusiliers n° 5 à quitter son camp du pastorat Dalbing et à prendre position dans la forêt en arrière. Ils enlevèrent beaucoup de bétail des fermes voisines et prirent 27 bêtes au pastorat.

Poursuivis dans leur retraite par nos troupes d'avant-postes, ils perdirent quelques tués et blessés et 21 prisonniers. Notre perte fut de 16 blessés et un prisonnier.

Les Russes s'étaient également avancés sur la route de Dahlenkirchen; ils avaient attaqué à Samsonkrug le bataillon de fusiliers du régiment n° 4 et s'étaient emparés de la position. Mais le colonel de Hünerbein envoya pour soutenir ce bataillon le 2e bataillon du régi-

---

(1) On racontait aussi à Riga que le général Campredon, sous des habits de paysan, avait reconnu les fortifications de Riga; ce qui prouve que, en temps de guerre comme en temps de paix, on croit souvent de drôles de choses.

ment d'infanterie n° 5 (1er bataillon du 7e régiment actuel, alors 2e de la Prusse occidentale), avec un escadron de dragons n° 2 et la demi-batterie à cheval polonaise, sous les ordres du major de Lœbell. L'ennemi fut forcé de battre en retraite, laissant, outre de nombreux morts et blessés, 13 prisonniers entre nos mains. Le bataillon de fusiliers eut 2 soldats tués, le lieutenant de Schack et 10 sous-officiers et soldats blessés. Le major de Goltz, commandant par intérim ce bataillon, se cassa malheureusement le bras, en tombant avec son cheval.

30 octobre.

31 octobre.

Le corps prussien reçut encore aujourd'hui 3.500 fourrures. Le général d'York les fit distribuer aux régiments d'infanterie nos 5 et 6, qui n'avaient pas encore reçu leurs culottes de drap de Silésie, province qui était leur pays et leur lieu de garnison. Sous-officiers et soldats allaient encore en culottes de toile.

Le colonel de Hünerbein rend compte que, dans le but de diriger une attaque sérieuse contre les Russes, sans l'assentiment, il est vrai, du maréchal, il avait fait avancer vers Neuguth le 3e bataillon polonais avec 50 chevaux. Mais assailli lui-même dès le matin par trois bataillons ennemis, avec deux canons et une centaine de Cosaques, le bataillon s'était replié sans perte et conformément aux instructions reçues sur Krapenhof, la retraite sur Krons-Misshof ayant été coupée. Une compagnie fut détachée avec 20 chevaux d'Eckau sur Krons-Misshof, pour surveiller Neuguth. Les Russes paraissaient en vouloir surtout aux Polonais, ce que déclarait d'ailleurs le général Lœwis au lieutenant de

Rœder, qui était allé aujourd'hui aux avant-postes russes porteur d'une lettre du maréchal de Tarente. Cette lettre, avait dit le duc, était une réponse à celle que le gouverneur de Riga avait fait remettre d'une façon assez bizarre à un petit poste d'observation, près de Jacobstadt.

Les avant-postes russes, commandés par le major général Wiliaminow, passent par Tomoszna, Gallenkrug et Plakan. Le lieutenant général Lœwis est à Dahlenkirchen avec la réserve, qui comprend deux régiments de chasseurs et cinq canons.

Le colonel de Hünerbein écrit la lettre de plaintes suivante :

Eckau, le 31 octobre 1812.

Je prie instamment Votre Excellence de vouloir bien provoquer des mesures pour l'entretien de mes troupes, dont les besoins sont très grands. J'ai reçu l'ordre de S. Ex. Monsieur le duc de Tarente d'avoir toujours une réserve de six jours de toutes sortes de vivres. Mais, comme les soldats, depuis plusieurs jours, n'ont touché ni eau-de-vie ni légumes, cette provision se trouve réduite à quatre jours.

La plus grande partie des troupes vivant sous la baraque ou en plein air, la ration réglementaire d'eau-de-vie est indispensable pour la conservation de la santé des hommes, et la privation de cette denrée a déjà causé des dysenteries.

Il n'y a plus du tout de fourrages depuis plusieurs jours, et la situation des chevaux devient de jour en jour plus mauvaise.

J'exécuterai les ordres du maréchal relativement au renvoi des corvées, dès que les voitures du train promises par Votre Excellence seront arrivées.

Mais, jusqu'à nouvel ordre, je dois prendre sur moi de requérir dans le pays environnant pour faire transporter le bois nécessaire pour le chauffage des troupes.

Pour donner à Votre Excellence une idée de mes charges et de mes besoins, permettez-moi de lui faire observer respectueusement que, déduction faite des détachements, il y a ici 20 compagnies, 5 escadrons et 2 batteries de troupes royales prussiennes, 20 compagnies, 2 escadrons et 1 batterie 1/2 de la 7e division.

En comptant, au bas mot, sur 50 compagnies et sur une

demi-corde de bois par compagnie et par jour, ce qui n'est vraiment pas trop par suite de la rigueur de l'hiver, de la longueur des nuits et du manque de paille de couchage, j'ai besoin journellement, puisqu'il faut 10 de ces voitures pour porter une corde, de 250 véhicules. De plus, à partir d'après-demain, il faudra aller chercher le bois à un mille de distance. Jusqu'ici, je l'avais fait en partie transporter à dos, pour une distance de trois verstes.

De semblables plaintes viennent depuis quelques jours de tous les détachements. Il n'y avait rien d'étonnant que, dans ces conditions, il se produisît quelques petits désordres. Mais, dans ces désordres mêmes, il n'y eut à signaler aucune violence personnelle, hors le cas d'un exemple sévère fait au début de la campagne. La preuve en est, qu'il n'y eut à enregistrer aucune réclamation et que les fermes et auberges situées entre les avant-postes des deux partis ne furent jamais totalement abandonnées par leurs habitants. Celui qui connaît la guerre pourra éprouver par là l'exacte discipline tenue par les troupes prussiennes (1). Les Russes, quelques jours avant, avaient même enlevé 27 têtes de bétail au milieu de nos avant-postes. Nous savions

---

(1) Deux soldats du régiment d'infanterie n° 6 qui, étant en patrouille, avaient pris un morceau de toile dans une ferme située à proximité des avant-postes, furent, par 15 degrés de froid, conduits à Holländer-Krug, devant le major de Zielinsky. Cet officier leur reprochant l'indignité de leur conduite, ils enlevèrent leurs manteaux sans répondre, et montrèrent que leurs reins étaient nus.

Que l'on n'oublie pas non plus que, depuis plusieurs mois, officiers et soldats n'avaient pas reçu de solde, parce que les caisses publiques à Kœnigsberg et à Gumbinnen trouvaient, dans les dépenses occasionnées par les employés français, les ambulances et les troupes en marche dans la province, non seulement une excuse, mais même une justification à leur refus.

Le corps prussien devait, d'après l'état de situation, recevoir mensuellement plus de 160.000 thalers, dont 120.000 seulement pour la solde ; mais cette somme, dans ce temps-là, n'était pas facile à trouver. D'ailleurs, le soldat ne se plaignait pas de ces privations, qu'il supportait avec courage, comme une conséquence de la misère de sa patrie.

aussi avec certitude que plusieurs habitants, dont nous connaissions les noms, servaient formellement d'espions aux Russes.

1er novembre.

D'après l'état remis par le brigadier de l'artillerie, major de Schmidt, l'artillerie était, à la date de ce jour, répartie de la manière suivante :

Major de Fiebig I à Mitau.

1° La demi-batterie de 12 livres, capitaine de Rozynsky, dans les batteries de l'Aa.
2° La batterie à pied n° 1, capitaine Huet, dans la position d'Eckau entre les deux ponts.
3° La batterie à pied n° 2, capitaine Wegener, dans la tête de pont de Mitau en réserve.
4° La batterie à pied n° 3, capitaine Ziegler, dans les têtes de pont de Zennhof et de Sillgruss.
5° La batterie à pied n° 4, capitaine Ludwig, dans la tête de pont de Paulsgnade.

Major de Fiebig II à Sorgenfrei.

6° La batterie montée n° 1, capitaine de Zinken, quatre pièces en réserve à Sorgenfrei, les quatre autres dans le retranchement de Garossen.
7° La batterie montée n° 2, major de Rentzel, à Alt-Bergfried, en trois sections pour couvrir les ponts.
8° La batterie montée n° 3, major de Graumann, à Eckau en réserve.

De plus, deux colonnes de parc à Schwerthof, près de Mitau; une à Wiltzen, à quatre milles de Mitau (à droite de la route de Szawle), une à Okmiani et une à Teltsch; le détachement d'ouvriers à la petite porte à Mitau. Les deux équipages de ponts étaient partis le 29 octobre pour Memel, pour y être démobilisés.

2 novembre.

Le 3e bataillon du 5e régiment polonais, d'après le

rapport de ce jour du colonel de Hünerbein, avait été de nouveau chassé de Krusenhof (entre Neuguth et Schœnberg) par des forces supérieures. Le colonel avait aussitôt détaché vers Krons-Misshof le 2ᵉ bataillon du même régiment, pour inquiéter l'ennemi sur Neuguth, point sur lequel les Russes se dirigeaient et d'où ils marchaient vers la Düna, dans la direction de Thomsdorf.

Le 1ᵉʳ bataillon de marche, composé d'hommes des réserves destinés aux régiments de la brigade de la Prusse orientale et occidentale et de celle de la Marche et de la Poméramie, arriva aujourd'hui au corps. Le général fut très peu satisfait de ceux de la Prusse : d'abord, parce qu'ils avaient été constamment employés au service territorial et n'avaient reçu par cela même qu'une très faible instruction; mais surtout et toujours, à cause de l'état défectueux de leur tenue et de leur équipement.

Deux parlementaires russes, qui s'étaient présentés aux avant-postes par les routes de Riga et de Dahlenkirchen, porteurs de lettres d'ailleurs sans intérêt, avaient répandu en chemin des exemplaires imprimés d'un bulletin de l'armée russe contenant un rapport des victoires de Wittgenstein et de Steinheil sur la haute Düna.

Avec le mot, on communique l'ordre du jour suivant du maréchal :

> Le maréchal rappelle au 10ᵉ corps d'armée les ordres déjà donnés, au sujet des parlementaires ennemis qui se présentent aux avant-postes. Il défend encore une fois et de la manière la plus formelle d'engager avec eux toute conversation, même la plus insignifiante. Par suite, les parlementaires ne seront reçus qu'à Dünabourg et sur les deux grandes routes de Riga à Mitau et à Eckau. S'ils se font annoncer sur un autre point, on devra les diriger immédiatement sur le plus rapproché des points désignés. Aucun militaire du 10ᵉ corps ne devra franchir les avant-postes pour aller

du côté de l'ennemi, s'il n'a un laisser-passer de l'état-major de ce corps. On tiendra rigoureusement la main à l'exécution de cette prescription.

Enfin, on empêchera les personnes étrangères de franchir les lignes et on les fera conduire aussitôt au plus prochain quartier général pour y être examinées.

Par ordre du général d'York, le corps prussien fut informé que, pour faciliter le transport des vivres et fourrages des magasins de Mitau et de Bauske à chaque corps de troupe, un convoi de voitures serait formé une fois pour toutes et servirait à assurer les distributions des trois jours. Les difficultés qu'éprouvaient les troupes prussiennes à réquisitionner dans le pays corvées et voitures avaient forcé le général à prendre cette mesure éminemment préjudiciable au train du corps, par une saison aussi mauvaise et des chemins défoncés.

3 novembre.

D'après les nouvelles arrivées aujourd'hui, un poste bavarois, près de Jacobstadt et un autre près de Friedrichstadt ont été surpris dans la nuit du 1er; les communications sont ainsi coupées avec cette dernière ville. Le colonel de Hünerbein a aussitôt fait partir vers Linden en colonne mobile un bataillon et 40 chevaux et fait occuper en même temps Krons-Misshof par 4 compagnies et 10 chevaux.

Le général de Kleist rend compte que, par suite des fortes gelées, l'aile droite de ses avant-postes jusqu'alors couverte par des marais, est maintenant très exposée, ce qui lui a déjà valu la perte de quelques vedettes. Il fait savoir également que le colonel de Jeanneret a dû, pour cause de maladie, retirer au major de Lessel le commandement des avant-postes à Kliwenhof, et que le 1er bataillon du régiment d'infanterie n° 6, désigné pour tenir garnison à Mitau par suite du mauvais état de son habillement, s'est mis en marche et a été remplacé par le bataillon de fusiliers du même régiment.

4 novembre.

Par ordre du duc de Tarente, les deux escadrons du régiment de hussards n° 1 qui étaient à Eckau pour se refaire sont rappelés au camp d'Annabourg et remplacés par l'escadron du régiment de dragons n° 2 qui se trouvait à ce camp.

La rigueur du froid rend nécessaire un changement dans l'installation de nos avant-postes.

5 novembre.

A la nouvelle que le bataillon bavarois de Friedrichstadt a été forcé, lors de la dernière attaque des Russes, de se replier dans la direction de Jacobstadt, le colonel de Hünerbein fait renforcer le 2° bataillon du 5° régiment polonais, placé à Wallhof en colonne mobile avec 40 chevaux, par le 1er bataillon de ce régiment, la demi-batterie à cheval polonaise et 20 dragons; il donne le commandement de ce détachement au lieutenant-colonel de Kaminsky, officier plein de talents et de bravoure, avec ordre de reprendre Friedrichstadt. Il est ordonné en même temps au colonel bavarois comte Buttlar à Jacobstadt de faire coïncider une action vigoureuse du 2° bataillon de son régiment qui avait été chassé de Friedrichstadt avec l'attaque dirigée de Wallhof contre cette ville.

6 novembre.

Les Russes n'ont pas attendu à Friedrichstadt l'attaque du lieutenant-colonel de Kaminsky. Mais les renseignements contenus dans les rapports diffèrent; les uns font repasser aux Russes la Düna, les autres les font revenir vers Dahlenkirchen.

7 novembre.

La compagnie polonaise postée à Neuguth avec 10 dragons prussiens a été attaquée à 3 heures de l'après-midi par un détachement ennemi d'infanterie et de cavalerie. Les dragons se sont fait surprendre au cantonnement et ont été pris; la compagnie elle-même, malgré une énergique résistance, n'aurait pu échapper à ce malheureux sort, sans l'arrivée inattendue du capitaine de Szerdahely avec 23 chevaux du régiment de hussards n° 1. Celui-ci, qui rentrait de l'expédition de Friedrichstadt pour rejoindre son escadron à Annabourg, entendant la fusillade, marcha de ce côté, et, tombant à l'improviste sur la cavalerie russe qui entourait déjà la compagnie, la rompit complètement et la dispersa.

Il y avait là environ 200 volontaires livoniens et esthoniens du corps franc de Schmidt, qui ne firent pas précisément preuve d'une grande valeur.

Le général d'York a reçu hier du général Essen une nouvelle étonnante. Sa lettre portait que Napoléon avait été forcé d'abandonner Moscou; que l'armée française, dite Grande Armée, s'en allait en dissolution; qu'elle même, comme son Empereur, marchait au-devant d'une complète destruction inévitable, la retraite vers la Pologne étant déjà complètement fermée par les opérations combinées de Tschitschagoff et de Wittgenstein. En conséquence, il proposait au général d'York d'abandonner avec son corps d'armée le parti de la France, de s'emparer à Stalgen du maréchal Macdonald et de le faire conduire avec tout son entourage à Riga. Le général d'York laissa la lettre sans réponse; mais les nouvelles données lui semblèrent assez importantes pour nécessiter l'envoi du capitaine comte Brandebourg comme courrier au roi à Berlin.

8 novembre.

Une patrouille de sous-officier de 6 chevaux est tombée sur la route de Plakan dans une embuscade ennemie. Le sous-officier seul eut le bonheur de se dégager, et, bien que blessé de plusieurs coups de lance heureusement sans gravité, il put, grâce à la bonté de son cheval, échapper à la captivité.

9 novembre.

Pour procurer aux troupes d'avant-postes de la grande route de Mitau à Riga un repos bien nécessaire après les fatigues qu'elles ont supportées jusqu'à ce jour, les hussards et le bataillon de fusiliers n° 3 sont ramenés en arrière et envoyés au camp de réserve de Garossen (ou Zukauschen). Ils sont remplacés par deux escadrons du régiment de dragons n° 2 et le bataillon de fusiliers n° 1; le bataillon de fusiliers n° 2 est maintenu aux avant-postes. Le lieutenant-colonel de Jürgass prend à dater de ce jour le commandement de ce détachement.

Le bataillon de fusiliers n° 1 prend position plus en arrière sur la rive gauche de la Missa, non loin des fermes Dujain et Tschauke; le bataillon de fusiliers n° 2 sur la rive droite, derrière la Zenne. Le lieutenant-colonel de Jürgass s'établit à Zennhof.

Afin de renforcer les avant-postes et de les mettre à l'abri des surprises, on fait de grands abatis aux endroits convenables. Le général se propose également de construire des blockhaus, qui ne purent être terminés faute d'argent.

Pour régler l'emploi des patrouilles par suite de notre situation défensive dans un terrain aussi étendu et coupé, le général d'York donne l'ordre suivant :

> Il faut s'abstenir complètement à partir d'aujourd'hui d'envoyer des petites patrouilles; on s'en servira seulement au contact ou à proximité de l'ennemi. Par une disposition judicieuse des vedettes, des postes de communication et des grand'gardes, les détachements aux avant-postes doivent avoir le temps de venir prendre position, lors de l'attaque de l'adversaire. Veut-on avoir des nouvelles de l'ennemi, c'est avec des fortes patrouilles de 20 à 30 chevaux, avec de l'infanterie en proportion, que l'on atteindra plus sûrement le but cherché.

10 novembre.

Un rapport du colonel de Hünerbein fait connaître que l'ennemi a de nouveau attaqué le poste de Forstei-Klawe et l'a culbuté, en infligeant au bataillon de fusiliers n° 4 une perte de 1 officier et 17 soldats.

D'après des nouvelles venues de Riga, le général marquis Paulucci est arrivé depuis quelques jours dans cette ville, pour remplacer le général Essen dans le gouvernement de la place et le commandement supérieur du corps d'observation qui en dépend. Le bruit s'était en même temps répandu, qu'il devait à bref délai arriver des renforts considérables.

Le duc de Tarente écrit ce qui suit :

> Pour reprendre la communication perdue avec les corps des ailes, par suite du rapide mouvement en avant du centre, l'empereur Napoléon a, le 23 octobre, évacué Moscou et fait sauter le Kremlin. Quelques jours après, Napoléon a battu à Malojaroslawetz les Russes, qui ont perdu de 6.000 à 7.000 hommes. Le 1er de ce mois, le grand quartier général était à Wiasma.
>
> Le corps d'armée du maréchal Oudinot a fait sa jonction à Lepel avec celui du maréchal Victor.

Les Bavarois, sous le général de Wrede, étaient à Glubokoe. Le corps ennemi de Wittgenstein a dû de nouveau repasser la Düna; du moins, ni le général Wrede, ni le général Grandjean n'a quelque parti de ce corps devant lui ou n'en a entendu parler.

Le maréchal pense que l'Empereur fera prendre des quartiers d'hiver à l'armée derrière la Düna et le Dnieper.

Personnellement, le maréchal ne paraît pas étonné par ces nouvelles de la Grande Armée. Il ne pouvait pas connaître encore dans toute son étendue la grandeur de la catastrophe. D'ailleurs il avait critiqué assez ouvertement dès le début l'entreprise de son maître. Plus tard, il n'en fut que plus discret dans ses appréciations.

11 novembre.

---

12 novembre.

Le général Bachelu est arrivé aujourd'hui tout à fait inattendu à Eckau, pour prendre, sur l'ordre du maréchal, le commandement de toutes les troupes qui se trouvent en ce point. D'après cela, le colonel de Hünerbein devrait reprendre le commandement de l'avant-garde de la 7e division; mais le maréchal lui a enjoint de rester à Eckau, jusqu'à ce que le général Bachelu ait pu se rendre complètement compte de la valeur du poste.

Le général d'York fut sensiblement affecté de voir passer une grande partie de son corps sous les ordres particuliers d'un général étranger. Aussi, pour obtenir au moins une explication, saisit-il le jour suivant l'occasion de proposer le colonel de Hünerbein pour remplacer dans le commandement des avant-postes de l'aile gauche le colonel de Jeanneret parti pour Kœnigsberg pour cause de maladie. Le maréchal comprit ce que le général d'York voulait dire par cette demande et répondit :

> Le colonel de Hünerbein reprendra à la fois le commandement du régiment de hussards n° 1 et de l'avant-garde de la 7ᵉ division. Le général de Grawert m'a proposé le colonel pour cet emploi; il s'est fait remarquer par son zèle pour le service, et je regretterais de perdre cet officier qui nous est si nécessaire. Toutefois, dès que j'aurai reçu un autre général à la place du général de Ricard, le colonel de Hünerbein devra rentrer au corps prussien. Quant au colonel de Horn, il a autorité sur toutes les troupes prussiennes à Eckau, et ce n'est que pour le moment et pour maintenir l'unité de direction qu'il se trouve placé sous les ordres du général Bachelu (1).

13 novembre.

D'après une nouvelle de Memel, tous les dépôts de cavalerie de la brigade de la Prusse orientale et occidentale, sur l'ordre du général Loison, ont été transférés de cette ville et de Kœnigsberg à Tilsit où le général Loison lui-même s'est hâté de se rendre.

14 novembre.

Pour aider à la confection des abatis et autres retranchements, la compagnie de pionniers n° 2, qui se trouve encore à Memel, a reçu l'ordre de se rendre à Mitau sans délai.

Dans l'après-midi, le général d'York reçut du maréchal une lettre par laquelle celui-ci l'informait « que les Russes s'étaient portés en force contre l'aile droite et avaient attaqué le poste de Wallhof. Il se proposait de couper la retraite au détachement ennemi, et pour cela il dirigeait demain matin le général Bachelu par

---

(1) Le principal motif de ce changement de commandement paraît être de fournir au général Bachelu l'occasion de se distinguer, ce qui ne pouvait arriver à Dünabourg.

Neuguth et Baldohnen. Afin d'être prêt à tout événement, il se porterait lui-même de Stalgen à Eckau avec le régiment westphalien et les hussards noirs prussiens. Le général de Massenbach a reçu l'ordre de se porter également au même point, demain matin à 6 heures, avec les trois bataillons, les deux escadrons et l'artillerie de réserve du camp de Garossen. Le commandant du poste de Hollaenderkrug, major de Zielinsky, doit se tenir en position d'attente, et, s'il est trop pressé par des forces supérieures, se retirer d'abord en arrière du pont de Garossen, puis sur Mitau. Enfin, le général d'York est invité à tenir prêtes les troupes de l'aile gauche, et, si l'ennemi ne fait que des démonstrations contre elles, à l'attaquer vivement; mais, s'il est très fort, à se borner à défendre l'Eckau ».

Le général d'York donna aussitôt au général de Kleist les instructions nécessaires et ordonna que la garnison de Mitau se retirât dans les maisons places d'alarme.

15 novembre.

Le général de Kleist rend compte ce matin que, d'après les dires de déserteurs, le camp russe de la forêt derrière l'église d'Olai comprend deux bataillons et environ 200 Cosaques; en outre, que, depuis quelques jours, il est arrivé à Riga un nombre considérable de nouveaux miliciens. Une patrouille, envoyée au delà de Kalnzeem jusqu'à l'auberge neuve, n'a pas trouvé l'ennemi; mais elle a appris des habitants que les patrouilles russes venaient ordinairement là tous les deux jours.

Vers midi arrive la nouvelle des succès de l'aile droite. Le maréchal ordonne au général d'York de « faire une fausse attaque sur Olai, en masquant Plakan, pour arriver à se relier avec le général Bachelu.

La manœuvre contre Olai et Plakan doit cependant être menée avec une grande prudence, dans le cas où le général Bachelu serait obligé d'attaquer Dahlenkirchen. Le meilleur signe caractéristique sera la position de l'ennemi; car, s'il est encore en force à Plakan, ce sera la preuve que le poste de Dahlenkirchen n'aura pas encore été pris. Les postes sur les deux routes de Schlock doivent être maintenus; si l'ennemi est menaçant de ce côté, le général York l'attaquera ».

En conséquence de cet ordre, le général d'York prescrit de diriger aujourd'hui même une reconnaissance sur la route de Riga et d'insulter les postes de l'ennemi; il communique également au général de Kleist ses dispositions pour la marche de demain. Le général établit aujourd'hui son quartier général à l'auberge de « Halte-là ! » en deçà de la tête de pont de Zennhof.

16 novembre.

Les troupes de l'aile gauche, d'après l'ordre donné par le général commandant, se mettent en marche en trois fractions à 4 heures du matin. Le lieutenant-colonel de Jürgass commande l'avant-garde, le major de Crammon les flanqueurs de droite, le major général de Kleist le corps de bataille. La première fraction a ordre de s'avancer jusqu'à la ferme d'Olai, la deuxième jusqu'à l'ancien camp de Peterhof, d'où le major de Crammon doit envoyer vers Plakan les tirailleurs de Hugo (1) qui lui ont été adjoints; le corps de bataille doit prendre position à Schulzenkrug. Le major de Zielinsky marche avec son détachement de Holländakrug à Skralbenkrug, d'où il envoie vers Plakan les

---

(1) Officier très distingué et de grande espérance, tué dans la campagne de 1813.

tirailleurs du 1ᵉʳ bataillon de son régiment avec une compagnie sous le capitaine Dallmer; il se relie par des postes de communication avec Peterhof et Dalbingen. Une compagnie a été laissée à Holländerkrug pour la défense du retranchement.

Toute l'artillerie à pied et deux compagnies du régiment d'infanterie n° 6 restent, sous le commandement du colonel de Raumer, dans les têtes de pont de l'Eckau. Le colonel a ordre de se tenir constamment en relation aussi bien avec le commandant de Mitau qu'avec le général de Kleist et le major de Zielinsky. Le général commandant se tient alternativement à l'avant-garde et au corps de bataille; le quartier général reste à « Halte-là ! ».

A l'arrivée du corps prussien, les grand'gardes ennemies se retirèrent si précipitamment qu'il n'y eut que quelques coups de fusils tirés par les flanqueurs et qu'un ulan seul fut surpris et fait prisonnier.

Le capitaine de Hugo rend compte de Plakan, à midi trois quarts, qu'il vient d'arriver, mais que les Russes avaient déjà, hier, été chassés de ce poste par le capitaine de Mirbach du régiment d'infanterie n° 2, que de plus le capitaine Dallmer du régiment d'infanterie de corps y était arrivé avant lui, dès 10 heures du matin. Dahlenkirchen était occupé depuis hier par les troupes du général Bachelu.

Le maréchal fait connaître les progrès des journées d'hier et d'aujourd'hui. Il écrit que le général Bachelu, après avoir complètement rempli sa mission, voulait dès demain revenir à Tomoszna; mais qu'il lui a prescrit d'attendre d'abord les dernières nouvelles des expéditions des colonels de Hünerbein et Plessmann. Il termine ainsi :

L'empereur est arrivé le 7 à Smolensk ; les maréchaux réunis de Bellune et de Reggio ont ordre d'attaquer le général de Wittgenstein qui se fortifie à Polotzk. L'amiral Tschitschagoff continue son mouvement de retraite; le prince de Schwarzenberg et le général Reynier sont chargés de le poursuivre.

17 novembre.

Sur un renseignement du général Bachelu, qui va revenir demain jusqu'à la position de Gallenkrug, parce que, d'après les rapports des colonels de Hünerbein et de Plessmann, l'ennemi dispersé s'est jeté sur Friedrichstadt, le général d'York fait reprendre aujourd'hui au gros de l'aile gauche son ancienne position derrière l'Eckau. L'avant-garde, sous le lieutenant-colonel de Jürgass, reste aujourd'hui encore à Meluppe; le major de Zielinsky, à Skralbenkrug.

D'après quelques paysans qui reviennent du marché de Riga, une agitation indescriptible se serait répandue dans la ville à la nouvelle inattendue de la marche en avant du corps prussien. Les habitants de la partie non encore brûlée des faubourgs se seraient en toute hâte réfugiés dans la place; on aurait rompu la glace de la Düna et des fossés, tout cela dans la conviction que, si les faubourgs n'avaient pas été complètement incendiés, cela ne pouvait manquer d'arriver hier.

Le major de Zielinsky rend compte qu'il a dû autoriser l'officier de cavalerie de son détachement à réquisitionner contre reçu le fourrage qui lui est nécessaire dans les fermes les plus proches, ses chevaux n'ayant rien reçu depuis 24 heures.

18 novembre.

Les détachements du lieutenant-colonel de Jürgass et du major de Zielinsky reprennent leurs anciens emplacements.

Ordre du maréchal d'envoyer à quatre ou cinq marches en arrière toute l'artillerie dont on n'a pas besoin, ainsi que les administrations et équipages qui ne sont pas actuellement nécessaires pour l'exécution des services.

Conformément à cet ordre, le général d'York décide que la demi-batterie de 12 livres et la batterie à pied n° 2, classées à la réserve d'artillerie, seront conduites à quelques marches en arrière, et qu'une grande partie de l'administration sera immédiatement dirigée sur Szawle, la route d'estafettes avec la Prusse passant par Tilsit.

On apprit sous main que le maréchal faisait établir un magasin à Nerft, parce qu'il s'attendait à une marche de flanc droit du corps d'armée.

Le colonel de Hünerbein rend compte que, dans un combat livré hier entre Tomsdorf et Linden, il a pris un bataillon du régiment de Kaluga et un bataillon du régiment de Reval, ainsi qu'une compagnie de chasseurs et quelques hussards.

Le major de Trabenfeld annonce de Memel, à la date du 15, que le Curische-Haff est déjà couvert d'une légère couche de glace. Ici, en Courlande, le dégel s'est produit la nuit dernière.

Les hommes de réserve des régiments et la brigade de la Haute et Basse Silésie sont arrivés aujourd'hui à Mitau.

19 novembre.

Le major de Kylpusch de l'état-major envoie sur l'expédition du lieutenant général de Massenbach contre Friedrichstadt le rapport suivant :

Dans la nuit du 16 au 17, le général de Massenbach reçut à Eckau l'ordre de marcher aussitôt sur Wallhof, distant de 18 verstes (4 milles 1/2), pour en chasser de nouveau les Russes qui, d'après les dernières nouvelles, devaient avoir occupé cette localité.

Il prit pour cette expédition 6 compagnies du régiment d'infanterie n° 1, 2 compagnies du régiment de fusiliers n° 5, les 2 escadrons du régiment de hussards n° 3 et la demi-batterie à cheval n° 2.

Mais il trouva, à son arrivée à Wallhof, le colonel de Plessmann avec le 1er régiment d'infanterie westphalien et un détachement de cavalerie prussienne de 60 hussards du régiment n° 1 et 40 dragons des régiments n°s 1 et 2. Le colonel de Plessmann était venu de Neuguth et avait pour mission de marcher sur la Düna vers Linden. Les Russes avaient abandonné Wallhof dès 4 heures du matin.

Le général de Massenbach prit pour la nuit position près de Wallhof. La garnison de Friedrichstadt, qui se composait de 1 bataillon bavarois et de 2 compagnies polonaises avec 25 hussards prussiens, l'ayant alors rejoint, il envoya aussitôt dans la direction de Friedrichstadt le lieutenant de Reiche du régiment de hussards n° 1 avec son peloton, pour tâcher de savoir si cette ville était encore occupée par les Russes.

Un rapport de cet officier arrivé le 18 au matin lui ayant appris que l'ennemi y était encore, le général de Massenbach résolut de s'y porter immédiatement. Il se mit en marche vers midi et envoya au colonel de Plessmann, momentanément sous sa direction, l'ordre d'appuyer à lui vers Reiskenkrug. Cependant, le colonel de Plessmann était parvenu jusqu'à Iungfernhof; mais, n'y ayant plus trouvé d'ennemis, il se replia dans la nuit jusqu'à Berghof. Le général de Massenbach mit à profit l'obscurité qui survint, pour tenter sur Friedrichstadt une attaque de vive force.

Au passage de Bersenkrug, défilé assez long, à une heure et demie environ de Friedrichstadt, le 2e bataillon du régiment westphalien fut laissé pour couvrir la ligne de retraite Deux compagnies de fusiliers prussiens du régiment n° 5 et un escadron de hussards furent envoyés à droite, une compagnie de voltigeurs bavarois à gauche de la ville. Le reste de l'infanterie se forma en colonne serrée, le détachement de 60 hussards du capitaine de Szerdahely en tête. Les premiers postes des Russes furent culbutés et le capitaine de Szerdahely pénétra avec eux dans la ville. Il ne fallait plus penser à se rassembler et à faire résistance; de la garnison, qui se composait d'un bataillon de réserve du régiment de mousquetaires de Kremenzug et d'environ 150 hommes de cavalerie, ce qui ne fut pas pris fut dispersé de tous côtés ou noyé en essayant de traverser la Düna couverte d'une faible couche de glace. Les hussards et l'infanterie légère prussienne et bavaroise purent seuls tirer et en venir aux mains. On prit 10 officiers, 103 hommes des mousquetaires de Kremenzug, 8 hommes du régiment de dragons de Kazan et 47 cavaliers de la landwehr de Livonie nouvellement formée, avec quelque 80 chevaux, lesquels furent trouvés peu propres au service par la cavalerie prussienne et vendus plus tard comme réformés.

Le général de Massenbach, laissant à Friedrichstadt les Bavarois et les Polonais avec le peloton de hussards du lieutenant de Reiche, se mit en route dès le matin du 19 avec le reste de ses troupes pour Wallhof.

20 novembre.

Le général de Massenbach rend compte qu'il se dirige avec son détachement vers Zukauschen en passant par Eckau. Le colonel de Horn écrit de Gallenkrug qu'il est arrivé avec le sien derrière la Missa.

21 novembre.

Le colonel de Horn annonce le retour de ses troupes

dans la position d'Eckau. Il ajoute que, par ordre du maréchal, le régiment d'infanterie prussien n° 2 et un escadron du régiment de dragons n° 1 doivent se porter à Stalgen pour protéger le quartier général; par contre, le 1ᵉʳ régiment d'infanterie westphalien et les deux escadrons du régiment de hussards n° 1 continueront à faire partie de la division du général Bachelu.

Reçu l'ordre du jour suivant du maréchal :

Ordre du 20 novembre 1812.

L'expédition, entreprise par le centre du 10ᵉ corps, la réserve de Stalgen et Garossen, ainsi que par l'aile gauche sous le lieutenant général d'York, n'a pas donné tout le résultat que l'on pouvait en attendre.

Le refroidissement de la Düna, dont la glace a atteint en 48 heures de 5 à 6 pouces d'épaisseur, a favorisé la fuite de quatre ou cinq bataillons ennemis, de quelques canons et de deux escadrons, qui, sans cela, seraient certainement tombés en notre pouvoir.

Malgré cela, les marches rapides des troupes, les habiles dispositions du général de Bachelu et leur bonne exécution ont permis d'infliger à l'ennemi des pertes sensibles.

Six ou sept bataillons ennemis ont été coupés, anéantis, tués, blessés, noyés, pris ou dispersés.

1.200 à 1.300 prisonniers, dont 200 blessés, 25 officiers, 1.200 à 1.500 fusils et 14 tambours sont entre nos mains.

L'ennemi a eu l'imprudence de s'avancer avec neuf ou dix bataillons, plusieurs canons et quatre ou cinq escadrons, sur le flanc droit du camp d'Eckau. Son Excellence a mis à profit cette imprudence de l'ennemi et l'en a puni.

Le général de Bachelu, soutenu par les brigadiers de Hünerbein et de Horn, a marché sur Baldohnen et Dahlenkirchen, pour couper de Riga l'aile gauche ennemie.

Le brigadier colonel de Horn a eu un cheval blessé sous lui (1), sur la ligne des tirailleurs où il se tenait suivant son habitude; il se fit en tombant une forte contusion, ce qui n'empêcha pourtant pas ce brave militaire de rester à la tête de ses troupes.

Le major de Saint-Ingbrecht, du régiment n° 5, qui avait

---

(1) Le maréchal lui fit don d'un autre cheval, qu'il lui envoya avec un mot très gracieux.

pour mission de faire avec son bataillon une fausse attaque sur Misshof, tomba au pont de la Missa près de Tomoszna sur 800 hommes d'infanterie, 2 canons et 300 chevaux; il les attaqua aussitôt avec résolution et les mit en fuite.

Le capitaine de Mirbach, du régiment n° 2, força avec son détachement Plakan, tenu et défendu par deux bataillons et 160 Cosaques. On avait espéré pouvoir couper à Dahlenkirchen la retraite à ces troupes, qui n'avaient qu'un quart d'heure d'avance sur les nôtres. Elles échappèrent cependant et s'enfuirent à Riga, l'infanterie à la course, l'artillerie au galop, comme celles que le général de Bachelu poussait devant lui.

Le lieutenant général de Massenbach, avec la réserve de Garossen, tomba de nuit à Friedrichstadt sur un bataillon et 150 chevaux, dont bien peu purent échapper. A Linden, le chef de bataillon Kaminsky culbuta trois bataillons et un détachement de cavalerie, qui, venant de Wallhof, cherchaient à forcer le passage. Cette colonne russe, forcée de se retirer, se jeta dans les bois, où elle donna sur la tête de la colonne du brigadier colonel de Hünerbein.

Elle chercha à s'échapper, mais les majors de Schmalensee et de Diczelsky lui passèrent sur le corps et lui fermèrent toute issue. Comme dernier moyen de salut, elle forma le carré; chargée par un détachement de cavalerie, abordée à la baïonnette par l'infanterie, elle fut obligée de mettre bas les armes.

Les deux majors nommés ci-dessus et le major de Lœbel méritent dans cette occasion les plus grands éloges. Cette expédition, qui dura cinq jours, ne nous avait heureusement coûté que quarante et quelques tués et blessés. Parmi les premiers se trouve le lieutenant de Puttkammer, du régiment de dragons n° 2; parmi les derniers, quelques officiers du 2ᵉ bataillon bavarois et les lieutenants prussiens Fischer, de l'artillerie, et Schluz, du régiment n° 5, celui-ci dangereusement blessé.

Le maréchal duc de Tarente exprime au général de Bachelu toute sa satisfaction pour les talents et l'habileté qu'il a déployés. Il félicite également le lieutenant général de Massenbach, les brigadiers de Below et de Horn, les commandants des colonnes d'attaque, les officiers de tous grades et des différentes armes, enfin les troupes, pour leur belle conduite dans cette affaire que la rigueur de la température, les privations de toute espèce et les marches forcées rendaient si difficile. Son Excellence a fait rentrer les troupes dans leurs anciennes positions et leur accorde pendant cinq jours double ration d'eau-de-vie, pour leur donner du repos et quelque dédommagement.

De faux mouvements, causés par des nouvelles reçues et acceptées par le colonel et brigadier de Hünerbein et le colonel Plessmann, ont fatigué le soldat sans utilité par des marches et des contre-marches (1).

Son Excellence invite ces officiers supérieurs à l'avenir à se conformer à la lettre à leurs instructions.

Quartier général d'Eckau, le 20 novembre 1812.

Le maréchal duc de Tarente,
MACDONALD.

Dans une lettre particulière au général d'York le maréchal renouvelait l'expression de sa satisfaction pour l'ardeur, l'intelligence et la ténacité dont ont fait preuve les troupes prussiennes dans cette expédition. Il le chargeait de porter encore une fois à la connaissance de tous les officiers supérieurs et subalternes, ainsi que des soldats, sa réelle satisfaction et ses remerciements pour la patience avec laquelle ils avaient supporté les inconvénients d'une température dure et changeante, ainsi que la fatigue des marches dans des chemins affreux.

---

(1) Le colonel de Hünerbein écrivit, à l'occasion du reproche qui lui était adressé, une lettre au maréchal, et en reçut une réponse qui fait le plus grand honneur à ce dernier :

« Je profite de l'occasion, Monsieur le Brigadier, pour vous remercier de la preuve de confiance que vous m'avez donnée et pour vous témoigner le vif regret que j'éprouve des expressions dont je me suis servi à votre égard, lorsque je portais à la connaissance des troupes que les marches que vous aviez faites ont été conduites dans une direction contraire à ce que j'avais ordonné. Mon souci de savoir le bataillon de M. de Kaminsky à Linden sans soutien, et votre arrivée inattendue à Baldoni, qui rendait complètement impossible la liaison que j'avais préparée avec la colonne en mouvement, voilà ce qui a causé ma grande vivacité.

» Je vous prie, Monsieur le Brigadier, d'oublier tout à fait ce petit malentendu. Pour moi, il ne m'a laissé d'autre impression que le vif regret de vous avoir causé de la peine.

» Veuillez agréer la nouvelle assurance de ma considération la plus distinguée.

» MACDONALD. »

Voici les relations des colonels de Horn et de Hünerbein, et du major de Schmalensee.

Rapport du colonel de Horn.

Dans la nuit du 14 au 15 novembre je reçus l'ordre du maréchal duc de Tarente, qui m'était communiqué par le colonel de Hünerbein, et par lequel les troupes prussiennes et alliées, qui se trouvaient à Eckau, devaient, sous la conduite du général de brigade Bachelu, prononcer un mouvement en avant pour culbuter les grand'gardes opposées et leur couper en partie, s'il était possible, la retraite sur Riga.

En vertu des dispositions adoptées, l'attaque devait se produire, autant que possible, en même temps et à 8 heures du matin, sur les trois routes de Plakan, Tomoszna et Baldohnen.

Sur la route d'Eckau à Plakan est envoyé le capitaine de Mirbach, du régiment d'infanterie n° 2, qui est aux avant-postes dans la forêt d'Annabourg. Il appelle à lui tous ses détachements de l'aile gauche, lesquels portent sa troupe à l'effectif de 300 hommes d'infanterie et de 20 chevaux; il règle son départ de manière à commencer l'attaque vers 8 heures.

Évitant tout engagement sérieux, il doit se borner à occuper l'ennemi où le terrain boisé lui offre des avantages. Si l'ennemi a évacué Plakan, il en prendra possession, et y restera jusqu'à nouvel ordre.

Sur la grande route d'Eckau à Riga par Tomoszna s'avance également le major de Saint-Ingbrecht, établi en grand'garde sur cette route à Samsonkrug. Il a avec lui son bataillon, ainsi que le 1er du régiment d'infanterie n° 5, 40 dragons et 2 pièces d'artillerie à pied; l'attaque est fixée pour 8 heures. Il a aussi pour mission d'attirer sur lui l'attention de l'ennemi; mais il ne doit pas se laisser entraîner à un combat sérieux et n'a pas de sacrifice à faire, parce que l'ennemi, s'il s'aperçoit que son flanc gauche est menacé, se retirera de lui-même; on trouvera peut-être, il est vrai, dans la poursuite, l'occasion d'obtenir quelques avantages. Dès que l'ennemi aura abandonné Tomoszna, le major de Saint-Ingbrecht continuera sa marche sur Dahlenkirchen, où il fera sa jonction avec la colonne principale.

Le corps principal est chargé de l'attaque par la grande route de Baldohnen.

Les troupes se rassemblent à 5 heures du matin à Rautzitakrug dans l'ordre suivant :

1ʳᵉ colonne (colonel de Horn).

Avant-garde (major de Cosel, major de Funk) :

Un peloton de 45 hussards noirs (lieutenant de Brœsicke).
Deux escadrons de dragons du régiment n° 1.
Bataillon de fusiliers du régiment n° 4.
Bataillon de fusiliers du régiment n° 7.
Demi-batterie à cheval de Graumann.

Corps.

Deux escadrons de dragons du régiment n° 1, un escadron de dragons du régiment n° 2 (lieutenant-colonel de Treskow).
Régiment d'infanterie n° 2.
Batterie à pied de Huet.
Régiment d'infanterie n° 5.
Demi-batterie à cheval de Graumann.

2ᵉ colonne (colonel de Hünerbein).

Un escadron de dragons du régiment n° 2.
Une demi-batterie à cheval polonaise.
Trois bataillons du 5ᵉ régiment d'infanterie polonais.

Vers 5 heures, on se mit en marche en suivant la route de Baldohnen. A un quart d'heure de Schœppingsmühle, l'avant-garde donna sur les premières vedettes ennemies qui furent repoussées. Je pressai aussitôt la marche des hussards et des tirailleurs du bataillon de fusiliers du corps, et je fus assez heureux pour prendre après un court engagement tout le piquet d'infanterie ennemie, comprenant un officier et 50 hommes, qui était posté dans un petit bouquet de bois. Pas un n'échappa. Pendant que la plus grande partie de l'avant-garde s'avançait vers Klapperkrug par la grande route, les tirailleurs du bataillon de fusiliers n° 7 et les hussards noirs furent détachés à droite vers le bailliage de Baldohnen, où ils firent prisonniers un capitaine et 70 hommes d'infanterie; ils appuyèrent alors à la route pour nous rejoindre. A Klapperkrug se trouvait le camp ennemi, fort d'environ trois bataillons qui d'abord firent mine de se défendre, mais qui, après quelques coups de canon qui portèrent, se mirent en retraite et se jetèrent dans la forêt. Les tirailleurs des fusiliers du corps et du 7ᵉ bataillon de fusiliers, sous la conduite des capitaines de Kestelloott (1) et Schreger, prirent un capitaine et 80 soldats, et en tuèrent et

---

(1) Tué dans la campagne de 1813.

blessèrent un nombre considérable. Le capitaine de Gutzmerow (1) détaché à gauche avec le bataillon de fusiliers du corps, protégeait notre mouvement sur la grande route, tout en menaçant le flanc droit de l'ennemi, qu'il empêchait ainsi de se reformer. Pour soutenir sa retraite, l'ennemi avait placé quatre canons au point où les deux routes de Baldohnen et de Tomoszna se réunissent; il nous reçut par un feu violent. Il devait essayer de tenir un certain temps, afin de pouvoir recueillir les troupes de Tomoszna qui n'étaient pas encore arrivées. Je pressai vivement le général de Bachelu de me laisser pousser de l'avant, pour m'emparer de l'embranchement des deux routes, avant l'arrivée des troupes venant de Tomoszna qui devraient alors tomber entre nos mains. On pouvait obtenir ce résultat sans grands sacrifices, si l'on eût détaché à droite en diagonale vers Dahlenkirchen un seul bataillon : cette manœuvre n'eût pas permis à l'ennemi de tenir longtemps à l'endroit où il s'était posté. Mais on se contenta de faire avancer l'artillerie et d'engager une canonnade qui dura près d'une heure; pendant ce temps, la réunion avec le détachement de Tomoszna s'effectuait presque sous nos yeux; après quoi, l'ennemi se mit en retraite sur Dahlenkirchen. Sans s'arrêter sur les hauteurs que l'on rencontre, il prit poste en arrière du défilé de Keckau; il fut encore délogé de là par notre artillerie. Dans les environs de Rothekrug se trouvait un grand camp de baraques; les Russes y laissèrent une arrière-garde, qui avait pour mission d'incendier les magasins : on en sauva cependant une petite partie. L'ennemi se retira jusque derrière le Moulin-Neuf. Le corps prit position sur la hauteur de Dahlenkirchen et en arrière du défilé de Keckau, ses avant-postes à Rothekrug.

Pendant que nous nous avancions sur la grande route, j'avais envoyé de Klapperkrug directement sur Bersemünde le major de Schmalensee avec le 2e bataillon de son régiment, l'escadron de Stiern et deux canons, pour ramasser tout ce qui se serait jeté de ce côté. Il ne trouva d'ailleurs personne et il resta là toute la nuit pour couvrir notre flanc droit.

Le colonel de Hünerbein, avec la deuxième colonne, était resté à Baldohnen, pour barrer la retraite sur Riga à trois bataillons ennemis qui, la nuit précédente, avec deux canons et de la cavalerie, avaient marché sur Neuguth et voulu surprendre le bataillon polonais qui y était placé.

Le major de Saint-Ingbrecht, qui avait percé sur To-

---

(1) Tué dans la campagne de 1813.

moszna, avait conduit cette expédition avec beaucoup d'intelligence. Non seulement il avait culbuté un ennemi très supérieur en nombre, car il comptait trois bataillons et deux pièces, mais encore il lui avait fait environ 60 prisonniers. Il se réunit le soir du 15 à Dahlenkirchen au corps principal.

Le capitaine de Mirbach, avec sa petite troupe, a aussi glorieusement rempli sa mission contre un ennemi beaucoup plus fort et lui a pris 40 soldats.

Le principal résultat de l'affaire du 15 novembre à Baldohnen, Dahlenkirchen, Tomoszna et Plakan est la prise de 400 hommes. La perte de l'ennemi en tués et blessés peut, d'après les prisonniers, être évaluée de 80 à 100 hommes. La nôtre est la suivante :

Officiers : lieutenant de Fischer, de l'artillerie à cheval, légèrement atteint, et lieutenant de Schulz, du 1er bataillon du régiment d'infanterie n° 5, dangereusement.

Soldats : 2 tués, un sergent-major et 19 hommes blessés.

Le détachement qui, sous le major de Schmalensee, avait été envoyé à Bersemünde, y reçut l'ordre de marcher sur Thomsdorf le lendemain au petit jour, pour s'y réunir à la colonne du colonel de Hünerbein.

Le 16, une reconnaissance fut dirigée de Dahlenkirchen sur le Moulin-Neuf. Les troupes qui y prirent part étaient les tirailleurs des bataillons de fusiliers du corps et du 7e fusiliers, les tirailleurs du régiment d'infanterie n° 2, le peloton des hussards noirs, le 1er escadron du régiment de dragons n° 1 commandé par le capitaine de Müller et une demi-batterie à cheval. Ces troupes s'avancèrent par la grande route vers le Moulin-Neuf, pendant que le bataillon de fusiliers du corps se portait vers l'île Dahlen en se défilant le mieux possible et s'installait sur la hauteur. Mais dès que les tirailleurs commencèrent à attaquer le moulin et que la colonne se fut approchée pour les soutenir, l'artillerie ennemie ouvrit un feu si violent que notre demi-batterie fut bientôt réduite au silence par les pièces russes de 12 et 24 livres; elle avait pourtant pu tirer quelques projectiles sur la colonne d'infanterie ennemie, qui s'était laissée voir à l'entrée opposée du défilé. Comme le but était atteint, qui était de découvrir la position et la force de l'ennemi que l'on n'avait nullement pour mission de battre, on se mit en retraite dans le plus grand ordre : l'infanterie russe était tenue en échec par les fusiliers du corps qui, en s'avançant sur l'île Dahlen, s'emparèrent de deux petits canons qui étaient encore chargés. L'ennemi nous fit suivre seulement par une troupe de Cosaques et par quelques tirailleurs. Les hussards noirs (du régiment n° 5), qui faisaient l'arrière-garde, eurent un engagement très vif avec une cavalerie ennemie supérieure en nombre, et auraient été en danger, si le capitaine Müller ne s'était à temps porté à leur secours : cet officier non seulement dégagea les hussards, mais encore infligea à l'ennemi des pertes sensibles. Enfin, l'énergie des officiers commandant les tirailleurs mit fin à la poursuite des Russes, qui reprirent les positions qu'ils avaient occupées précédemment.

Notre perte dans cette journée est de 7 hommes tués, 1 sous-officier et 12 hommes blessés.

Le 17 novembre, le corps resta encore dans la position de Dahlenkirchen, sans être inquiété par l'ennemi; les Russes qui avaient réoccupé l'île Dahlen firent seuls quelques petites démonstrations.

Le 18, le corps rétrograda jusqu'à Tomoszna; le général de Bachelu se porta de là avec un bataillon et deux escadrons sur Baldohnen pour renforcer le colonel de Hünerbein. Je continuai à la tombée de la nuit la retraite jusqu'à Gallenkrug, derrière la Missa, et je repris le 21, avec les troupes placées sous mes ordres, l'ancienne position d'Eckau.

Signé : DE HORN.

RAPPORT DU COLONEL DE HUNERBEIN.

Le 15, je suivis avec mes troupes la colonne du colonel de Horn en passant par Schœppingsmühle, et je pris position au bailliage de Baldohnen. J'envoyai une compagnie polonaise sur la route de Neuguth avec ordre de reconnaître, mais non de presser l'ennemi, pour donner le temps au 4e bataillon polonais, qui avait été détaché, de s'emparer de Neuguth, prenant ainsi, en quelque sorte, l'ennemi entre deux feux. Je fis soutenir cette compagnie par deux autres.

La compagnie trouva à Birschkrug un officier et 30 soldats russes qui se gardaient si peu, que même la sentinelle devant les armes était dans la maison. Tous, à notre approche, s'enfuirent dans la forêt; nous ne pûmes atteindre que trois hommes, qui furent faits prisonniers. Vers le soir, la compagnie fut attaquée par un bataillon ennemi, lequel se retira, d'ailleurs, lorsque le soutien s'avança : on fit encore quatre prisonniers.

Le 16, à 4 heures du matin, une patrouille trouva Draken évacué par l'ennemi. Vers 7 heures, je reçus l'ordre de laisser à Baldohnen le 1er bataillon polonais et de me porter avec le reste de mes troupes sur Thomsdorf : je devais y trouver le 2e bataillon du régiment prussien n° 5, le 4e escadron du régiment de dragons n° 1 et deux pièces d'artillerie à cheval.

J'arrivai à Thomsdorf à 1 heure de l'après-midi. A ce moment même, une centaine de cavaliers ennemis suivaient la rive opposée de la Düna, en remontant le fleuve, et marchaient en bel ordre avec avant-garde et arrière-garde. Je fis amener la demi-batterie polonaise, et quelques coups de canon mirent en fuite cette cavalerie. Vers 4 heures arriva le major de Schmalensce avec les troupes prussiennes; il m'apprit qu'à Dünhof et à Uxkull la Düna était prise par les glaces, de sorte qu'on pouvait la traverser avec des voitures de paysan, et qu'il y avait dans cette dernière localité deux bataillons ennemis avec de la cavalerie, sur lesquels il n'avait pas voulu faire tirer, pour ne pas me tromper dans ma marche.

Malgré cet ennemi à dos, je n'osai cependant pas évacuer de suite Thomsdorf; d'ailleurs, les troupes étaient extrêmement fatiguées. Mais, dès que les troupes eurent mangé la soupe, je fis partir pour Linden le lieutenant-colonel de Kaminsky avec un bataillon, l'escadron du capitaine de Weiss et la demi-batterie polonaise. Le 17 au matin, j'entendis cinq coups de canon venant de Linden; je fis aussitôt partir des patrouilles, que je suivis avec le reste des troupes.

Dans cette marche, à Aschekrug, vis-à-vis de la roche Keggun, l'avant-garde donna sur l'ennemi; elle l'attaqua immédiatement et lui fit une vingtaine de prisonniers. La colonne ennemie se jeta alors dans la forêt, pour envelopper mon flanc droit. Je détachai sur-le-champ à droite le major de Schmalensee avec le bataillon de Lœbell, du régiment n° 5, et un peloton de dragons, sous le lieutenant de Dargitz, pour couper la route à la colonne ennemie.

Je jetai droit en tête de l'ennemi deux compagnies polonaises sous le major de Dzisczinsky, et pour ne pas m'affaiblir en cavalerie, j'envoyai tous mes ordonnances à cheval suivre les traces de l'ennemi sur la neige, avec mission de l'arrêter par des feux de flanc. Tout réussit à souhait; l'ennemi se fit prendre, et comme un feu violent venait à s'engager, je fis soutenir l'attaque par deux autres compagnies. Cependant, quelques centaines d'hommes d'infanterie s'étaient formées sur la rive opposée, à la roche Keggun : quelques grenades suffirent pour les disperser. Dans la forêt, le feu s'étendait de plus en plus vers la droite; aussi, je devais m'inquiéter du cas où l'ennemi, prenant l'avance, pourrait atteindre Thomsdorf et Merzendorf à travers la forêt et rejoindre à la fin les troupes venues d'Uxkull.

Je rétrogradai donc sur Thomsdorf avec les deux compagnies restantes et 40 chevaux de l'escadron du major de Stiern, deux pièces d'artillerie prussienne à cheval et quatre d'artillerie polonaise à pied ; j'envoyai d'un autre côté une compagnie avec quelques dragons sur la route de Baldohnen, jusqu'au chemin qui conduit à Merzendorf, et je fis partir des patrouilles dans la direction de Borkwitz. Deux heures après revinrent les majors de Schmalensee et de Dzisczynsky, qui m'apprirent que leur combat était terminé.

La matinée s'était ainsi écoulée ; il était déjà 3 heures ; tous les prisonniers, au nombre d'environ 400, n'avaient pas encore été amenés. Je voulais les faire conduire à Baldohnen, puis me mettre en marche vers Linden. Mais ces gens étaient épuisés et incapables d'aller plus loin. Je fus donc obligé de les laisser à Thomsdorf et de ne partir que le lendemain, ce qui, d'ailleurs, ne me paraissait plus pressant, ayant reçu de Linden la nouvelle qu'une colonne ennemie venant de Friedrichstadt s'était présentée à Iungfernhof, en traversant le fleuve sur la glace, et que cette localité était au pouvoir du colonel Plessmann.

Comme l'autre colonne avait été prise, il ne me semblait plus probable que quelque fraction de l'ennemi pût se trouver encore sur la rive gauche de la Düna. J'envoyai néanmoins vers Linden, à 8 heures du soir, le major de Dzisczynsky avec le 3ᵉ bataillon polonais, une vingtaine de dragons prussiens et la batterie à pied polonaise. Cet officier me fit savoir dans la nuit que, n'ayant plus trouvé à Linden le lieutenant-colonel de Kamynsky, il s'était retiré jusqu'à Aschekrug. Ce qui causa cette erreur grossière, c'est que le lieutenant-colonel de Kaminsky, sur lequel avait donné la nuit la colonne que je fis ensuite prisonnière, ayant également aperçu à la pointe du jour de grands camps ennemis et treize canons sur la rive droite de la Düna, se trouva ainsi amené à concentrer ses troupes à Sillerkrug, hors d'atteinte, à une verste de Linden. Le 18 au matin, avant de faire partir les prisonniers et de marcher moi-même sur Linden avec le bataillon de Lœbell, je reçus l'ordre de battre en retraite. Comme je devais supposer que M. le maréchal, persuadé que la rive gauche de la Düna était complètement débarrassée d'ennemis, aurait donné l'ordre de se retirer vers Tomoszna, je me dirigeai sur Baldohnen ; mais je reçus, avant d'avoir atteint cette localité, une dépêche de M. le maréchal qui m'était adressée à Iungfernhof. Cette dépêche contenait l'ordre de remonter la Düna vers Friedrichstadt, et, si l'ennemi se retirait, de le pousser jusqu'à Jacobstadt, de revenir ensuite sur mes pas. Mais comme la nouvelle de la retraite de l'ennemi sur Iungfernhof ne me paraissait pas douteuse, que, d'un autre côté, je ne pouvais pas croire et n'étais pas informé que, malgré le dégel, il était encore resté des ennemis à Friedrichstadt, j'exposai la situation et demandai de nouveaux ordres. Je reçus la réponse dans les termes les plus durs et l'ordre de marcher sur Friedrichstadt avec les troupes que j'avais avec moi, afin de refouler l'ennemi, de concert avec le général de Massenbach. Or, le bataillon de Lœbel ne comptait plus que 300 hommes qui étaient exténués, ainsi que les chevaux des deux escadrons. Je pris alors le bataillon de fusiliers n° 7, six pièces de la batterie de Graumann, un escadron de dragons du capitaine de Prinz, un bataillon polonais, et je me mis en route. Mais je reçus alors la nouvelle qu'une patrouille envoyée de Linden sur Iungfernhof y avait rencontré des Cosaques.

Comme je devais croire que l'ennemi avait passé la Düna à Friedrichstadt et pouvait me prévenir, je marchai sur Thomsdorf, où j'arrivai le 19 à 7 heures du matin; on déjeûna, puis à 10 heures et demie je me remis en route pour Linden, et, avant d'avoir atteint Aschekrug, je reçus le feu de Reggum, qui coûta la vie au lieutenant de Puttkammer; retardé plusieurs heures par cet événement, je n'arrivai à Linden qu'à 5 heures du soir. Craignant d'éprouver de nouvelles pertes par suite du tir de batteries qui pouvaient m'atteindre, je résolus de partir à 2 heures du matin pour gagner Persekrug avant qu'il ne fît jour. Des patrouilles envoyées d'avance me firent savoir l'heureuse issue de l'expédition du général de Massenbach. Je me joignis alors aux troupes de la 7ᵉ division qui marchaient sur Friedrichstadt et j'envoyai les troupes prussiennes sous le major de Funk à Eckau par Neuguth. A Friedrichstadt, j'attendis que le régiment bavarois fût réuni; puis je dirigeai sur Wallhof un bataillon polonais et je revins à Eckau avec un bataillon westphalien et environ 50 hussards.

Signé : DE HUNERBEIN.

RAPPORT DU MAJOR DE SCHMALENSEE.

Pendant la marche de Thomsdorf à Linden, l'avant-garde de la colonne, sous le commandement du colonel de Hünerbein, rencontra l'ennemi. Je reçus alors l'ordre de me porter à droite dans la forêt avec le 2ᵉ bataillon de mon régiment, le régiment n° 5, et d'attaquer l'ennemi, pour lui couper la route de Thomsdorf. Dans ce but, j'envoyai en avant les tirailleurs, qui avaient fait jusque-là l'arrière-garde et qui étaient commandés par les lieutenants de Uthmann et de Scheliha, et je les fis suivre de près comme soutien par la 1ʳᵉ compagnie, sous le capitaine d'état-major de Rohr et le lieutenant d'Albert. Les 2ᵉ et 3ᵉ compagnies marchaient en réserve, et la 4ᵉ compagnie suivait la lisière de la forêt dans la direction de Thomsdorf, pour être à même de recevoir l'ennemi, s'il cherchait à s'ouvrir une issue de ce côté.

Les tirailleurs ne tardèrent pas à donner sur deux bataillons ennemis, une compagnie de chasseurs et quelques hussards : un feu violent s'engagea. Je fus alors renforcé par deux compagnies polonaises, et je repoussai l'ennemi, qui, abandonnant la route, se retira dans l'épaisseur des bois. Il fit cependant quelques temps d'arrêt dans des clairières, sans jamais réussir dans cette défensive, nos tirailleurs le chargeant toujours sans arrêter et le chassant successivement de toutes ses positions. Après une poursuite d'environ deux heures, l'ennemi, qui s'était formé en colonne dans une coupure de la forêt, fut complètement entouré et attaqué par les tirailleurs. La 1ʳᵉ compagnie se jeta sur un flanc gauche; 20 dragons du régiment n° 1, sous le lieutenant de Dargitz, l'assaillirent de front, soutenus par une troupe de Polonais qui, suivant en soutien de droite, accouraient en toute hâte. Les ennemis furent obligés de mettre bas les armes : 4 capitaines, 5 lieutenants, 18 sous-officiers et 360 soldats tombèrent ainsi entre nos mains. Dans ce combat, le capitaine de Rohr, les lieutenants d'Uthmann, de Scheliha et d'Abbert, du 2ᵉ bataillon de mon régiment, se sont particulièrement distingués. Notre perte est de 1 tué et 3 blessés.

De Schmalensee.

22 novembre.

Le 2ᵉ bataillon du régiment d'infanterie n° 6 est transféré à Mitau, à cause du mauvais état de son habillement, et remplacé à la position de Paulsgnade par le 2ᵉ bataillon du régiment n° 4 tiré du camp d'Atl-Bergfried.

Le major de Siveholm, commandant le régiment d'infanterie n° 2, rend compte que le 1ᵉʳ bataillon de son régiment est établi dans les granges et de vieilles baraques de camp à Stalgen et Bächenkrug et que le 2ᵉ bataillon est abrité de la même manière à Annabourg et Zellekrug.

23 novembre.

L'ennemi a tenté une reconnaissance avec deux bataillons et environ 30 chevaux, sur la grande route de Riga à Mitau. Mais, accueilli par le feu de nos premiers postes d'infanterie, il rebroussa bientôt chemin. Les Russes, d'après les dires des habitants, auraient eu 8 blessés.

A Samsonkrug, une troupe d'environ 60 Cosaques essaya de chasser notre grand'garde (du 2ᵉ bataillon du régiment d'infanterie n° 5). Le poste, qui ne se composait que d'un sous-officier nommé Glaubitz et de 15 hommes, ne se laissa pas déconteпancer par la force de l'ennemi, et, un bon tireur ayant tué leur chef, les Cosaques s'empressèrent de tourner bride.

24 novembre.

Le duc de Tarente donne l'ordre de faire évacuer le château de Mitau par tous les malades et de les diriger sur la Prusse. Le château devait être aménagé en caserne pour plusieurs milliers d'hommes et la ville elle-même transformée en places d'armes pour l'hiver, par un système complet de palissades. Les retranchements de l'Eckau furent également améliorés, et le général d'York se vit obligé de faire raser plusieurs fermes qui se trouvaient dans la zone de tir des têtes de pont.

Le colonel de Hünerbein, par ordre du maréchal, quitte l'emploi qu'il occupait à la 7ᵉ division et passe au détachement du général de Kleist.

Le major de Katt du train fait savoir de Szawle, à la date du 22, que le personnel du commissariat et de la trésorerie, la poste de campagne, les ambulances nᵒˢ 2 et 3, le dépôt volant de chevaux, la réserve d'artillerie et 40 voitures de la boulangerie de campagne sont arrivés dans cette localité et aux environs. Les autres voitures de farine sont échelonnées comme sur une ligne d'étapes de Szawle à Tilsit pour le transport des malades. Quant aux voitures de pain, elles sont restées avec les troupes.

25 novembre.

Le général de Kleist rend compte qu'une grande partie de ses troupes n'a pas touché depuis plusieurs jours de fourrage des magasins. De semblables informations parviennent des autres détachements. Le quartier général du général d'York lui-même n'a pu aujourd'hui toucher aucun fourrage, bien que le marché de Mitau soit précisément rempli d'avoine et que le prix en soit actuellement beaucoup moins élevé qu'à Berlin. Cette disette de vivres pour les chevaux amena le général d'York à présenter de nouveau au maréchal en termes convenables et mesurés, mais avec instance, les plaintes des corps et à demander qu'il fût porté remède à cette situation.

A la brigade de Horn, le 2° bataillon du régiment d'infanterie n° 5 fut relevé aux avant-postes par le bataillon de fusiliers n° 7 et placé en soutien de ce dernier à Babauschenkrug.

26 novembre.

Les Russes ont fait de nouveau une forte reconnaissance sur la route de Mitau; mais ils battirent également en retraite aux premiers coups de feu de nos grand'gardes. D'après un déserteur, ils auraient compté aujourd'hui trois bataillons, deux pièces et quelque cavalerie.

Ces reconnaissances semblent n'avoir pour but que de fournir un article pour le journal du siège.

27 novembre.

Par décision du maréchal, les deux escadrons de hussards n° 3 (1ᵉʳ régiment de Silésie) jusqu'à ce jour aux ordres du général de Kleist passent sous le commandement du colonel de Horn à la place de deux escadrons de dragons du régiment n° 2; ceux-ci, qui ont beaucoup perdu par suite du manque de fourrage, de ferrures et d'un service pénible, sont envoyés au camp de réserve de Garossen et les deux escadrons qui s'y trouvent du régiment de hussards n° 3 passent de nouveau sous les ordres du général de Kleist.

Cependant le général d'York, ne recevant pas de réponse à sa lettre du 25 et les mêmes plaintes se renouvelant, se vit obligé, pour ne pas arrêter tout service et exposer à la fin l'honneur des armes, de faire parvenir au maréchal des observations encore plus pressantes. Il disait dans cette lettre que l'intérêt de la conservation de ses troupes et les devoirs qu'il avait à remplir envers son roi ne lui permettaient pas de tolérer plus longtemps de pareilles négligences. La lettre n'en était pas moins rédigée dans les formes voulues et avec les formules de respect dues à un supérieur.

Un maréchal français ne devait assurément pas s'attendre à entendre le général d'un corps allié dire qu'il était tenu à certains devoirs envers son propre souverain. Pour étouffer dans l'œuf de pareilles prétentions il fut fait au général d'York une réponse pleine de reproches et d'accusations personnelles de mauvais vouloir, de haine s'exhalant journellement et tout haut contre Napoléon, d'antipathie contre tout ce qui était français, etc. La lettre se terminait par cette assertion vraiment extraordinaire, que, quand les chevaux prussiens crevaient, c'était non de la faim mais d'excès d'embonpoint.

Le général était déjà au lit quand le colonel Terrier, chef d'état-major du maréchal, se présenta en personne pour remettre la lettre. Dès que le général eut parcouru attentivement cet écrit, il comprit immédiatement l'intention, qui était de le pousser à commettre une imprudence, pour lui retirer son commandement. Aussi, mettant de côté sa propre personnalité, du moment qu'il s'agissait du bien de la patrie, il répondit à l'envoyé en conservant son calme :

« — La teneur de cette lettre est si importante, qu'il m'est impossible d'y répondre sur l'heure. De plus, mon aide de camp (major de Brause), qui est chargé de ma correspondance française, demeure si loin, qu'il est un peu tard pour l'envoyer chercher. Au surplus, le maréchal recevra ma réponse demain avant midi.

» — Mais qu'allez-vous faire ? demanda de nouveau le colonel.

» — Je vais me remettre au lit dès que vous m'aurez quitté, » répliqua le général.

Et le colonel s'en retourna à Stalgen.

On a voulu expliquer de différentes manières les motifs qui avaient poussé le maréchal à se servir d'expressions aussi violentes vis-à-vis du général d'York. Le colonel Rapatel, aide de camp de Moreau, a-t-il réellement fait des propositions au maréchal pour renverser Napoléon et à ce sujet a-t-il laissé échapper des propos inconsidérés sur le général d'York ? N'y a-t-il dans tout cela que des bavardages vulgaires et des menées perfides ? Ou bien encore a-t-on cherché en campagne à faire jouer intentionnellement des ressorts cachés pour amener la mésintelligence entre le maréchal français et le général prussien ? C'est ce qu'il importe peu aujourd'hui de rechercher. Il suffit que les reproches adressés au général d'York aient été aussi durs qu'injustes.

Ce n'était pas depuis sa prise de commandement, mais depuis qu'un ordonnateur français avait été nommé intendant en chef du 10ᵉ corps, que des plaintes s'étaient élevées : car les hauts fonctionnaires français de l'intendance n'avaient aucune idée d'une administration régulière, et leurs subalternes étaient des hommes ou insouciants ou malhonnêtes. Quand les fournitures venaient à s'épuiser, et cela se présentait, les prestations étaient imposées au petit bonheur aux localités voisines, naturellement à celles qui étaient le plus près du théâtre de la guerre. Celles-ci recevaient généralement reçu de la réquisition; il arrivait aussi quelquefois, par ce temps de disette, qu'on enlevait une voiture de fourrages. Les troupes devaient-elles donc seules être responsables du mal, quand la dernière faute n'était que la conséquence des autres ? Le général Bachelu lui-même avait dû en venir aux mêmes expédients que le général d'York; lorsqu'il entendit enfin parler du désaccord avec le maréchal, qui avait éclaté à propos de ces mesures, il se fit fournir sur-le-champ par chaque commandant de régiment et de bataillon des troupes prussiennes et étrangères placées sous son commandement une attestation sur l'honneur scellée aux armes de chacun d'eux : « que, depuis le 19 jusqu'au 29 novembre inclus, il n'y avait eu aucune espèce de fourrage dans le magasin d'Eckau; dans ces conditions, il avait dû permettre, contre quittance, de fourrager dans les fermes et habitations de la campagne environnante ». Il envoya aussitôt cette pièce explicative de sa conduite au maréchal, lequel ne put alors faire autrement que de faire paraître l'ordre du jour du 30 ci-dessous.

Le général d'York manda le jour même au roi par estafette le désaccord qui s'était élevé entre lui et le maréchal, et le 30 il envoya comme courrier à Berlin le capitaine de Schack de l'état-major, pour lui porter des renseignements plus complets et particuliers (1).

Le général d'York s'empressa également de faire connaître aux envoyés prussiens à Vilna son affaire avec le duc de Tarente et leur envoya comme courrier le lieutenant de Canitz de l'état-major. Le général de Krusemark lui répondit, à la date du 6 décembre, que ni lui ni le duc de Bassano n'avaient eu la moindre idée de la possibilité d'un pareil événement; que le duc de Bassano lui avait affirmé solennellement que, du côté de l'Empereur, le maréchal n'avait rien reçu qui pût lui faire suspecter les opinions politiques du général; que le maréchal d'ailleurs, jusqu'à ce jour, avait toujours parlé dans ses rapports avec haute estime du général d'York et du corps prussien. Il terminait par ces mots :

De la situation générale et de l'état de l'armée en retraite,

---

(1) Dans sa réponse au premier compte rendu, en date du 6 décembre, Sa Majesté disait « qu'Elle rendait pleine justice aux motifs du général, qui n'avait eu vue que le bien des troupes confiées à son commandement; mais que, dans les circonstances présentes, Elle faisait appel à son dévouement éprouvé pour réprimer l'expression de sa douleur ».

Et dans sa réponse au deuxième rapport, en date du 12 : « Vous avez bien fait de prendre en mains le bien et la conservation de mes troupes et de les défendre avec ardeur, et je vous demande de le faire par la suite, désirant que les devoirs que le général commandant mon corps auxiliaire a à remplir envers moi et envers les troupes confiées à ses soins ne reçoivent aucune atténuation ni réserve. »

Plus loin, Sa Majesté ajoutait qu'Elle allait donner mission à ses envoyés à Vilna d'insister pour qu'aucun changement ne fût apporté dans le commandement du corps prussien, que le corps lui-même ne pût pas être démembré, le général ayant pour instruction de s'opposer à toute tentative de ce genre. Il terminait ainsi : « En raison du brillant courage et de la joyeuse abnégation des troupes dans toutes les occasions, j'ai pu avec assurance exprimer le désir de les voir combattre réunies et en toute indépendance. Ce serait pour vous et mes braves soldats un double stimulant, pour mériter comme par le passé toute ma confiance et celle de l'Empereur, mon allié. »

je ne dirai rien, si ce n'est que tout prend une tournure à étonner l'imagination même la plus déréglée. J'ai donné de vive voix à M. de Canitz tous les renseignements possibles; je lui ai seulement bien recommandé de ne les communiquer qu'à Votre Excellence. Ce qui arrivera encore, Dieu seul le sait (1).

28 novembre.

Le général d'York envoya aujourd'hui au maréchal sa réponse à la lettre comminatoire d'hier. Il la réfutait point pour point et disait entre autres choses : qu' « il n'avait jamais méconnu la sollicitude du maréchal à satisfaire aux besoins des troupes; pourtant, le cas était matériellement vrai, que les chevaux n'avaient depuis

---

(1) Il semble qu'il n'en ait pas été tout à fait ainsi que l'écrivait M. de Krusemark, comme l'indique la lettre suivante du maréchal au duc de Bassano, saisie par les troupes légères du corps de Wittgenstein, et dont copie fut communiquée par le général Diebitsch au général d'York :

« Stalgen, le 10 novembre 1812.

» Mon cher Duc,

» Vous ne me donnez pas de vos nouvelles ; j'en envoie chercher. Un officier qui arrive de Vilna nous débite des absurdités de cette ville ; il assure pourtant avoir vu passer S. M. l'Empereur, se rendant, dit-il, à Kowno, et Votre Excellence la suivre.

» Je ne puis croire à tout ce que je viens de lire dans les bulletins russes que je vous adresse, quoique l'on cite des personnages que je savais faire réellement partie des 2e et 9e corps ; j'attends d'un instant à l'autre que vous m'éclairiez. La bombe a crevé avec le général d'York; j'ai cru que, dans des circonstances telles que MM. de l'état-major prussien les accréditent, sans les repousser, je devais montrer plus de fermeté.

Le corps est bon, mais on le gâte ; l'esprit est prodigieusement changé, mais quelques grâces, des récompenses, et je le remonterai aisément, pourvu toutefois que les officiers que je signale soient promptement éloignés. Ils ne seront pas regrettés ; les deux tiers de l'armée les détestent.

» Au nom de Dieu, mon cher Duc, écrivez-moi un mot, que je sache quelles sont les positions que l'on va prendre. Je me concentre davantage.

» Mille amitiés, je vous embrasse.

» MACDONALD. »

plusieurs jours touché de fourrage. Il priait, en conséquence, le maréchal de désigner une commission impartiale pour éclaircir la chose, puisque les renseignements étaient si différents. En attendant, il allait défendre toute réquisition directe par les troupes, sans s'inquiéter des suites qui pourraient en résulter. Quant à la dernière partie de la lettre, elle touche à son honneur personnel. A-t-il donc par des calomnies perdu la confiance du maréchal ? Mais il est en état de se justifier devant l'Empereur, devant lui-même, devant n'importe quel tribunal, devant son roi, devant l'univers entier. Les faits parleraient assez en sa faveur, depuis sa prise de commandement, pour témoigner de son dévouement à la chose publique, à l'intérêt commun. Si le maréchal lui dit encore qu'il a tenu des propos préjudiciables à l'esprit du corps, qu'il lui nomme donc la personne qui a cherché à se faire valoir près de lui en débitant la plus noire calomnie ! Il ne demande pas d'indulgence, mais bien une justice sévère » (1). Cette lettre resta sans réponse.

---

(1) Pour éviter même la possibilité d'être compromis, le général d'York avait renoncé à tout commerce avec les habitants, parce que dans ce temps-là, à Mitau, le peuple, guidé par son instinct naturel, tenait pour bons patriotes les partisans de la Prusse, et se déclarait en leur faveur. *Le général d'York avait trop de tact* pour mal parler de Napoléon et des Français en public. *Il était plus réservé peut-être que le maréchal lui-même, qui cherchait souvent à sonder officiers et soldats, par rapport à leurs opinions sur les personnes et sur les choses.*

Il n'entrait assurément pas dans la personnalité du général d'York de se lier d'une manière inconsidérée avec le premier venu ; mais il s'ouvrait facilement à celui qui avait gagné sa confiance. Jusqu'alors, d'ailleurs, ses rapports avec le maréchal, sans avoir jamais eu un caractère intime, avaient toujours été empreints d'une estime réciproque. *Aimablement, et sur un simple désir, le général avait abandonné au maréchal son meilleur cheval ; aussi disait-il, en 1814, devant pluseurs officiers prussiens, qu'il lui avait rendu un grand service,* parce que ce cheval l'avait sauvé à Leipzig, en traversant l'Elster.

Imbu du sentiment de l'obéissance passive aussi bien en haut

29 novembre.

Le lieutenant général de Massenbach reçoit l'ordre de faire relever aux avant-postes de Holländerkrug le premier bataillon du régiment d'infanterie du corps par un bataillon du régiment d'infanterie n° 1 tiré du camp de la réserve.

Le colonel de Horn rend compte que, sur sa proposition, plusieurs postes qui étaient trop exposés ont été repliés; mais le général Bachelu désire que les postes également exposés de la forêt de Klawe et de Sillenkrug restent occupés, jusqu'à ce qu'on ait terminé un petit ouvrage qu'il se propose d'établir près de la forêt d'Annabourg. Sur la hauteur du château, ainsi qu'au pastorat d'Eckau, le général Bachelu a déjà fait construire des retranchements et les troupes prussiennes ont dû non seulement fournir des travailleurs auxiliaires aux fortifications, mais à partir de ce jour faire tous les frais du service des avant-postes de l'aile droite, comme de l'aile gauche.

Les troupes du colonel de Horn sont aujourd'hui réparties de la manière suivante :

---

qu'en bas, le général d'York mettait le devoir au-dessus de tout. Comprenant qu'il fallait donner de la force au principe d'autorité et connu comme tel, il couvrait avec une égale impartialité le pouvoir des chefs et le droit des subordonnés; il écoutait avec autant de bienveillance un inférieur exprimer son opinion, qu'il exposait avec franchise la sienne devant un supérieur. Il avait horreur de la flatterie ; l'éloge et le blâme de la foule lui étaient également indifférents. N'ayant pas recherché le service étranger et l'acceptant par abnégation, il trouvait sa récompense dans la confiance de ceux qui servaient sous ses ordres.

Son caractère appartient à l'histoire. Il savait bien qu'il est difficile à l'homme de se maintenir au point culminant de l'existence, et que le vaisseau, qui a courageusement résisté aux vagues et aux tempêtes, échoue facilement sur les côtes basses de la paix; aussi, en pleine connaissance de sa valeur, se séparant du monde, il échangea l'épée pour la charrue.

Régiment d'infanterie n° 2.

1ᵉʳ bataillon à Stalgen;
2ᵉ bataillon à Annabourg.

Régiment d'infanterie n° 5.

1ᵉʳ bataillon au camp des Huttes, près d'Eckau;
2ᵉ bataillon cantonne à Ballauschenkrug en soutien des avant-postes de la route de Dahlenkirchen, change avec le 1ᵉʳ bataillon tous les huit jours;
Bataillon de fusiliers du régiment du corps (n° 4), cantonne dans l'église d'Eckau;
Bataillon de fusiliers n° 7, cantonne dans la brasserie d'Eckau devant le château.

Régiment de dragons n° 1.

1ᵉʳ escadron cantonne à Grünwalde;
2ᵉ escadron cantonne à Annabourg;
3ᵉ escadron cantonne dans la grande auberge d'Eckau;
4ᵉ escadron cantonne à Friedrichshof;
Deux escadrons du régiment de dragons n° 2 cantonnent dans le plus grand bâtiment appelé la Riche, en avant d'Eckau entre la grande route de Riga et celle de Baldohnen;
Deux escadrons du régiment de hussards n° 1 cantonnent à Neusorge et Stülpenhof;
La batterie à cheval de Graumann n° 3 cantonne à Dorotheenhof;
La batterie à pied de Huet n° 1 cantonne dans la grange, près du château d'Eckau.

30 novembre.

ORDRE DU JOUR.

Son Excellence M. le maréchal duc de Tarente a fait établir un rapport sur l'état des subsistances des hommes et des chevaux. Il a eu le regret de se convaincre que les magasins de fourrages ne sont pas aussi bien garnis qu'il avait cru pouvoir l'espérer.

Considérant que les moyens de transport du pays ne sont pas en rapport avec les besoins des troupes, qu'on les utilise mal, qu'il faut de plus nourrir les chevaux; considérant la difficulté de s'en procurer, les réquisitions individuelles si souvent défendues et les obstacles que l'on met ainsi sur la route des propriétaires et qui les empêchent de conduire leurs provisions à nos magasins, enfin l'incendie inconsidéré et sans motif du magasin de Bauske, lequel n'a pu être reconstitué (1) ;

Considérant, en outre, que l'unique moyen, pour arriver à constituer des approvisionnements, consiste à utiliser dans ce but toutes les voitures du pays,

M. le maréchal décide ce qui suit :

A partir de ce jour, toute la cavalerie recevra les rations d'avoine et autres fourrages d'après les tarifs du règlement français; les anciennes fixations concernant la cavalerie prussienne sont supprimées. Le corps prussien doit se servir uniquement comme moyen de transport de ses propres voitures, dont un nombre suffisant sera cédé aux régiments. La 7º division et les autres troupes du corps d'armée n'emploieront pour le même objet que les voitures et équipages militaires construits à Mitau ou qui leur étaient destinés.

Jusqu'à ce que les magasins soient plus riches, on ne touchera que la demi-ration d'avoine, avec dix livres de foin ou dix de paille. On espère pouvoir délivrer bientôt la ration entière.

Toutes les voitures du pays, qui se trouvent présentement au corps seront immédiatement envoyées à l'ordonnateur en chef, qui les organisera en parc sur certains points, Mitau, Bauske, Eckau, etc., lesquels serviront pour les transports ordinaires du corps d'armée.

---

(1) Quel reproche inattendu! L'incendie d'un approvisionnement de quinze jours au plus de paille et de foin pour les troupes de Dahlenkirchen, d'un approvisionnement que l'ennemi, pendant les deux jours qu'il a passés à Bauske, aurait dissipé et enlevé, ou dont il aurait infailliblement détruit le reste! On devait bien être embarrassé, au fond, pour se creuser l'esprit à trouver de pareilles raisons. Le major d'Eicke avait fait incendier le magasin pour empêcher l'ennemi de le poursuivre avec du canon au passage du Mummel. Telle était la considération qui l'avait guidé; tel en était le motif.

Tout militaire ou tout individu de l'armée qui se permettrait de faire des réquisitions particulières de quelque nature qu'elles soient, qui mettrait obstacle à la libre circulation des moyens de transport destinés exclusivement à remplir les magasins de distribution et de réserve, qui oserait enfin s'attribuer arbitrairement des denrées, sera arrêté et traduit devant une cour prévôtale, pour être jugé comme maraudeur ou comme pillard.

Par ordre de Son Excellence M. le maréchal duc de Tarente :

*Le chef d'état-major du 10ᵉ corps d'armée,
adjudant commandant, chevalier de l'Empire,*

Terrier.

Un autre ordre intentionnellement aussi blessant que le premier, arrivé aujourd'hui, défend à la garnison de Mitau d'exiger dorénavant de ses hôtes la nourriture gratuite, parce que beaucoup de soldats, au lieu de mettre leurs portions en commun avec la famille, les vendent et ont alors dans leur cantonnement des exigences injustifiées (1). Il est vraiment extraordinaire que ce soit toujours le maréchal seul qui ait à formuler de pareils griefs, les habitants faisant ainsi passer leur plainte par-dessus la tête du commandant prussien, major de Roth, très aimé dans la ville. Si celui-ci après coup faisait une enquête, il arrivait souvent que le fait, objet de la plainte portée à Stalgen, était inconnu

---

(1) Il va de soi qu'il ne peut être question ici que des sous-officiers et soldats. Les personnes attachées au quartier du général d'York prenaient leurs repas avec le général, auquel la ville, d'ailleurs, n'avait fourni que les tables, le général logeant dans l'hôtel démeublé de l'ancien gouverneur civil russe.

Que le soldat ait pu quelquefois vendre sa portion, pour se procurer d'autres denrées nécessaires à ses besoins, nous ne voulons pas y contredire ; cependant, la plupart du temps, c'était la faute des magasins français, qui ne voulaient délivrer à personne des portions ou rations supplémentaires. Si un soldat se présentait le soir après la fermeture du bureau, il devait s'en remettre à son hôte du soin d'avancer la portion ou la ration qu'il n'avait pu toucher au magasin ; mais ce n'était qu'un cas exceptionnel.

à Mitau, la plupart du temps au moins qu'il avait été exagéré et dénaturé (1).

1ᵉʳ décembre.

Le major de Siöholm I prend aujourd'hui, en remplacement du major de Zielinsky, le commandement des avant-postes à Holländerkrug.

Les Russes font de nouveau une grande reconnaissance sur la route de Mitau. Après avoir quelque temps tiraillé avec nos grand'gardes, ils se retirèrent aussi avancés sur la position de nos troupes qu'avant d'être venus. Ils auraient pu en apprendre autant de n'importe quel paysan. De notre côté, personne ne fut atteint.

2 décembre.

Le colonel de Horn fait savoir que le major de Thümen est arrivé hier à Eckau avec les deux escadrons de hussards bruns et qu'il y a relevé les deux escadrons du régiment de dragons n° 2. Par ordre du général Bachelu, de fortes patrouilles de 1 officier et 20 hommes avec quelques chevaux ont été envoyées de bonne heure sur les routes de Plakan, Tomoszna et Baldohnen, pour renseigner sur la position des avant-postes de l'ennemi.

---

(1) Un certain Kienbaum, qui servait d'espion au maréchal et le régalait argent comptant des petites nouvelles qu'il apprenait dans les cabarets de Riga, souvent aussi des paysans qui revenaient de cette ville, faisait métier de rechercher les plaintes des habitants de la Courlande contre les Prussiens, et il dénonçait chaque fois comme suspect celui qui l'avait renseigné.

Vers ce temps-ci, un très honnête Courlandais raconta au colonel de Hünerbein que Kienbaum avait offert une récompense de 100 reichsthalers à celui qui pourrait découvrir si le général d'York recevait des bulletins russes.

3 décembre.

Les Russes attaquèrent aujourd'hui avec plus de vigueur qu'auparavant nos avant-postes sur la route de Mitau et s'efforcèrent de les repousser jusqu'en arrière de l'abatis. Mais le major de Bülow avait si bien posté et couvert le bataillon de fusiliers n° 2 que l'ennemi fut bientôt forcé à la retraite. Le major de Crammon, qui était en grand'garde avec le bataillon de fusiliers n° 1 sur la rive gauche de la Missa, se porta vivement en avant conformément à ses instructions, pour tomber sur les derrières de l'ennemi. Il donna sur un détachement ennemi qui se mit en retraite, mais qui ne l'obligea pas moins à entreprendre une action séparée contre les Russes placés sur l'autre rive. On prit 3 ulans et l'on trouva de nombreux morts, ce qui prouvait que l'ennemi avait eu un bien plus grand nombre de blessés. Nous avions perdu un dragon fait prisonnier, un homme tué et trois blessés appartenant au bataillon de fusiliers n° 1. Dans la soirée se présentèrent des déserteurs, qui, ayant quitté les rangs des Russes pendant la retraite, étaient restés cachés dans les bois (1).

Le colonel de Horn rend compte que les patrouilles envoyées hier vers Plakan, Tomoszna et Baldohnen ont trouvé ces localités inoccupées; mais on leur a dit qu'elles étaient visitées chaque jour par des patrouilles russes. Des déserteurs racontent, qu'il y a un camp ennemi à Rothe-Krug, près de Dahlenkirchen et un autre plus grand avec du canon derrière Neu-Mühle.

4 décembre.

---

(1) Les déserteurs de Riga étaient pour la plupart, ou du moins en assez grand nombre, des gens originaires de provinces que nous occupions. Il est peu venu de Russes et de Cosaques.

5 décembre.

Voici l'état de situation du corps à la date de ce jour :

Le corps compte en combattants :

Officiers.	Hommes de troupe.	Chirurgiens.	Vétérinaires.	Chevaux.
564	18.022	126	12	3.622
Dont blessés :				
28	656	»	»	12
Malades :				
52	1.733	11	»	118
Manquant à l'appel :				
28	594	6	»	304
En détention :				
2	22	»	»	»
Restant pour le service :				
454	15.017			

hommes, y compris ceux de la réserve d'artillerie renvoyés en arrière, mais sans les états-majors.

Cependant, le général Paulucci avait, peu après sa prise de commandement du gouvernement de Riga, demandé au général d'York de se séparer de l'armée française. Le général d'York, qui connaissait le désastre de l'armée française, crut qu'il était dès lors de l'intérêt politique de son souverain de ne pas repousser toute relation avec le général russe; il déclina donc personnellement toute négociation, mais il offrit, si l'Empereur, dans les circonstances présentes, voulait renouer avec le roi, son vieil ami, de servir d'intermédiaire pour faire parvenir les dépêches. En conséquence, le général Paulucci fit connaître aujourd'hui les promesses faites par son souverain, si la Prusse voulait renoncer à l'alliance de la France, et écrivit en même temps qu'il était muni de pleins pouvoirs pour négocier. Le général d'York, fermement convaincu que Napoléon pourrait très bien se hâter de faire sa paix avec la Russie et sacrifierait ensuite la Prusse sans hésitation aucune, envoya à Berlin le major de Seydlitz pour chercher à obtenir par ses prières la détermination de Sa Majesté (1). Les propositions en même temps renouvelées du marquis Paulucci pour agir provisoirement d'accord furent de nouveau et définitivement rejetées.

6 décembre.

Le colonel de Horn rend compte que deux dragons ont déserté hier aux avant-postes (2); et le général de

---

(1) De Pradt dit dans son ouvrage déjà cité, page 5 : « Sur quelques observations que je lui fis sur la conduite à tenir en Pologne à l'égard des puissances co-partageantes devenues ses alliées, il répondit assez vaguement, mais de manière à faire très bien entendre qu'après en avoir fini avec la Russie, il saurait bien en finir avec l'Autriche, la forcer à accepter l'Illyrie, ou à s'en passer ; il articula distinctement qu'il ne savait pas encore à qui il donnerait le royaume de Pologne rendu à son intégrité. Quant à la Prusse, son sort n'était pas douteux : le dépouillement le plus absolu et complet du royaume de Prusse et de la Silésie. Napoléon s'exprimait toujours sur la Prusse avec le plus profond mépris. » Et c'était trois mois après avoir signé son traité d'alliance avec la Prusse !

Napoléon avait même une haine personnelle contre le roi, et cette haine provenait, d'après l'écrit bien connu du marquis Lucchesini, *Causes et effets de la Confédération du Rhin*, de l'intervention énergique qui avait forcé Napoléon, en 1804, à renvoyer en Angleterre par Cherbourg l'ambassadeur anglais Rumbold, arrêté à Hambourg par ruse et par violence, puis conduit prisonnier à Paris. A ceux qui s'étonnaient de sa condescendance pour le monarque prussien, Napoléon répondit : « Le roi de Prusse m'a fait passer un mauvais quart d'heure, mais je le lui ferai payer avec usure. »

La France, il est vrai, était l'obligée de la Prusse; mais, comme le fait remarquer si justement M. de Lucchesini, les services rendus ne sont le plus souvent récompensés que par *une ingratitude d'autant plus noire que les services ont été plus grands. La reconnaissance est, en effet, la vertu la plus haute, et elle est plus difficile encore pour les peuples que pour les individus ; la générosité est incomparablement plus facile.*

(2) Le corps prussien n'avait eu jusqu'alors que très peu de désertions. Celles-ci étaient le résultat de la misère croissante des troupes.

Massenbach, que plusieurs hommes ont eu les membres gelés la nuit dernière.

7 décembre.

Un ordre du maréchal prescrit aux troupes de constituer une avance de deux jours de fourrage, en y comprenant le foin.

8 décembre.

9 décembre.

Le colonel de Horn rend compte que le bataillon du régiment n° 5, établi jusqu'à ce jour au camp d'Eckau, est allé occuper l'ouvrage avancé de Gailhof et, de plus, que les troupes prussiennes de la rive droite (comme l'avaient déjà fait celles de la 7ᵉ division) s'étaient toutes mises à l'abri. Mais les grand'gardes restaient encore à la belle étoile; aussi les souffrances des troupes étaient grandes. Les travaux de fortification furent interrompus à cause de la rigueur du froid; on continua cependant le palissadement d'Eckau.

10 décembre.

11 décembre.

Le général de Massenbach annonce la désertion de deux hommes du régiment d'infanterie n° 4. Les troupes ne pouvant plus longtemps tenir contre le froid au camp de Zukauschen, on propose de nouveau au maréchal de les loger en cantonnements resserrés.

12 et 13 décembre.

14 décembre.

Les 6 compagnies qui se trouvaient encore au camp de Zukauschen sont cantonnées : le premier bataillon du régiment d'infanterie n° 4 dans les fermes et cabanes de Lameskrug à Paxter, par Catharinenhof; les deux compagnies du bataillon de fusiliers n° 5 à Tittelmünde et Dannenthal.

Le bataillon de fusiliers n° 2, qui depuis le commencement de la campagne avait presque toujours fait le service aux avant-postes, est envoyé à Mitau; le premier bataillon du régiment d'infanterie n° 6 le remplace à Zennhof.

15 décembre.

Par un rapport daté d'Eckau la veille, 10 heures du soir, le colonel de Horn rend compte qu'un officier d'artillerie russe, fait prisonnier avec 7 hussards et 1 Cosaque par une patrouille de 20 dragons du régiment n° 1 envoyée de Neuguth vers Drakan sous les ordres du lieutenant de Sauken, déclare que des troupes russes ont passé la Düna à Iungfernhof et qu'un corps considérable sera bientôt rassemblé près de Baldohnen. Sur cette nouvelle, le général Bachelu aurait envoyé ce matin deux colonnes mobiles vers la Missa : l'une, sous le colonel westphalien Plessmann, avec un bataillon de son régiment, deux pièces d'artillerie polonaise attelées et 40 hommes de cavalerie prussienne, devait pousser jusqu'à Schœppingsmühle et de là détacher des patrouilles jusqu'aux environs de Baldohnen; l'autre, sous le major de Funk, avec le premier bataillon du régiment n° 5 qui était en réserve des avant-postes à Ballani-Krug, deux pièces attelées et 30 chevaux, vers Gallenkrug, avec patrouilles à Tomoszna. Le colonel de Horn voulait faire appuyer cette dernière colonne par le 2ᵉ bataillon du régiment n° 5 placé à Misshof. Le colonel annonçait enfin que 2 hussards bruns avaient encore déserté à Neuguth.

16 décembre.

Le colonel Plessmann a donné en arrière de Baldohnen à Klapperkrug sur environ 300 hommes d'infanterie et 100 hommes de cavalerie ennemie, lesquels se sont aussitôt repliés. Le major de Funk a également rencontré à mi-chemin de Miss-Krug à Tomoszna une troupe d'environ 20 Cosaques, qui se hâta également de disparaître. Tomoszna n'était pas occupé par l'ennemi. Les deux colonnes rétrogradèrent ensuite sur Eckau. Les nouvelles données par les prisonniers ne s'étaient pas vérifiées.

D'après l'état de situation, le corps compte sous les armes à la date de ce jour 10.988 hommes d'infanterie, 1.136 de cavalerie et 1.176 d'artillerie.

Le conseiller d'Etat, commissaire général des guerres, Ribbentrop annonce de Tilsit le 14 par estafette l'arrivée des restes de ce qui avait été la Grande Armée sur le sol prussien; le commandant supérieur du district de Tilsit, major de Kall, donne la même nouvelle, ajoutant que les Cosaques avaient déjà de Georgenkrug fait des incursions sur le territoire de la Prusse et enlevé du bétail et autres objets. Dans la nuit arriva de Szawle un courrier du commissaire des guerres d'Altenstein, annonçant que des Cosaques de l'armée de Wittgenstein avaient déjà été vus dans les environs de Rossienna.

17 décembre.

Jusqu'à ce moment le maréchal Macdonald s'était obstiné à n'accorder aucune créance aux bruits qui s'élevaient de tous côtés de la destruction totale de la Grande Armée. Il comptait, si un grave danger menaçait le 10ᵉ corps, sur le prompt retour de son chef d'état-major depuis plusieurs jours à Vilna où il avait été envoyé. Cet homme pourtant tarda à revenir (1) et

---

(1) Voici une lettre de lui adressée au maréchal et enlevée par les Russes :

Duplicata.
« Tilsit, 19 décembre, 8 heures du soir.

» Monseigneur,

» J'ai quitté hier le grand quartier général à Gumbinnen ; à mon arrivée ici, j'appris que la communication pour parvenir jusqu'à vous était coupée ; aussi je vous envoie cette lettre par un émissaire dont le commandant du lieu me répond.

» Je ne vous fais pas passer de lettres ; mais je suis chargé de vous dire que l'on désire « que vous fassiez votre retraite sur » Tilsit et Georgenbourg, de manière à couvrir Kœnigsberg, où » l'on envoie des dépôts, ainsi que Gumbinnen, c'est-à-dire la » Prusse. On me charge de vous annoncer que la division Heudelet, » avec 1.500 chevaux, doit se porter sur votre flanc droit, mais » seulement sur la rive gauche du Niémen. Je ne puis rien vous dire » de plus. »

» L'ennemi est à Georgenburg, Rossienna et Tauroggen, mais seulement par ses Cosaques. On croit que, fatigué et manquant de tout, il n'a pas encore poussé son infanterie au delà de Vilna.

» Dans tous les cas, on s'en remet à vous du soin de faire pour le mieux.

» Demain, j'irai, avec 100 hommes du 10ᵉ régiment polonais et quelques cavaliers, à Tauroggen, pour m'informer si la force des troupes qui sont de ce côté n'a pas été exagérée et si je puis me joindre à vous.

» Je prends cela sur moi, parce que les troupes dont je veux me servir n'appartiennent pas à la garnison de Tilsit.

» Il règne ici un très mauvais esprit ; on attend l'ennemi à tout instant. Bien qu'on ne nous aime pas, j'espère bien que l'on se tiendra tranquille.

» J'ai beaucoup de choses à vous dire, qui feront plaisir à Votre Excellence. Tout dépend de vous en ce moment.

» Vous avez eu deux fois personnellement à faire avec l'ennemi (M. Terrier était dans l'erreur), et je suis très malheureux de n'y avoir pas été. Vous voyez, Monseigneur, que je dois maudire mon étoile.

» Veuillez agréer, Monseigneur, l'assurance de mes sentiments les plus dévoués et les plus respectueux.

» *L'adjudant-commandant,*
» Terrier. »

le maréchal ne voulait et ne pouvait croire qu'au grand quartier général on eût oublié tout un corps d'armée. Cependant le général d'York, subordonnant ses sentiments intimes à l'intérêt général, avait chaque fois fait parvenir au maréchal, soit par le colonel de Rœder, soit par le général de Kleist, les rapports qu'il avait reçus des frontières de la Prusse et les nouvelles envoyées de Vilna par le lieutenant de Canitz; il aurait voulu lui persuader de ramener secrètement le 10e corps quelques marches en arrière et de le réunir dans des cantonnements resserrés. Le maréchal n'avait pas pris en mauvaise part ces nouvelles et ces propositions, mais il les avait accueillies avec froideur ou une insouciance apparente; il n'y avait que deux jours qu'il avait donné l'ordre de diriger sur Bauske les fractions de la 7e division sous le général Grandjean, qui se trouvaient encore dans les environs de Nerft, Illuxt et Jacobstadt. Les nouvelles reçues la nuit dernière décidèrent enfin le général d'York à écrire lui-même au maréchal, pour l'engager à changer la position du 10e corps. Il reçut la réponse suivante :

Stalgen, le 18 décembre, 1 heure du matin.

Monsieur le Général,

Je reçois dans le moment la lettre que Votre Excellence m'a fait l'honneur de m'écrire. Il n'y a qu'un quart d'heure que le major Schenk est arrivé de Vilna avec des ordres du major général. Ils sont datés du 9, et il prétend n'être parti que le 12 à 3 heures du matin (1). Cet extrême retard peut avoir des conséquences.

---

(1) Le major de Schenk, d'abord aide de camp du général Massenbach, était passé au régiment de hussards n° 2, détaché à la Grande Armée; mais la retraite de Moscou arrivant sur ces entrefaites, il avait été maintenu à Vilna à la disposition du général Krusemark et du gouverneur général français, qui lui confia différentes missions. Il n'était bien réellement parti que dans la nuit du 12, et on ne peut lui faire d'autre reproche que de s'être arrêté

Quoique j'aie l'ordre de manœuvrer lentement, cependant il ne faut pas que les frontières prussiennes soient insultées.

Faites partir vos bagages pour Memel par la route ordinaire de poste, en doublant les petites étapes et en répandant le bruit à Mitau qu'ils vont seulement cantonner à deux ou trois marches, pour faire place aux troupes qui entreront après-demain dans la ville et le château.

Veuillez bien m'envoyer à l'instant le colonel de Rœder pour concerter avec lui la marche des colonnes.

Je préviens Votre Excellence que je donne l'ordre au régiment n° 2 et à l'escadron de dragons de se rendre aujourd'hui à Gr. Sessau et demain à Janischky, où ils recevront de nouveaux ordres.

Les troupes du général Grandjean arrivent aujourd'hui à Bauske et Salatoni.

A l'instant m'arrive un second officier du quartier général de Kowno.

Agréez, Monsieur le Général, l'assurance nouvelle de ma haute considération.

MACDONALD.

P.-S. — Je prie Votre Excellence d'envoyer sur-le-champ les deux lettres ci-jointes par des estafettes ou courriers pour Memel, et de cette ville, l'une par le Curisch-Nehrung, l'autre par la grande route, au quartier impérial qui sera à Insterburg. Les dépêches sont de la plus haute conséquence.

L'intention du maréchal était de réunir tout le corps d'armée à Janischky, puis de former là une avant-garde sous les ordres du général Bachelu, qui aurait pour mission de tâter l'ennemi venant de Rossienna, et, d'après le résultat de cette reconnaissance, de percer avec le gros du corps dans la direction de Tilsit, ou de gagner Memel par Teltsch. Cependant l'impossibilité de marcher en une seule colonne par des chemins étroits

---

quelques heures dans sa famille en passant à Tilsit. Lui et l'officier d'ordonnance qui l'accompagnait auraient dû, en quittant Tilsit, prendre le détour par Teltsch, les Cosaques battant déjà la campagne de Rossienna. Sa dépêche, d'ailleurs, n'était vraisemblablement qu'un duplicata.

et avec l'épaisse couche de neige récemment tombée, et de faire bivouaquer les troupes par un froid de 20 à 24 degrés, fit qu'on abandonna l'idée de la concentration.

Le général d'York fit partir aujourd'hui pour Memel tous les équipages des généraux et ceux des troupes de l'aile gauche (ceux de la brigade de Horn passèrent par Janischky), puis les administrations et les ambulances laissées en arrière sur la route de Schaule, enfin, la demi-batterie de 12 livres avec trois colonnes de parc et une d'ouvriers, sous la conduite du major de Perband; le 20, le major de Bork, après la réunion de son détachement venant de Tuckum avec le bataillon de fusiliers n° 3 et un peloton de cavalerie de 1 officier et 40 chevaux, devait suivre comme arrière-garde. Le commandant de Memel fut invité à envoyer en avant le plus loin possible un fort détachement de la garnison et à prendre à Memel même ses dispositions pour que le corps, s'il était forcé de se retirer sur cette ville, pût y trouver avec certitude abri et nourriture.

Les troupes de marine françaises stationnées jusque-là à Tuckum, Libau, etc., ainsi que les soldats du génie employés par les Français à la levée et à la conduite des contributions et réquisitions en Courlande, furent dirigées également sur Memel, mais d'une manière tout à fait indépendante des équipages prussiens.

19 décembre.

Le reste des réserves aux ordres du général de Massenbach se met en route et se rend à Platon. Le maréchal se joint à ces troupes et établit son quartier à Elley. La brigade de Horn se retire d'Eckau derrière l'Aa et cantonne à Stalgen et environs.

20 décembre.

Dans l'après-midi, l'ancienne aile gauche du corps prussien avec le général d'York, quitte Mitau et se rend à Kalwe; l'arrière-garde s'arrête à Elley.

21 et 22 décembre.

Dans la nuit du 21 au 22, les troupes sous les ordres du général d'York vont à Meszkucz. A Janischky, la brigade de Horn marchant par Würzau se joint à elles.

A la nouvelle que des Cosaques battent la campagne par Teltsch et Szagary (Schagarren) vers Korczany (Kurschanie) et cherchent à inquiéter notre flanc droit pendant la marche, le maréchal ordonne d'envoyer un détachement à Korczany; le major de Steinmetz en reçoit le commandement.

23 décembre.

Le corps du général York continue sa marche sur Szawle et à partir de ce point se divise en deux colonnes : l'une, avec le général de Kleist, marche par Kurtowiani et Wenghowa sur Koltiniany; l'autre sous le général d'York, par Podubiecz et Kelm sur Nimokst.

La colonne du général de Kleist parvient aujourd'hui à Kurtowiani, celle du général d'York à Podubiecz.

Le major de Steinmetz a été, après son arrivée à Korczani, attaqué par l'ennemi et l'a repoussé.

24 décembre.

Le corps continue sa marche en deux colonnes; celle commandée directement par le général York jusqu'à Kelm, celle du général de Kleist sur Wenghowa. Pendant sa marche, le général Kleist rappelle à lui le détachement du major Steinmetz.

Le général Kleist se plaint de la fatigue extraordinaire de ses troupes qui ne pourront demain atteindre Koltiniani qu'au prix des plus grands efforts.

25 décembre.

D'après l'ordre de mouvement du 22, le corps devait continuer sa marche en deux colonnes; mais par un ordre du 24, le maréchal, ignorant la direction exacte de la ligne d'opérations du général Wittgenstein, prescrit que les troupes commandées par le général d'York formeront une seule colonne et marcheront sur Koltiniani.

Le maréchal ajoute que tout combat séparé doit être évité jusqu'à ce que le 10e corps tout entier ait été concentré à Tauroggen et se soit refait.

En conséquence de l'ordre précédent, les deux colonnes, passant par Kroschi, où les chemins se réunissent, continuent leur marche vers Koltiniani.

Jusque-là, le convoi, qui avait été réparti entre les deux colonnes, avait eu la plus grande peine à suivre les troupes. Déjà maint cheval s'était abattu et mainte voiture brisée était restée abandonnée. Les troupes, en partant de Mitau, avaient placé leurs vivres partie sur les voitures du train, partie dans celles de rechange, parce qu'il n'y avait pas de magasin à Szawle et que la contrée que le corps avait à traverser dans sa retraite ne présentait pas les ressources nécessaires à l'alimentation d'une telle quantité de troupes uniquement par le système des réquisitions. De plus, le grand nombre de malades que l'on avait emmené de Mitau et ceux que donnèrent bientôt les fatigues de la marche, les bivouacs et un froid de 24 degrés augmentèrent le train dans de telles proportions, que le convoi seul de la colonne de Kleist tenait une longueur de près d'un mille, ce qui entravait considérablement la mobilité du corps. Enfin, le pays où nous entrons fait partie d'un plateau assez élevé et coupé de nombreux ravins formant défilés de sorte qu'en hiver, par la neige et la glace, il n'est pas possible de penser à faire marcher en bon ordre et à diminuer de quelque manière la longueur des colonnes.

Cette situation se présentait pour nous d'une manière très désavantageuse, et malheureusement le sort du corps en dépendait. La colonne du général Kleist avait même un plus court trajet pour arriver à Koltiniani que celle du général York. Il arriva ainsi que les troupes de la colonne de gauche, séparée de la première par ses voitures, ne purent se réunir à elle au moment opportun. En effet, lorsque la tête de la colonne de Kleist, qui ne se composait que de quatre bataillons, de deux escadrons et d'une batterie, arriva à un demi-mille de Koltiniani, elle donna inopinément sur le corps ennemi du général Diebitsch, qui déploya aussitôt une force de cavalerie bien supérieure à la nôtre (1). Le général de Kleist se trouva ainsi surpris dans un vallon étroit, complètement dominé par les hauteurs voisines qu'occupait l'ennemi. Une reconnais-

---

(1) Le général Diebitsch s'était séparé de l'armée de Wittgenstein dans les environs de Vilna, et, avec les hussards de Grodno et trois régiments de Cosaques (soit environ 1.200 chevaux), une demi-batterie à cheval et les débris d'un bataillon de chasseurs, comptant de 120 à 150 hommes, il avait pris la direction de Memel pendant que Wittgenstein marchait sur Tilsit. Il se proposait d'attaquer Macdonald et de l'arrêter, ou bien, si le maréchal était déjà passé, de marcher sur Memel et de l'investir. Diebitsch n'avait aucune nouvelle de Macdonald, et, suivant la route de Mitau à Tilsit, il avait passé le jour précédent le point de Koltiany et était parvenu jusqu'à Laskow (Laschkowo), d'où il fit battre le pays environnant. Il apprit ainsi qu'un nombreux corps prussien était en arrière ; il se retourna contre lui.

sance rapide lui fit voir qu'une attaque, malgré le bon vouloir des troupes, par suite de leur état d'épuisement et de la difficulté de déployer la colonne, n'aboutirait qu'à un sacrifice de braves gens inutile. Il utilisa donc les bonnes dispositions du général russe pour parlementer (1), afin de gagner du temps jusqu'au soir, espérant voir arriver le général York. Pendant ce temps, les troupes restèrent tranquilles en présence l'arme au pied.

A la colonne du général d'York, on avait appris pendant la marche la fâcheuse nouvelle, que l'arrière-garde et le convoi avaient été attaqués par des troupes ennemies appartenant au détachement du lieutenant général de Lœwis, qui nous avait suivis depuis Riga. Le général York fit renforcer l'arrière-garde; lui-même continua la marche avec le reste de la colonne et fit heureusement le soir sa jonction avec le général Kleist. Le corps bivouaqua près de Kiaukaleck, l'arrière-garde plus en arrière.

A partir de ce jour, le général York ne reçut plus aucun ordre du maréchal, et ni les patrouilles de cavalerie assez fortes, ni le lieutenant Norelly, que le général seul envoya, ne purent parvenir jusqu'au maréchal ou avoir de ses nouvelles; tous revinrent sans avoir réussi. Le maréchal avait cependant marché ce jour-là de Szelell, par Pojur, vers Wainuty avec la colonne de Massenbach; il manquait ainsi lui-même au rendez-vous donné au général York.

Le général York se vit ainsi abandonné à lui-même et se trouva sous plusieurs rapports dans une cruelle perplexité. Car, en admettant qu'il lui eût été aisé de

---

(1) Les généraux russes savaient déjà, en marchant sur les Prussiens, qu'ils pouvaient séparer ceux-ci des Français et les amener à parlementer.

se jeter sur le général Diebitsch et d'échapper au général Lœwis, en sacrifiant son pain et ses malades, il lui semblait aussi que le moment était venu pour la Prusse d'abandonner son allié ennemi et de s'allier de nouveau à son vieil ami naturel. Dans l'espoir de voir à tout instant arriver par la route de Memel le major de Seydlitz attendu de Berlin, le général York continua avec le général Diebitsch les négociations, par lesquelles, sans signer à proprement parler de suspension d'armes, les hostilités devaient être suspendues aussi bien par Diebitsch que par le général Lœwis jusqu'à la conclusion d'une trêve.

Le major et aide de camp comte Henkel de Donnersmark fut envoyé par Memel à Berlin, pour renseigner Sa Majesté sur la situation du corps et pour la préparer en même temps aux événements qui pouvaient se produire (1).

26 décembre.

Le corps se dirige sur Bartaschischek, où il arrive très fatigué dans la nuit par un chemin difficile, étroit et coupé, et s'installe au bivouac. Pendant la marche, on voit au loin sur les hauteurs à droite et à gauche des Cosaques, qui semblent observer la direction que nous suivons.

A Bartaschischek, on rend compte au général York que le convoi du corps ne peut plus suivre et que l'arrière-garde a été obligée de s'arrêter à un mille et demi de la colonne; le nombre des malades et des traînards augmente toujours.

---

(1) Il se rencontra dans la nuit du 28 à Memel, avec le major de Seydlitz, et arriva le 2 janvier à Berlin.

27 décembre.

Le corps ne peut quitter Bartaschischek qu'à midi, parce qu'il a dû attendre son convoi pour se ravitailler avant le départ. Il va aujourd'hui jusqu'à Szelell, où il n'arrive qu'à la nuit pour bivouaquer.

Cette marche avait été au plus haut point pénible par des chemins défoncés; elle avait été plus fatigante encore pour l'escorte du convoi qu'accompagnait une nuée de Cosaques.

28 décembre.

Le 28, le corps quitte Szelell de bonne heure et marche sur Tauroggen, où il arrive le soir et cantonne en partie. Le convoi reste encore en arrière.

Le point de ralliement donné par le maréchal était donc atteint, et le général York aurait pu s'attendre à trouver ici, comme une reconnaissance poussée en avant, les 16 escadrons de cavalerie et les 16 pièces d'artillerie à cheval laissés à la disposition du maréchal. Au lieu de cela, il apprit que le maréchal (après le combat de Pietupœmen livré le 26 à l'avant-garde de Wittgenstein par la cavalerie prussienne, qui avait fait subir à l'ennemi des pertes sensibles et avait rouvert la route de Tilsit), s'était retiré derrière le Memel et y avait pris position. Le général York ne voulait donner qu'un seul jour, le 29, de repos aux troupes, pour permettre aux voitures du train et de l'ambulance de rejoindre, et il se proposait de reprendre le 30 la marche sur Tilsit, quand le major de Seydlitz qu'on n'attendait plus arriva de Berlin. Celui-ci, arrivé à Berlin dans la matinée du 13, avait dans la nuit du 21 obtenu de revenir à son poste.

Au moment de son départ, on ignorait encore à Berlin la complète destruction de l'armée française; on ne savait pas non plus avec quelque certitude quelles étaient les résolutions du cabinet de Vienne sans lesquelles on manquait de base ferme pour engager des négociations. Tout ce que le général York put savoir, c'est que le Roi était décidé à s'en tenir au traité si souvent violé par Napoléon, aussi longtemps que d'autres événements n'auraient pas donné plus clairement une nouvelle orientation à la politique de l'Etat (1).

Le général York connaissait ainsi, au moins dans ses grandes lignes, les instructions du Roi son maître. Le major Seydlitz avait de plus, dans son voyage par Kœnigsberg, vu de ses propres yeux la décomposition de l'armée française et appris du général Bulow la défiance qu'inspirait déjà aux Français la conduite des Autrichiens, qui, à la suite de négociations, s'étaient retirés jusqu'à Bialistock (2). Se souvenant des pleins

---

(1) Les raisons légitimes et suffisantes qu'avait le roi pour rompre l'alliance ont été exposées tout au long dans l'écrit officiel intitulé : *Conduite de Napoléon envers la Prusse depuis le traité de Tilsit, d'après des documents authentiques.* Elles n'ont plus besoin de démonstration devant l'histoire. Mais le motif qui pouvait être opposé à l'empereur Napoléon lui-même de la manière la plus éclatante était sa propre déclaration, lorsqu'en l'année 1806, à Potsdam, il rompit les négociations déjà presque terminées :

« L'autorité de cette loi, qui doit être plus chère aux maîtres des peuples que tous les droits écrits, l'intérêt général, le dégage de la parole donnée. » (Lucchesini : *Causes et effets de la Confédération du Rhin.*)

(2) Lire à ce sujet l'ouvrage souvent cité du général Guillaume de Vaudoncourt, pages 307-326.

Voici quelques détails sur mon retour :

« Je partis le 24 au soir pour Kœnigsberg et me rendis dès le lendemain chez le général Bulow, pour lui remettre les lettres et les ordres apportés de Berlin. Comme je le priais de venir avec moi chez le roi de Naples, pour avoir des nouvelles de la marche du 10e corps, il refusa, sous prétexte que ce prince ne cessait de le tourmenter en lui demandant de joindre à l'armée française les troupes déjà rassemblées dans le gouvernement de Prusse. Ce général avait, en effet, au moyen de soldats exercés et envoyés

pouvoirs et de la confiance dont son souverain l'avait honoré l'année précédente, le général York, inspiré par les événements, dit alors les paroles suivantes :

C'est aujourd'hui ou jamais le moment où, par une décision rapide, la Prusse peut changer la politique de l'Europe et rendre au roi et à la patrie leur indépendance.

---

en congé illimité rappelés par ordre supérieur, avec l'aide d'officiers en demi-solde, presque complètement formé déjà huit bataillons de réserve à 800 hommes à Graudenz et porté au même effectif les vieux bataillons de cette place; il avait également retenu les escadrons et compagnies de marche provenant des provinces éloignées et destinées au corps mobilisé, en attendant des nouvelles du général York. Il me raconta tout ce qu'il avait appris soit par les commandants militaires à la frontière, soit par les fonctionnaires civils, ou par ses agents particuliers des armées française, autrichienne et russe.

» J'allai alors chez le président supérieur, M. l'intendant d'Auerswald, pour lequel j'avais également des commissions, et je le priai de me présenter au roi de Naples et au prince de Neuchâtel, qui habitaient avec lui au château. M. l'intendant d'Auerswald accueillit favorablement ma demande, et nous fûmes reçus par le roi avec une politesse démonstrative. Il commença par s'informer avec empressement de la santé de Sa Majesté mon maître, disant qu'il s'estimait heureux de le connaître personnellement, qu'il l'honorait et l'aimait pour ses grandes vertus et qu'il ne cesserait d'être fidèlement son ami personnel, même si la politique des Etats venait à changer. Puis il ajouta : « Nous avons fait de grandes pertes en Russie, non par l'ennemi, mais par le froid. Elles ne sont cependant pas irréparables, et quand j'aurai rallié à moi le 10e corps, qui s'est mis en retard, Dieu sait où, je me porterai au-devant des Russes et je les rejetterai sur Vilna. Leur cavalerie seule est en bon état, leur infanterie est ruinée comme la nôtre (de l'artillerie, il n'en parlait pas). L'Empereur a demandé à votre Roi 30.000 hommes pour renforcer le corps auxiliaire; je ne doute pas un instant que le roi ne réponde aux justes désirs de l'Empereur. M. de Bulow doit avoir déjà réuni de 10 à 12.000 hommes; avec ce renfort, le corps prussien constituera une force indépendante, et je me réjouis d'avance d'avoir pour compagnon d'armes le général York, dont j'ai entendu tant vanter les talents militaires. Sa mésintelligence avec le duc de Tarente m'a vraiment peiné. Le duc est le plus aimable homme de France, mais il est violent, et il pardonne plutôt une offense qu'il a reçue, qu'il ne répare un emportement dont il est l'auteur. Je le connais depuis l'Italie. » (Je ne sais pas ce qu'il a voulu dire là-dessus.)

» Il parla encore de choses indifférentes, nomma et loua plusieurs officiers subalternes des deux régiments de cavalerie qui avaient été avec lui à Moscou, et tout particulièrement le major de Wer-

Que le général York se réunisse à Macdonald, et les débris restés debout de l'armée française et les 10 à 12.000 Prussiens rassemblés par le général Bülow se portent en ligne : cela est incontestable; les Russes qui avaient besoin de repos autant que les Français auraient alors cherché à se refaire derrière le Niémen; et la Prusse aurait payé les frais de la réorganisation de l'armée française. Napoléon aurait fait du pays une grande place d'armes, où il n'aurait rien eu à payer et dont il aurait d'autant plus demandé, et l'armée française, qui combattait le 2 mai à Gross-Gœrschen aurait été prête à se battre à la fin de ce mois et peut être plus tôt sur le Niemen.

Ces considérations décidèrent le général York à revenir sur l'ordre déjà donné de marcher sur Tauroggen et à demander au général Diebitsch une entrevue pour le lendemain aux avant-postes au moulin du village de Poscherun.

L'entrevue eut lieu le 30 : on y signa la convention suivante, dont la rédaction fut confiée au lieutenant-colonel de Clausewitz pour la Russie et au major de Seydlitz pour la Prusse. Outre ces officiers, le général

---

der ; il donna des regrets à la mort du brave colonel de Czarnowsky; enfin il nous adressa à Berthier, qui nous reçut également avec une parfaite politesse, mais avec moins de vivacité que le roi. Lui aussi parla des avantages qui résulteraient pour le roi de Prusse et pour le corps lui-même du renforcement du corps prussien, et s'ouvrit à peu près dans le même sens que le roi sur les dissentiments qui s'étaient produits entre le général York et le maréchal Macdonald, ajoutant de plus qu'il était persuadé qu'ils s'embrasseraient tous deux comme des frères sur le prochain champ de bataille. Enfin, il me conseilla, pour aller rejoindre le général York, de prendre par la Curische-Nehrung et Memel, où, en tout cas, je trouverais certainement des nouvelles. Mais, à Memel, je trouvai le général russe Paulucci, lequel, déjà renseigné sur le but de ma mission à Berlin, m'autorisa le 28 au matin à continuer mon voyage. J'atteignis le soir du même jour l'arrière-garde du corps à Szelell, et arrivai le lendemain matin à Tauroggen. »

York avait amené le colonel de Rœder et le général Diebitsch le major comte Dohna (1) :

Convention.

A la date de ce jour, entre les deux soussignés d'York, lieutenant général royal prussien et général commandant le corps auxiliaire prussien de l'armée française, et de Diebitsch, major général impérial russe et quartier-maître général de l'armée du comte Wittgenstein, a été discutée et signée la convention suivante :

Article 1er. — Le corps prussien occupe la partie du territoire royal comprise entre la ligne frontière Memel-Nimmersatt et le chemin de Woinuta (Wainuty en lithuanien) à Tilsit; à partir de Tilsit, la route de Labiau par Schillupischken et Melauken, les villes situées sur cette route comprises, forme la limite du territoire qui est abandonné au corps prussien. Le Curische-Haff borne de l'autre côté cette région, qui, pendant l'occupation prussienne, est déclarée neutre et sera considérée comme telle.

Les troupes impériales russes conservent cependant le droit de passage par les routes frontières indiquées ci-dessus, mais il leur est interdit de cantonner dans les villes.

Article 2. — Le corps prussien reste neutre sur le territoire indiqué dans l'article précédent, jusqu'à ce qu'il ait reçu les ordres de S. M. le roi de Prusse; mais il s'engage, si Ladite Majesté ordonne que le corps rallie l'armée française, à ne pas servir contre l'armée impériale russe pendant une période de deux mois comptés à partir de ce jour.

Article 3. — Si S. M. le roi de Prusse ou S. M. l'empereur de Russie refusent leur haute approbation, il sera laissé à la disposition du corps une route absolument libre par la ligne la plus courte, pour se rendre au point assigné par S. M. le roi.

---

(1) Il convient de remarquer cette particularité que ces trois officiers russes étaient nés Prussiens. Le général Diebitsch avait été élevé à l'Ecole des cadets de Berlin et était passé plus tard avec son père du service prussien au service russe. Le lieutenant-colonel de Clausewitz et le major comte Dohna n'avaient quitté qu'au début de cette guerre le service prussien, pour passer à celui de la Russie. Ils revinrent tous deux, la guerre terminée, au service prussien, et rentrèrent dans leur patrie, où ils devinrent généraux. Le premier fut directeur de l'Ecole de guerre.

Corps prussien.

Article 4. — Les traînards prussiens, quels qu'ils soient, et tout le matériel militaire qui pourrait être resté sur la route de Mitau, seront rendus au corps sans condition; de plus, tous les services de l'administration et du train, qui, de Kœnigsberg et à travers les armées impériales russes, veulent rejoindre le corps prussien, recevront le passage libre.

Article 5. — Si les ordres du lieutenant général d'York peuvent encore parvenir au lieutenant général de Massenbach, les troupes commandées par ce général, ainsi que toutes autres troupes prussiennes et branches de l'administration y appartenant, qui voudraient adhérer à ces conditions, sont comprises dans la présente convention.

Article 6. — Si les troupes prussiennes du détachement du lieutenant général de Massenbach devaient être faites prisonnières par les troupes impériales russes commandées par le major général de Diebitsch, elles seraient encore comprises dans cette convention.

Article 7. — Le corps prussien a le droit de se faire nourrir régulièrement par les autorités provinciales du pays, même si le siège de ces autorités était occupé par les troupes impériales russes.

La présente convention est dressée en double expédition, signée par les contractants et certifiée au sceau de leurs armes.

Moulin de Poscherun, le 18/30 décembre 1812.

D'York,	DE Diebitsch,
Lieutenant général royal prussien.	Major général impérial russe.

Le coup était porté; il n'était pas possible de revenir en arrière. Dieu soit loué, que le fait ait eu lieu et qu'il ait été inscrit comme un événement dans l'histoire, quoi que l'envie et la médisance aient pu faire pour l'amoindrir ! Sa plus belle apologie est sortie de la bouche même de Napoléon, lorsqu'il répondit à l'envoyé prussien : « La défection du général York peut changer la politique de l'Europe », et il demanda aussitôt à son Sénat l'appel de 350.000 recrues.

Ce que M. de Liebenstein a écrit là-dessus plus tard

est si bien et si vrai que je ne puis m'empêcher de le reproduire ici textuellement :

De Pradt a dit, dans son livre si plein d'esprit sur le congrès de Vienne, que, de tous les hommes de ce temps, *c'était le général d'York qui avait frappé le coup plus grand* et le plus décisif. Cette appréciation est absolument juste à tous les points de vue. *Aucun mortel n'a peut-être plus et mieux fait pour renverser la tyrannie de Napoléon* que le général d'York. Son acte fit sur le peuple prussien l'effet d'une décharge électrique. Ce fut aussitôt comme une révélation du sentiment puissant dont chaque cœur était rempli. Au feu de l'enthousiasme qui s'était jusqu'alors dépensé dans des tâches ingrates, s'alluma la perspective brillante et rapprochée d'une riche moisson de gloire (1).

Il aurait certes pu ajouter : « Et chaque Prussien sentit aussitôt et se rendit compte que le général York, en agissant ainsi, ne pouvait qu'être en communion d'idées avec son Roi! »

Le corps prussien accueillit la convention avec transports et le major de Thile II de l'état-major fut envoyé à Berlin pour en porter la nouvelle à Sa Majesté. Le général York terminait son rapport par les mots suivants :

Je suis prêt, si j'ai failli, à mettre ma tête aux pieds de Votre Majesté; mais je mourrai du moins avec la joie consolante de n'avoir pas manqué aux devoirs d'un fidèle sujet et d'un vrai Prussien.

C'est aujourd'hui ou jamais pour Votre Majesté le mo-

---

(1) C'est que dans aucun pays l'opposition contre Napoléon ne s'était propagée si tôt et n'avait pénétré si profondément qu'en Prusse. Napoléon, en annonçant la bataille d'Iéna, avait eu cette raillerie amère : « La bataille d'Iéna, dit-il, a effacé la honte de Rossbach, et en sept jours a été décidée une campagne qui a entièrement dissipé cette folie guerrière qui s'était emparée des têtes prussiennes. »

Malgré cela, mainte tête folle continua à lutter contre lui en Autriche, en Espagne, en Portugal, en Russie, et, de son vivant même, Belle-Alliance (Waterloo) a été la revanche d'Iéna.

ment de rompre avec les exigences d'un allié arrogant, dont les desseins, si la fortune lui restait fidèle, seraient dans leur obscurité même une source d'inquiétude et d'appréhension pour la Prusse. Telles sont les vues qui m'ont dirigé : Dieu veuille qu'elles soient le salut de la patrie!

Restait à accomplir une tâche difficile non pas tant pour informer secrètement le général Massenbach de cette convention, que pour prévenir toutes les difficultés qui pouvaient se produire de la part des troupes ou du maréchal au moment de la séparation. En tout cas, voulant avoir seul la responsabilité de l'acte, le général transmit au général Massenbach son invitation sous la forme très nette d'un ordre; il faisait remarquer seulement que le major de Seydlitz venait d'arriver de Berlin.

Dans la nuit même, arriva par une lettre autographe la réponse du général Massenbach, disant qu'il adhérait à la résolution du général York, qu'il s'empressait d'en informer les avant-postes russes; il demandait seulement du général d'aller au-devant de lui avec le reste de son corps jusqu'aux environs de Tilsit. Le lieutenant de Brandenstein de l'état-major fut aussitôt envoyé à Tilsit, pour convenir de ce qu'il fallait avec le général Massenbach. Il arriva, pendant ce temps, que le général Massenbach parvint à quitter Tilsit dans la matinée du 31 d'une manière aussi habile que peu commune. A la nouvelle que le maréchal appelait à lui à Tilsit la 7ᵉ division, ce qui pouvait être regardé comme une marque de suspicion, aussi bien que comme un indice de départ, on se trouva forcé d'accomplir au plus vite ce que l'on était résolu de faire. On réunit les officiers supérieurs et l'on vota l'adhésion au général York, après un moment de stupeur et malgré l'hésitation de quelques chefs. Il est inconcevable que la réunion des troupes, qui eut lieu non sans quelque bruit après le conseil, ait pu passer inaperçue du maréchal et de son entourage. Un aide de camp, qui avait surpris quelque chose, se contenta de la réponse improvisée que lui fit un sous-officier : que l'on voulait faire relever les piquets par des hommes sûrs.

Les troupes sous les ordres du général York n'arrivèrent aujourd'hui qu'à Baubeln, Schaken, etc. Le quartier général fut établi au logis de Polumpen, entre Wilkischken et Lumpœhnen (1).

Le maréchal Macdonald venait de se mettre à table pour déjeuner le 30 à 10 heures suivant l'habitude française, quand le général Bachelu entra pour annoncer qu'il était arrivé avec sa brigade. Irrité de son retard, le maréchal s'emporta contre lui et l'empêcha de parler; lorsqu'il put enfin reprendre la parole, le général continua en ces termes :

Après être arrivé avec l'infanterie au rendez-vous que j'avais assigné et avoir attendu en vain près d'une demi-heure l'artillerie et la cavalerie prussiennes, je fus obligé d'envoyer un de mes officiers d'ordonnance à un village qui n'était pas très éloigné et où se trouvait l'artillerie. L'officier ayant demandé au commandant de cette troupe pourquoi il ne venait pas, celui-ci répondit qu'il ne quitterait pas ses cantonnements avant que le corps d'York ait paru, parce qu'il ne voulait en aucun cas abandonner son général.

Le maréchal écouta ce récit avec beaucoup d'attention et une mine inquiète, et, lorsque le général eut terminé, il s'écria :

— Vraiment, je l'avoue, c'est extraordinaire! Mais au moins la cavalerie est là?
— Pas un homme! reprit le général Bachelu.

---

(1) On vit alors de curieux spectacles. Les troupes prussiennes et russes, en se rencontrant, se saluaient joyeusement en poussant des hurrahs, et on avait de la peine à les séparer. Les Cosaques se faisaient remarquer par leur chaleureux enthousiasme.

Le maréchal donna immédiatement l'ordre de faire appeler le général Massenbach. Il n'avait pas fini, que le chef de bataillon Marion entrait dans la chambre et lui remettait les lettres des généraux York et Massenbach (1). La certitude maintenant acquise du soupçon qu'il avait déjà conçu parut impressionner vivement le maréchal, qui donna ordre que la 7ᵉ division se tînt immédiatement prête à marcher. Cependant, le lieutenant de Korff, commandant les dragons d'ordonnance prussiens au quartier général du duc de Tarente, spectateur muet de cette scène, se trouvait dans une situation pénible et embarrassante. Le maréchal se conduisit à son égard avec un grand tact. Après lui avoir dit de faire réunir son peloton (qui se composait de 2 sous-officiers et de 30 hommes du régiment de dragons n° 1), il le força en termes pleins de cordialité d'accepter un présent pour lui et pour ses hommes, et le remercia de la fidèle escorte qu'il lui avait fournie pendant toute la campagne; puis, il le pria de saluer de sa part plusieurs officiers du corps qu'il lui nomma, et prit enfin congé de M. de Korff, qu'il embrassa avec émotion, en lui disant :

Les choses prennent une tournure telle que vous ne pouvez

---

(1) Le général York disait dans sa lettre :

« Les troupes prussiennes formeront un corps neutre et ne se permettront d'hostilités envers aucun parti. Les événements à venir, suite des négociations qui doivent avoir lieu entre les puissances belligérantes, décideront sur leur sort futur.

» Je m'empresse d'informer Votre Excellence d'une démarche à laquelle j'ai été forcé par des circonstances majeures. Quel que soit le jugement que le monde portera sur ma conduite, j'en suis peu inquiet. Le devoir envers mes troupes et la réflexion la plus mûre me la dictent.

» Les motifs les plus purs, quelles que soient les apparences, me guident.

» En vous faisant, Monseigneur, cette déclaration, je m'acquitte des obligations envers vous et vous prie d'agréer, etc.

» Tauroggen, ce 30 décembre 1812. »

plus rester près de moi; allez avec votre peloton de l'autre côté du Memel, où vous trouverez votre corps et votre régiment. Peut-être la situation changera-t-elle encore : alors nous nous reverrons bientôt, vraisemblablement. Si c'est le contraire, nous nous retrouverons au champ d'honneur. Adieu !

Mais le maréchal ne se contenta pas de renvoyer libres le peloton de dragons et sa garde d'infanterie prussienne; il ordonna encore, lorsque M. de Korff lui fit connaître le fait, de mettre immédiatement en liberté l'officier d'ordonnance prussien du général Bachelu, que ce général avait fait arrêter; enfin, sur l'intervention de M. de Korff, il fit rendre à un bourgeois de Tilsit par un lieutenant-colonel polonais le cheval que cet officier avait emmené l'été précédent et que le propriétaire avait reconnu.

Lorsque le lieutenant de Korff, abandonnant les troupes de la 7ᵉ division, eut franchi la porte de la ville, il se dirigea vers le Memel avec son détachement. Arrivé de l'autre côté de cette rivière, il rencontra le général russe Diebitsch, qui le prit à part et lui demanda de lui servir en quelque sorte de garde de police, pendant la marche des troupes russes à travers le pays.

Le maréchal marcha ce jour-là neuf heures de suite, par un temps de dégel et des chemins affreux, et arriva au bourg de Mehlauken, où les troupes, pour la plupart épuisées depuis la veille, s'installèrent au bivouac.

Par suite d'un malentendu, le général Schepelew, commandant de l'avant-garde du corps de Wittgenstein, débouchant par Ragnit et chargé de la poursuite de la 7ᵉ division, au lieu de marcher sur Szillupischken, se dirigea sur Szillen et s'y arrêta. Cette erreur sauva la 7ᵉ division d'une destruction, que la fatigue des troupes rendait inévitable. Le premier janvier, la 7ᵉ division se porta par le Baumwald à Augstagurren, d'où elle repartit le lendemain par Labiau pour Kœnigsberg.

RAPPORT SUR LA RETRAITE DES TROUPES COMMANDÉES PAR LE LIEUTENANT GÉNÉRAL DE MASSENBACH, DES ENVIRONS DE MITAU A TILSIT.

Le 19 décembre au matin, le 2º bataillon du régiment nº 1, le 1ᵉʳ bataillon du régiment nº 4, le bataillon de fusiliers nº 5, la batterie à cheval nº 2 et deux escadrons du régiment de dragons nº 2 quittèrent la position de Zukauschen, conformément aux ordres donnés, et se mirent en marche vers Tschege-Platon et villages voisins.

Le 20, ils se rendirent à Janischky et lieux environnants. En arrivant à Janischky, on reçut du maréchal duc de Tarente l'ordre d'envoyer immédiatement un bataillon et un escadron à Szagori ou à Schugarren, pour protéger le convoi des troupes prussiennes qui venaient d'Eckau, avec une partie de celui de la division Grandjean, et l'escorter jusqu'à Kurczan; ces voitures semblaient au maréchal très exposées, et elles auraient dû être, d'après lui, le 20 et non le 19 à Schugarren. Je désignai pour ce détachement le 2ᵉ bataillon du régiment nº 1 et l'escadron du capitaine de Prinz, du régiment de dragons nº 2.

Le 21, les troupes, réduites à deux bataillons, un escadron et une batterie, allèrent à Meschkutz et environs.

Le 22, on se porta par Schaulen à Kurczan (Kurschainen), où je fus rejoint par le 2ᵉ bataillon du régiment nº 1 et l'escadron de Prinz; de là, je fis partir le convoi, escorté jusqu'à Kurczan par ces troupes, sous la protection du 1ᵉʳ bataillon nº 2 et de 50 hussards du régiment nº 1, par Sloboda, Wenghowa, Kroszi, Koltiniany, Pojur et Coadjuten, en Prusse.

Le 23, les trois bataillons, les deux escadrons et la batterie à cheval se portèrent par Sloboden à Wenghowa et environs.

Le 24, par Kroszi, à Koltiniany et environs. A Kroszy, le lieutenant de Rudger fut commandé avec vingt dragons du régiment nº 2, pour porter à Kielmi (Kelm) une lettre du maréchal au lieutenant général commandant d'York. Cet officier parvint à sa destination, mais en partit à 10 heures du soir, n'ayant pu recueillir aucune information sur le corps du général d'York. De petites patrouilles de cavalerie furent également envoyées pendant la nuit; l'une d'elles, composée de trois dragons du régiment nº 2, se vit enlever dans la soirée deux hommes par un poste de Cosaques tout près de Koltiniany. Le bataillon de Koltiniany fut aussitôt rassemblé dans les maisons places d'alarme, et les autres troupes furent immédiatement averties de ce qui se passait.

Pendant la marche de Wenghowa à Koltiniany, le maréchal avait envoyé l'ordre de faire partir pour Sczelell les deux escadrons de dragons du régiment n° 2, dès que les chevaux auraient mangé à Koltiniany. Je rappelai alors le lieutenant de Brederlow qui, avec 50 hussards du régiment n° 1, avait été chargé de l'escorte du convoi.

Le 25 décembre, on alla par Sczelell à Ober-Pojur. A Sczelell, on rallia les deux escadrons de dragons qui précédaient la colonne, et le détachement de 50 hussards fut, par ordre du maréchal, envoyé à Woinuta (Wainutten). Entre Koltiniany et Sczelell arriva un officier d'ordonnance du maréchal avec une dépêche au lieutenant général d'York, que le guide Schulemann, escorté de cinq hussards, devait porter à Koltiniany; mais cet homme, trouvant la campagne de Bartischek déjà occupée par de forts détachements de cavalerie ennemie, fut obligé de rebrousser chemin.

Je commandai alors le capitaine de Weiss, du régiment de dragons n° 2, avec 6 sous-officiers, 2 trompettes et 50 dragons, pour passer coûte que coûte et remettre cette dépêche au général à Koltiniany. Pour plus de sûreté, on ouvrit la lettre, et copie en fut remise au lieutenant de Knobloch, qui faisait partie de ce peloton, afin que, si le capitaine de Weiss tombait, cette copie pût encore être sauvée et remise.

Dans la nuit du 25 au 26, à 2 heures, revint le capitaine de Weiss, qui rendit compte qu'à Koltiniany et environs, il avait trouvé, au lieu des troupes du général d'York, de forts postes ennemis; qu'il s'était engagé avec eux, et qu'après avoir perdu cinq chevaux et un homme, il avait dû se retirer.

J'envoyai ce rapport au maréchal par le lieutenant de Canitz et je me mis en marche.

Le 26 décembre, on arriva à Coadjuten, en passant par Wainuti. Le maréchal y avait établi son quartier général; j'y fus rejoint par le 1er bataillon du régiment n° 2, qui avait heureusement escorté le convoi depuis Korczan jusqu'à cette localité. Tout le train, réuni à Coadjuten, fut placé sous les ordres du colonel du génie Blein et organisé comme un régiment. Pendant la marche entre Pojur et Wainuti avait été rencontré un aide de camp porteur d'une dépêche du maréchal au lieutenant général d'York, laquelle devait être portée à Tauroggen au général de division Grandjean et transmise par ce général. Le lieutenant de Radecke, du régiment de dragons n° 2, reçut cette mission et partit avec trente chevaux pour Tauroggen. A Coadjuten, le maréchal reçut la nouvelle que trois escadrons du régiment de dragons n° 1, avant-garde du général de brigade Bachelu, avaient donné à Piktupoehnen sur des troupes russes, les avaient attaquées avec habileté et résolution et leur avaient pris un canon et deux bataillons du 23ᵉ régiment de chasseurs.

« Rapport particulier du lieutenant-colonel de Treskow

» J'ai l'honneur d'adresser respectueusement à Votre Excellence la relation du combat livré le 26 de ce mois.

» Le régiment confié à mon commandement et deux escadrons du régiment de hussards n° 1 faisaient ce jour-là l'avant-garde du détachement, qui, sous les ordres du général français Bachelu, marchait sur la route de Tilsit. Arrivés à un demi-mille du village de Klein-Piktupoehnen, nous apprîmes par quelques vedettes ennemies tombées entre nos mains que ce village était occupé par deux bataillons et environ trois escadrons russes. Les déclarations des gens du pays s'accordant avec la leur, il n'était plus possible de garder le moindre doute. Le général Bachelu prit les dispositions nécessaires, et sur son ordre la cavalerie partit au trot contre Piktupoehnen, d'où l'ennemi sortit aussitôt, précipitant sa retraite par la route de Tilsit. Pour le joindre, je fis une conversion à gauche, appuyant ma droite à Klein-Piktupoehnen, et je poursuivis dans la direction prise. En me voyant approcher avec l'avant-garde, l'ennemi fit halte, plaça sa cavalerie à son flanc droit, et le dernier bataillon forma le carré. Pour rendre l'attaque plus décisive, je dirigeai un escadron de mon régiment par un demi-à-droite sur le flanc gauche du carré ennemi; le troisième escadron marcha droit devant lui, en prenant pour point de direction le flanc droit de l'infanterie directement opposée. Ces deux escadrons se portèrent parallèlement en avant, puis, conversant à droite et à gauche, ils chargèrent contre le carré. Après une résistance énergique, le bataillon, une pièce et un caisson tombèrent entre nos mains. Pendant ce temps, le deuxième escadron de dragons et un escadron de hussards poursuivaient la cavalerie ennemie, qui s'enfuit, abandonnant le bataillon de tête, lequel fut pris avec beaucoup de cavaliers. Le général arriva alors avec l'artillerie, canonna quelque temps encore l'ennemi en retraite; puis il prit position près de Klein-Piktupoehnen. Quelque glorieuse que cette victoire ait été pour nos armes, je n'en ai pas moins fait, ainsi que mon régiment, une perte bien sensible. Le capitaine de Manstein est tombé victime de son audace en chargeant l'infanterie ennemie; il fut tué d'une balle à la tête.

» Gross-Piktupoehnen, le 27 décembre 1812.

» DE TRESKOW.

» *Post-scriptum*. — Je reçois à l'instant du chef d'état-major de la 7ᵉ division, colonel de Nowitzky, en communication, l'ordre de remettre aux mains des Français les prisonniers, ainsi que les trophées. C'est ainsi que le maréchal a, en quittant Tilsit, emmené la pièce de canon et les prisonniers. Mais, comme je crois que, d'après la convention passée entre Sa Majesté et l'empereur des Français, ce que nous avons pris doit rester entre nos mains, je me permets de vous demander respectueusement que ce qui a été gagné par nous seuls ne puisse pas nous être enlevé.

» DE TRESKOW. »

Le 27 décembre, trois bataillons d'infanterie de ligne se portèrent à Ruken et à Schillgalln, un demi-bataillon de fusiliers et un peloton de dragons aux avant-postes à Ieksterken, une compagnie de fusiliers et un peloton de dragons sur l'ordre du maréchal à Schameitkehnen, sur la grande route de Tilsit à Memel; une compagnie de fusiliers et un petit peloton de dragons restèrent à Coadjuten. Dans la nuit du 27 au 28, une dépêche au général d'York, qui avait été envoyée par le guide Schulemann à Coadjuten, fut apportée par un aide de camp du maréchal. Conformément à l'ordre reçu, il attendit jusqu'à midi le général d'York et passa alors contre reçu la dépêche au pasteur de l'endroit, qui devait la remettre au général commandant à son arrivée. A Ruken, j'appris que le capitaine de Blankenbourg était entré avec un détachement de cavalerie à Tilsit où, conformément aux ordres reçus, il cantonnait le 28 décembre dans la ville et les faubourgs.

Le 29, des traîneaux chargés de nos malades et d'effets partirent pour Kœnigsberg par Heinrickswalde, Nemonin, Juwendt sur le Kurische-Haff et Labiau. Ils devaient y arriver en quatre jours. Le lieutenant de Plehwe fut désigné pour escorter avec vingt hommes du régiment d'infanterie de corps le convoi des malades, que le lieutenant de Wussow devait précéder avec quarante hommes du régiment n° 2 et quatre dragons, pour nettoyer des partis qui l'inquiétaient la campagne de Heinrickswalde, puis prendre poste à Rautenbourg. Les quelques voitures du corps prussien, qui, d'Eckau, s'étaient rendues à Tilsit par Schugarren, Kurczan et Pojur, furent, dans la matinée du 29, envoyées à Schillupischken, sous la conduite du capitaine de Schmalensee, du régiment n° 2; elles devaient atteindre Kœnigsberg en cinq jours. Les traîneaux, qui appartenaient à la 7e division, avec le capitaine français Diamant, ainsi que les fourgons et voitures de cette division, sous l'escorte de deux bataillons polonais commandés par le chef de bataillon Czembeck, devaient également le 29, avant midi, partir pour Kœnigsberg, en passant par Schillupischken, Melauken et Labiau. Mais, par suite de retards, ils restèrent ce jour-là à Kalkappen.

Le 30 décembre, les troupes firent séjour à Tilsit. Le capitaine de Prinz, du régiment de dragons n° 2, reçut seulement l'ordre de faire une reconnaissance par Eremeiten et Schaudienen sur la route d'Insterbourg.

J'appris à Tilsit qu'entre Paskalwen et Ragnit, trois escadrons du régiment de hussards n° 1 avaient eu un nouvel engagement avec les troupes russes; je profitai de cette occasion pour prier le maréchal d'exposer moins les troupes prussiennes.

Comme le général commandant m'avait instruit du nouvel état des choses, il fut décidé que l'on partirait en silence le 31 à 5 heures du matin avec les six bataillons qui se trouvaient à Tilsit, pour passer le Memel et marcher sur Baubeln, etc.; la cavalerie et l'artillerie qui étaient détachées reçurent l'ordre d'aller sur la route d'Insterbourg et au delà de Ragnit jusqu'aux premiers postes russes. Les troupes impériales russes furent averties, et on leur demanda de cesser toute hostilité. Le prince Repnin y consentit et en donna avis le 31 dès 3 heures du matin des avant-postes de Ragnit. Déjà on était sur le point d'arrêter les conditions nécessaires, quand je reçus avis du capitaine de Blankenbourg qu'il avait reçu du maréchal l'ordre de disposer dix bataillons polonais, deux bataillons bavarois et deux bataillons westphaliens, qu'on attendait incessamment, voire même la nuit, partie dans Tilsit, partie près de cette ville et sur le bord du fleuve dans des places d'alarme choisies d'avance. Bientôt après me parvint aussi l'ordre de mouvement, qui me fit connaître que la brigade du prince Radziwill, actuellement à Drangowsky et à Moritzkehmen, et celle du général Bachelu, à Paskalwen et Ragnit, étaient appelées à Tilsit et en partie déjà arrivées. On avait également amené sur les bords du fleuve des canons de la division Grandjean, que l'on avait établis en certains points; on avait enfin placé près des postes prussiens, aux points importants, par exemple au passage du Memel, près de nos deux batteries à cheval, de forts postes polonais et des compagnies entières.

Je crus donc prudent d'attendre jusqu'au 31 décembre au matin, parce que les mesures de précaution du maréchal, lesquelles pouvaient tout aussi bien être dirigées contre les troupes prussiennes, devaient naturellement avoir moins de force après le lever du jour. En conséquence, les commandants des régiments, bataillons et batteries furent avertis par moi à 7 heures et demie du matin de sortir de la ville à 8 heures et demie, l'infanterie en colonne serrée par bataillon, de passer le Memel et de se rassembler près de la tête de pont. Le régiment de dragons n° 1 et le régiment de hussards n° 1, qui étaient sous les ordres du général de brigade Bachelu, reçurent l'ordre de passer sur la rive droite du Memel au village de Prusse près de Tilsit, ou de se rendre par la grande route de Paskalwen à Ragnit aux avant-postes de l'armée russe. La batterie à cheval n° 2, campée devant la grande porte, et la batterie à cheval n° 3, à Ballgarden, sous les ordres du général Bachelu, qui ne pouvaient sans beaucoup de bruit et d'embarras traverser la ville et la rivière, reçurent l'ordre de marcher par la grande route d'Insterbourg jusqu'aux premiers postes russes ; les 1er et 2e escadrons du régiment de dragons n° 2, qui se trouvaient à Ballgarden, furent commandés pour leur servir d'escorte. Ces différents mouvements s'exécutèrent heureusement, sans être troublés en quoi que ce soit par les troupes de la 7e division. Moi-même je marchai par Miekieten sur Piktupoehnen avec le 2e bataillon n° 1, les 1er et 2e bataillons n° 2, le 1er bataillon n° 4, les bataillons de fusiliers n°s 5 et 7 et un escadron des hussards n° 1. Le régiment de dragons n° 1 et trois escadrons du régiment de hussards n° 1 se portèrent sur Ragnit et de là sur la rive droite du Memel. Les deux batteries à cheval n°s 2 et 3 et deux escadrons du régiment de dragons n° 2 allèrent par la grande route d'Insterbourg jusqu'aux environs de Sommerau.

Je remis la lettre envoyée par le général commandant au maréchal au chef de bataillon français Marion, lequel nous accompagnait et était passé avec nous sur la rive droite du fleuve.

Les six bataillons et l'escadron de hussards, que j'avais avec moi, prirent leurs quartiers à Piktupoehnen et environs, après que j'eus à Miekieten fait connaître officiellement aux troupes la convention qui avait été signée et qui mettait fin aux hostilités avec la Russie; cette nouvelle fut accueillie avec de grands cris de joie (1). Le major général

---

(1) Les soldats s'en étaient doutés dès le départ de Tilsit ; ils défilèrent le cœur léger devant les Polonais, et, lorsqu'ils furent

russe de Diebitsch, qui était à Lumpœhnen avec son corps, vint même à Miekieten par la route de Schœnwalde, pour me témoigner la joie qu'il ressentait du nouvel état de choses.

Je ne puis terminer ce rapport sans attester que les troupes placées sous mon commandement ont, pendant la retraite de Mitau à Tilsit, montré au plus haut degré du zèle et de l'endurance, malgré la fatigue des marches rendues si difficiles par les rigueurs de la saison et le mauvais état des chemins ; elles ont toujours fait preuve de bonne volonté ; jamais elles ne se sont plaintes et n'ont donné lieu à la moindre plainte.

Tilsit, le 5 janvier 1813.

Signé : DE MASSENBACH.

EXTRAIT DU JOURNAL D'UN OFFICIER PRUSSIEN QUI A FAIT LA RETRAITE A LA SUITE DU MARÉCHAL.

Le 19 décembre, le quartier général du maréchal partit à 7 heures de Stalgen et se transporta à Elley.

Le maréchal passa la nuit dans une propriété du prince Subow au delà de Janischki.

Comme il était tombé une énorme quantité de neige, la marche fut extrêmement dangereuse; il fallut, en maints endroits, faire déblayer la neige pour nous dégager.

Le quartier général s'établit le 21 à Schaulen, d'où l'on envoya quelques juifs pour servir d'espions (1).

Le 22, le maréchal parut très occupé et envoya par des ordonnances ou des courriers des dépêches aux généraux d'York, Grandjean et Bachelu. Aussi nous ne partîmes qu'à 3 heures de l'après-midi, pour aller à Kortowjani, où l'état-major arriva à 6 heures du soir et passa la nuit. De cette localité également on fit partir comme espions le soir même

sur le Memel, ils donnèrent un libre cours aux bons mots et à la plaisanterie. Ils avaient depuis longtemps une idée confuse qu'il devait en être ainsi et qu'il en serait ainsi.

La vue du sol de la patrie avait soudainement rappelé à leur âme blessée le souvenir des torts et des injures que l'insolence et la haine d'un homme avaient infligés à leur pays écrasé par le malheur et qui voulait maintenant se donner aux fidèles alliés de son roi, pour consacrer ses dernières forces au salut de la Prusse.

(1) Le préfet du gouvernement insurgé avait sans doute déjà détalé, et les gentilshommes insurgés se cachaient dans leurs palais de bois. Ils auraient certainement pu rendre quelques services à leurs amis pendant la retraite.

et dans la nuit, par différents chemins, des juifs, forestiers et autres, les uns pour donner des nouvelles du corps d'York, les autres pour recueillir des renseignements sur l'ennemi.

Le 23 décembre, on quitta ses quartiers dès 2 heures du matin et on continua la marche rendue extrêmement pénible par la rigueur du froid et l'épaisseur de la couche de neige. Nous avions fait environ deux milles quand on s'aperçut que nous nous étions engagés sur une fausse route ; il fallut revenir sur ses pas et parcourir une certaine distance sur la même route, puis prendre un chemin de traverse pour gagner la bonne direction. Pour ne plus me tromper de chemin, je tâchai de me procurer un guide, ce qui n'était pas une petite entreprise, car les habitants se cachaient dans leurs maisons, où il était impossible de les découvrir, ou bien ils s'enfuyaient à la faveur de la nuit. Cependant, après quelques essais malheureux, je réussis à atteindre mon but, ce que je payai, d'ailleurs, assez cher, car j'eus les deux pieds gelés dans cette circonstance.

Dans cette journée, maints officiers et soldats du corps éprouvèrent le même sort que moi.

A 1 heure de l'après-midi, on arriva à la petite ville de Wenghowa. Le maréchal avait l'intention d'y passer la nuit; mais cette localité est si petite et si misérable qu'on ne put même trouver à se caser chez le prieur, qui est la première personne de l'endroit : il fallut, après un repos de deux heures, continuer la marche jusqu'à Krosczy, où l'on coucha. De là, on envoya encore dans la nuit quelques espions juifs chargés de donner des nouvelles soit sur l'arrivée des Russes, soit sur le corps d'York.

On partit le 24 à 8 heures du matin et l'on arriva à 11 heures à Koltiniany, qui avait été trois jours avant visité par les Cosaques. A cette nouvelle, le maréchal commença par sourire; mais bientôt, apprenant que les Cosaques avaient enlevé sur la route même que l'on suivait, à une demi-heure de là, près du bois, une voiture au colonel polonais de Chlebowsky, il ne mit plus en doute les dires des habitants et décida qu'on ne s'y arrêterait que quelques heures. Pendant ce temps, on envoya des patrouilles de cavalerie dans la direction où l'on croyait les Cosaques; elles revinrent, annonçant qu'elles avaient vu quelques Cosaques dans les environs, mais qu'à leur approche, ils s'étaient retirés dans la forêt.

On repartit entre 2 et 3 heures et l'on marcha jusqu'à Schelell, où l'on arriva à 11 heures et demie du soir : on dormit ensemble sur un lit de paille.

Peu après notre arrivée se présenta un des juifs envoyés

le 22 de Schaulen; il était porteur de nouvelles (assurément controuvées), pour lesquelles il reçut la récompense promise.

Le 25, je fus réveillé dès 4 heures du matin par un valet aux équipages; ce garçon m'apprit la nouvelle la plus désagréable, en me racontant que des soldats des troupes polonaises et bavaroises, qui avaient passé pendant la nuit, avaient arraché et brûlé les portes de l'écurie voisine, où se trouvaient tout mon détachement et mes chevaux, et par la même occasion avaient volé du harnachement avec mon porte-manteau et différents objets : c'était un coup bien sensible, car tout mon argent, qui montait à 50 ou 60 ducats d'or, se trouva perdu pour moi. Je m'empressai aussitôt de faire visiter plusieurs maisons, où étaient des soldats, par les hommes de mon détachement; mais toutes les recherches furent infructueuses, et je ne retrouvai pas un seul des effets qui m'avaient été dérobés. Le maréchal lui-même, dans sa bonté, ne se contenta pas de me faire aider dans mes recherches par un de ses aides de camp; après m'avoir demandé une déclaration de tous les objets volés, avec indication de leur valeur approximative, il fit paraître un ordre du jour, par lequel il enjoignit à tous les officiers de faire tout leur possible pour découvrir l'auteur de ce vol.

A 9 heures, on partit pour Podjur et pour Wainuty, où nous passâmes la nuit. Peu après notre arrivée dans ce lieu, le maréchal m'assura qu'il était très fâché que je fusse ainsi privé de mes bagages; mais que, pour m'indemniser, il me donnerait un bon pour le payeur de l'armée, qui me ferait au moins rentrer dans mon argent, ce qui fut fait. Dans la soirée et dans la nuit, on envoya encore sur toutes les routes des patrouilles dans la direction de Tilsit; ces patrouilles nous apprirent que cette ville était occupée depuis plusieurs jours par les Russes. Le maréchal qui, malgré les nombreux officiers et autres envoyés pendant la marche, n'avait pas encore la moindre nouvelle du corps d'York, montra alors une grande agitation.

Le 26, on partit à 7 heures du matin, on passa la frontière à Lasdonmenen et on coucha à Coadjuten (1). Le soir, à 7 heures, arriva une ordonnance avec une lettre du général Bachelu annonçant l'affaire de Piktupœhnen. Le général Bachelu, dans son rapport au maréchal, louait hautement la brillante conduite de notre cavalerie et de l'artillerie à cheval, et, en citant le capitaine de Manstein, il rappelait que la mort de cet officier laissait une femme et plusieurs

---

(1) Célèbre par une victoire remportée en 1679 par les troupes brandebourgeoises sur les Suédois.

enfants sans ressources, qui méritaient d'être recommandés à la bienveillance de l'Empereur. Le maréchal, enchanté de cette heureuse affaire et de la conduite de la cavalerie qu'il ne pouvait assez louer, déclara qu'il était tout disposé à le faire.

Le 27, on quitta Coadjuten à 9 heures du matin et l'on alla jusqu'à Piktupœhnen, où nous descendîmes chez le pasteur, dont la maison, envahie par les généraux Grandjean, Bachelu, prince Radziwill et leur suite, était tellement encombrée qu'on ne pouvait s'y retourner. L'église située à peu de distance avait servi de logement aux Russes faits prisonniers la veille. Ceux-ci étaient gardés par des Polonais qui, par haine de race, refusaient toutes leurs demandes, même la nourriture indispensable, la paille de couchage et du bois pour se chauffer. Le pasteur Hassenstein, homme très bon et très charitable, m'en ayant parlé, je fis aussitôt mon rapport au maréchal, qui ordonna immédiatement de faire à ces prisonniers des distributions de vivres et leur permit, au lieu d'être enfermés dans l'église, de faire, sous la surveillance de leurs gardiens, du feu à l'extérieur, pour se défendre ainsi des atteintes d'un froid rigoureux; cela ne se fit pas sans exciter le dépit et la colère des Polonais.

On fit partir également d'ici dans toutes les directions quelques paysans, forestiers, etc., pour avoir des nouvelles des Russes et du corps du général d'York. Dans la soirée, un de ces hommes revint, annonçant que les Russes avaient quitté Tilsit se dirigeant vers Ragnit, et que l'on attendait à Tilsit des renforts de troupes polonaises et françaises venant de Kœnigsberg.

A cette nouvelle, le général Bachelu reçut l'ordre, bien qu'il fût 8 heures du soir et qu'il fît tellement sombre que l'on ne pouvait distinguer une main devant les yeux, de partir immédiatement avec sa brigade et de s'avancer jusqu'à Tilsit.

Le 28, à 6 heures du matin, arriva une ordonnance du général Bachelu avec une dépêche écrite portant qu'il était entré de nuit à Tilsit, qu'il avait trouvé non occupé, et qu'il avait envoyé des patrouilles dans la direction de Ragnit, où les Russes s'étaient retirés. A 9 heures, on partit de Piktupœhnen, traversant le dernier champ de bataille avec les Russes, qui était encore couvert par places de cadavres d'hommes et de chevaux, et l'on continua la marche sur Tilsit, où l'on entra vers midi. Dès notre arrivée dans cette ville, le général Bachelu reçut l'ordre de se porter avec sa brigade sur Ragnit. L'avant-garde, qui se composait du régiment de hussards n° 1 avec deux pièces d'artillerie à cheval, ne tarda pas à donner sur une assez nombreuse cavalerie russe. Couverte par une ligne de flanqueurs, cette troupe battit lentement en retraite jusque vers le village de Paskalben. Il s'engagea alors une action très chaude dans laquelle le régiment de hussards, qui avait affaire à des forces très supérieures, fit des pertes sensibles, dont le lieutenant de Podscharly tué, le capitaine de Zastrow et le lieutenant Westphal blessés et faits prisonniers. Cependant, les Russes se retirèrent jusqu'à Ragnit, et, à l'approche de nos troupes, évacuèrent cette localité.

Le 29, le maréchal envoya en courrier à Kœnigsberg un de ses aides de camp, le lieutenant de Cramayel, chargé de différents rapports et commissions. Cet officier n'alla que jusqu'à Schillupischken ; là, apprenant que, depuis son arrivée même, des Cosaques avaient passé, s'avançant sur la route de Labiau, il revint sur ses pas et rentra dans la soirée à Tilsit avec cette nouvelle.

Le 30, le lieutenant de Podscharly fut enterré avec tous les honneurs militaires ; les généraux et officiers français présents à Tilsit assistèrent à cette cérémonie.

Vers le soir, arriva de Kœnigsberg un officier de chasseurs français avec un détachement de vingt-deux hommes de différents régiments et extrêmement mal montés. Sa venue excita parmi les officiers français présents à Tilsit une grande joie, qui fut singulièrement atténuée par les récits qu'il leur fit.

Capitulation de Memel.

A la nouvelle parvenue à Riga le 21 décembre au matin, que le général York avait la veille au soir abandonné Mitau, le général Paulucci, gouverneur de la place, donna au général Lœwis posté sur la route d'Eckau l'ordre de suivre le 10ᵉ corps par la route de Janischky à Tilsit (1). Lui-même devait avec quelques

---

(1) L'avant-garde du lieutenant général Lœwis venait d'en venir aux mains pour la première fois avec l'arrière-garde prussienne, quand on apprit la suspension d'armes conclue verbalement à Koltiani avec le général Diebitsch. Un détachement de Cosaques avait cependant déjà coupé le 10ᵉ corps et vraisemblablement donné l'alarme au major de Steinmetz à Korczani ; il alla ensuite rejoindre Diebitsch, ayant plutôt l'air d'être venu par erreur au 10ᵉ corps qu'envoyé par la grande armée russe.

milliers d'hommes de toutes armes se porter sur Mitau et de là par des marches rapides sur Memel. Il arriva le 27 au matin devant cette ville et eut l'honneur de la faire capituler. Le dernier détachement du train du corps prussien, avec une compagnie du bataillon de fusiliers Borke, était sur le point de partir sur la glace pour gagner la Kurische-Nehrung, et il n'y avait plus que 600 hommes de dépôt comme garnison dans cette ville ouverte. Il était encore resté à Memel une partie de l'intendance prussienne et de la boulangerie, qui, d'après les ordres très précis du général d'York, devaient tout préparer pour l'approvisionnement de son corps, dans le cas où il serait forcé de se replier de Mitau sur Memel. Tout était prêt, et l'on attendait à tout instant de Tilsit la nouvelle de l'arrivée du corps prussien, quand, à sa place, un corps russe parut. La ville ne présente du côté de Polangen aucun moyen de défense, et les sept grands retranchements de sable construits par le général Campredon étaient, depuis les dernières tempêtes d'équinoxe, retournés à leurs mères, les dunes de la côte. Mais, eussent-ils été en bon état, que l'on n'aurait pas pu s'en servir. En effet, la défense du camp retranché exige un corps de 8.000 hommes, et le palissadement, qui devait relier les ouvrages, n'avait pas été fait, parce qu'il ne convenait point aux Prussiens de supporter les frais nécessaires à l'exécution de ce projet de Napoléon. Quant à la citadelle, ce n'est qu'un vieux fort de la guerre de Sept ans presque tombé en ruines, situé au milieu de la ville, et qui ne pouvait plus servir que de magasin de dépôt.

Le général Paulucci arriva donc bien mal à propos. Il ne s'agissait plus que de gagner le temps nécessaire pour sauver les approvisionnements du corps prussien, qui pouvait survenir d'un instant à l'autre, et pour faire prendre une avance suffisante aux trains prussiens et français engagés dans une marche en retraite sur la Nehrung. En conséquence, le colonel de Malzahn, commandant des troupes, et le major de Trabenfeld, commandant de la place, résolurent d'entrer en pourparlers avec le général Paulucci, pour que les intérêts d'une des plus importantes villes de commerce de la monarchie pussent être préservés par une occupation ennemie offrant des garanties d'ordre.

Après d'assez longues négociations, une capitulation fut enfin conclue entre le marquis Paulucci et le major de Trabenfeld, à la suite de laquelle les troupes russes entrèrent à 5 heures du soir dans la ville; les troupes prussiennes étaient prisonnières de guerre et devaient le lendemain être transportées à Mitau. Les officiers étaient libres sur parole d'aller où ils voulaient; mais presque tous restèrent volontairement avec leurs soldats, pour maintenir l'ordre et la discipline, et le colonel de Malzahn se joignit à eux.

La garnison comprenait, avec l'état-major, 17 officiers, 1 médecin-major, 28 sous-officiers, 5 chirurgiens, 11 musiciens, 381 hommes d'un bataillon de marche, 224 hommes d'un dépôt de la Prusse orientale, 15 cavaliers, 19 chevaux; elle se mit en marche le jour suivant pour Mitau. Il y avait en artillerie 2 pièces en bronze de 24 livres dans le retranchement de Leuchtthurm, 3 pièces en acier de 12 livres dans celui de Suderhaken, 18 canons pour la plupart en acier, de petits calibres, sur la flottille prussienne; 3 petits canons en acier sur la flottille française, lesquels avaient été encloués au moment du départ de la compagnie française de marine.

La plus grande partie des munitions prussiennes avait été renvoyée en arrière, les munitions françaises avaient été coulées (1).

---

(1) Après l'arrivée des Russes, quelques malheureux cherchè-

La convention signée peu après par le général York et le général Diebitsch eut pour effet d'annuler presqu'aussitôt dans l'esprit sinon dans la lettre l'exécution de la capitulation de Memel. Le général York ne trouva cependant pas chez le général Paulucci la bonne grâce aimable qu'il avait rencontrée chez le général Wittgenstein. La question de Memel pour des détails infimes fut encore l'objet de longues discussions, bien que l'empereur Alexandre eût déjà déclaré ouvertement en paroles et par des faits, avec un grand sens politique, qu'il reconnaissait de nouveau la Prusse comme son ancienne et fidèle alliée. Le général York s'adressant alors directement à l'empereur, obtint de lui l'ordre formel que la garnison prisonnière de Memel serait renvoyée libre dans son pays et que le 26 janvier 1813 on rendrait intégralement au major de Trabenfeld tout ce qui avait été remis à la capitulation. A cette même date, les employés prussiens des subsistances furent renvoyés sans condition et purent reprendre les situations qu'ils avaient auparavant.

1813.

Le premier janvier, le général York établit son quartier général à Tilsit; le corps prit ses cantonnements sur les deux rives du Memel. Un homme sûr fut envoyé à Kœnigsberg, pour remettre au général Bülow une lettre du général York. Le général russe Diebitsch avait ce matin même de bonne heure quitté Tilsit, et avait suivi le maréchal Macdonald sur la route de Labiau.

Le 2, de nombreuses troupes du corps de Wittgens-

---

rent, pour en tirer profit, à retirer ces munitions de l'eau; mais plusieurs périrent victimes de leur tentative.

tein et, le 3, du corps de Lœwis traversèrent Tilsit. A cette dernière date, le capitaine comte Brandenbourg fut envoyé en courrier au Roi, porteur d'un mémoire du général York dans lequel le général, laissant parler son cœur généreux, priait instamment qu'il ne fût pas tenu compte de lui dans les résolutions à prendre; le major de Both partit également avec une réponse au général Wittgenstein. Le général de Kleist fut envoyé en mission vers l'empereur de Russie et se mit en route le 4 pour Vilna.

Le 5, le colonel de Rœder, ayant été nommé commandant de la brigade de cavalerie territoriale de Silésie, abandonna les fonctions de chef d'état-major qu'il avait exercées jusqu'à ce jour. Le capitaine d'Auer du régiment de hussards n° 1 fut envoyé en courrier au général de Bülow. Il fit savoir, le 6, de Wehlau, qu'il avait trouvé dans cette ville le général Wittgenstein, lequel devait partir le lendemain pour Kœnigsberg et lui avait raconté que les Russes de la 7ᵉ division, dans leur marche sur Labiau, avaient fait un grand nombre de prisonniers et enlevé trois canons.

Le 7, le général York fit partir pour Labiau la brigade du colonel de Below se composant des régiments d'infanterie n°ˢ 1 et 2, du bataillon de fusiliers n° 7, du régiment de dragons n° 1, du régiment de hussards n° 1 et de la batterie à cheval n° 1; ces corps furent cantonnés le 9 dans la ville et les villages voisins. Plus tard, une partie de cette brigade fut établie à Kœnigsberg et environs.

Le 8, le général York partit à son tour de Tilsit et se transporta à Kœnigsberg. Le reste des troupes prussiennes resta avec le général de Massebach à Tilsit, jusqu'à ce que le général York fût amené à reporter le corps tout entier en arrière entre Elbing et Marienbourg.

Départ du général Bülow de Kœnigsberg.

(Notes communiquées par un ami.)

Nous avons déjà raconté que, à la nouvelle des désastres de l'armée française en Russie, les hommes en congé dans la province de Prusse avaient été immédiatement rappelés et dirigés sur Graudenz, où le colonel de Thümen était chargé de les former en bataillons de réserve. Mais, dans la deuxième moitié du mois de décembre, le général Bülow avait fait faire halte dans la province à tous les détachements qui se trouvaient en marche pour aller renforcer le corps mobile; il les avait fait venir dans les environs de Kœnigsberg, avec tous les moyens de défense qu'il avait pu réunir, afin d'en disposer suivant les circonstances. A la nouvelle de la convention conclue par le général York avec le général Diebitsch, le roi de Naples quitta Kœnigsberg le 1er janvier et se transporta à Elbing. Le général Bülow concentra alors son infanterie à Creutzbourg et dans les environs, et, laissant la cavalerie sous le major de Kall en arrière-garde à et près de Kœnigsberg à la distance d'une journée de marche, il se rendit de sa personne à Creutzbourg le 2 janvier. Le 3, il fut à Mehlsack, le 4 et le 5 à Liebstadt, le 6 à Mohrungen, le 7 à Saalfeld, le 8 et le 9 à Riesembourg, le 10 et le 11 à Neuenbourg, le 12 à Osche, le 13 à Tuschel, le 14 et le 15 à Conitz, le 16 à Schlochau et le 17 il établit ses troupes en cantonnement à Neu-Stettin et autour de cette ville.

Dans sa marche de Kœnigsberg à la Vistule, le général Bülow avait emmené le bataillon de fusiliers n° 3 venu du corps mobile, la demi-batterie de 12 livres, puis un bataillon de convalescents sous le major de Korff, enfin quelques centaines de volontaires qui devaient être envoyés à Graudenz, pour y faire partie des nouvelles formations. La cavalerie se composait des faibles escadrons territoriaux des régiments de dragons de Lithuanie et 2º de la Prusse orientale et des régiments de hussards du corps nᵒˢ 1 et 2; elle comprenait en outre un escadron de marche destiné au corps mobile et le détachement qui accompagnait le convoi de ce corps. Elle quitta Kœnigsberg le 4. Tout ce que dit là-dessus Vaudoncourt, dans son histoire de la campagne de 1813, est inexact. Arrivé à la Vistule, le général Bülow appela à lui les troupes suivantes : un bataillon de marche des réserves de Silésie, de Poméranie et de la Marche, le 1ᵉʳ bataillon du 1ᵉʳ régiment d'infanterie de la Prusse orientale, le 2ᵉ bataillon du 2ᵉ régiment de la même province, ainsi que les bataillons de réserve nᵒˢ 1, 2, 3, 4, 5, 6 et 8; une batterie de 6 livres et 4 escadrons de marche; soit environ 600 à 700 chevaux. A Graudenz restaient provisoirement, outre les compagnies de garnison et l'artillerie de la place, le bataillon de fusiliers du 3ᵉ régiment d'infanterie, le 2ᵉ bataillon du 4ᵉ régiment d'infanterie de la Prusse orientale et le bataillon de réserve n° 8 nouvellement formé, lesquels plus tard rejoindront l'armée. Quant au convoi du corps mobile, le général Bülow l'avait dirigé de Creutzbourg sur Bartenstein, où il devait prendre les ordres du général York.

Le 12 janvier, jour où le général de Bülow avait son quartier général à Osche, sa cavalerie était encore en arrière cantonnée à Neuenbourg et dans les villages tout près de la Vistule. Le général Czernicheff, qui paraissait jusqu'alors avoir Elbing et Marienbourg pour objectifs, changea tout à coup de direction, et de Stuhm se porta sur Marienwerder, d'où il chassa les généraux français, les poursuivant jusqu'à Neuenbourg. Dans ces circonstances, plusieurs Cosaques vinrent dans les cantonnements de la cavalerie de Bülow et firent prisonniers quelques officiers qu'ils emmenèrent, en traversant la Vistule sur la glace. Ce ne fut que par une retraite rapide que cette cavalerie put éviter d'autres désagréments, le général Czernicheff ne voulant rendre qu'au général d'York les officiers qu'il avait pris. Le 12 janvier, toute la cavalerie de Bülow, y compris l'escadron de marche destiné au régiment mobile de ulans et qui venait de Graudenz, se trouva réunie à Osche. Le major de Kall, comme plus ancien officier, fut chargé de se rendre à Plochoczyn, où il devait rencontrer un colonel russe. Il y alla; mais, au retour le soir, il trouva le village d'Osche rempli de Cosaques bivouaquant dans les rues, pendant que ses cavaliers étaient tranquillement dans les écuries.

Le général de Bülow, se voyant privé de toute sa cavalerie (il ne lui restait qu'un escadron de marche destiné aux hussards de Poméranie), demanda au général Czernicheff de la lui rendre. Celui-ci refusa, tout en promettant de la renvoyer au général d'York. Le général de Bülow très mécontent menaça alors le général russe de l'attaquer sur l'heure et obtint ainsi le retour de sa cavalerie.

Dans les cantonnements de Neu-Stettin, le général Bülow reçut presque journellement des courriers porteurs d'instructions et de demandes de l'ex-vice-roi, qui voulait absolument employer nos troupes à défendre le pays contre les Russes. Mais, en même temps se présentaient fréquemment des officiers russes avec des propositions bien différentes; ils cherchaient à décider le général Bülow à se joindre au corps d'York où à conclure une convention analogue. Le général refusa des deux côtés, déclarant d'une part qu'il n'appartenait pas au corps auxiliaire prussien et ne relevait que de son prince, de l'autre que son corps n'était composé que de gens mal habillés, insuffisamment instruits et nullement en état de se battre.

Par sa fermeté et son adresse, le général de Bülow réussit ainsi à se tenir à égale distance des deux partis, qui n'avaient d'ailleurs nullement dessein ou pouvoir d'engager avec nous des hostilités. Il n'en est pas moins vrai que beaucoup de Français échappèrent à la captivité des Russes, en profitant de la protection des troupes prussiennes, aussi bien pendant la période des marches que lors des cantonnements de Neu-Stettin.

Les paroles déjà citées montrent bien que Napoléon avait su dès le premier moment estimer à sa valeur l'acte du général York et en discerner les conséquences probables. Quelques-uns ont émis plus tard l'opinion que York aurait dû aller plus loin et faire cause commune avec les Russes; mais, ils prenaient leurs désirs pour des possibilités, oubliant la situation du moment et les conditions politiques de l'état prussien. M. de Liebenstein en a d'ailleurs jugé ainsi, et il s'en exprime avec force dans les lignes suivantes :

Les quelques Français, Italiens, Polonais et Allemands qui avaient semblé échapper à la terrible destruction portaient la mort dans leur sein, victimes désignées de la peste qu'ils répandaient dans toutes les contrées où ils traînaient leurs pas. Comme la bonté allemande ne refusait pas de garder et de soigner ces malheureux, les ravages de la fièvre d'hôpital, qu'ils apportaient dans les familles, ne contribuaient pas peu à accroître l'exaspération du peuple allemand contre son oppresseur. Triste et dangereuse situation, que celle d'un bourreau devenu l'objet de la haine et du mépris de tous! De toutes parts s'élevaient des voix, particulièrement de Prusse, demandant que l'on saisît dans leur déplorable retraite à travers l'Allemagne tous ces princes, maréchaux, généraux, conseillers d'Etat, commissaires, officiers et soldats, pour rendre désormais impossible, ou du moins très difficile au tyran de la France la création d'une nouvelle armée, et que l'on s'emparât ainsi des chefs de l'ancienne. Et ce n'étaient certes pas les voix de l'erreur et de la folie. Mais, comme le gouvernement à Berlin s'abstenait de donner le signal, le peuple entreprit par obéissance ce que les sentiments de son cœur lui conseillaient de faire.

Ces Français honnis et détestés n'en étaient pas moins hébergés, bien soignés, et, dès qu'ils avaient recouvré leurs forces, renvoyés dans leur chère patrie, d'où, peu de mois après, ils revenaient les plus cruels ennemis de ce peuple, auquel ils devaient le salut de leur existence. Cela n'aurait eu lieu chez aucun peuple, Espagne ou Italie, Angleterre ou pays slave, et l'on n'aurait jamais, à leur retour, fait un semblable accueil à de cruels oppresseurs réduits à l'impuissance. Mais partout le peuple dans sa haine brisait les liens qui le retenaient et appelait la mort sur les têtes de ses bourreaux. La fidélité indestructible des Allemands à l'autorité de leurs princes est, suivant de nombreux écrivains, la marque honorable de leur loyauté et de leur droiture. Cette générosité du peuple allemand, de grands exemples dans de graves circonstances politiques nous ont appris à en apprécier la valeur. A ce sujet, nous ne pouvons en vouloir aux étrangers doués autrement que nous, s'ils sont d'avis que l'Allemand n'a pas la capacité de haïr et que sa grande bonté est dans une certaine mesure la résultante de sa simplicité et de son apathie. Chacun cherche à cacher ses faiblesses; c'est le jugement d'autrui qui les lui montre : tous les peuples en font autant, et ils font bien, quand ils s'en aperçoivent.

Mais, sans parler de la circonspection et de la rectitude allemande, auxquelles l'auteur ne voudrait renoncer à aucun prix, quand bien même l'étranger présomptueux et injuste y verrait une preuve de simplicité et non d'amour du droit et de la justice, la situation alors était telle, que la précipitation était incomparablement plus dangereuse pour l'état prussien qu'elle ne pouvait lui être utile. L'Autriche n'aspirait qu'à la paix et Napoléon lui-même disait, en faisant paraître son nouveau Concordat : « Je désire la paix; le monde en a besoin », trompeuse déclaration pour l'un, mais bien grande vérité pour tous. Dès le milieu de décembre un général autrichien, à l'occasion d'une mission diplomatique, s'exprimait ainsi devant de nombreux témoins :

> Si les Russes prennent l'offensive sur un front très étendu, la guerre change de caractère et ils perdent les avantages du climat, du pays et de la nationalité. Napoléon se propose d'écraser les Russes; s'il obtient ce résultat au cœur de l'Allemagne, c'est comme s'il avait vaincu sur les bords du Dniéper.
> Nous Allemands unis, nous ne voulons être les serviteurs de personne, peuples étrangers! Nous voulons vivre dans notre pays sous nos propres lois et ne pas permettre plus longtemps que vous considériez l'Allemagne comme une maison ouverte où vous entrez pour vous disputer et dont vous sortez librement. Les Russes doivent s'arrêter au Niémen et à la Vistule polonaise; que le Rhin serve de limite à la France!

Opinion sans doute inspirée plutôt par une appréciation personnelle des choses que par des instructions supérieures, comme il ressort de la déclaration officielle suivante du cabinet autrichien en date des premiers jours de février :

> Le premier besoin de tous les Etats européens est le repos. Une paix fondée sur les intérêts réciproques, une paix qui porte dans ses principes la garantie de sa durée est le but de Sa Majesté.

Il semble donc que les paroles du général ne s'écartaient guère du sentiment de la cour d'Autriche.

Aussi qui aurait pu et osé critiquer la sagesse du roi,

cette prévoyance de l'avenir? Il était sans doute au pouvoir du général Bülow de faire enlever à Marienwerder le vice-roi d'Italie et une grande partie des maréchaux; mais comment aurait-il pu le faire, quand le maréchal Augereau à Berlin en aurait appris la nouvelle avant le roi lui-même.

Il était donc plus sûr et meilleur de se tenir prêt et de laisser tranquillement se produire le développement naturel des événements, que de risquer sur un coup par une initiative audacieuse le sort de l'Etat.

Relation succincte des événements au corps prussien, depuis la signature de la convention avec le général Diébitsch jusqu'à la déclaration de guerre de la Prusse à la France.

(9 *janvier*-17 *mars* 1813.)

De tous les avantages de la convention, le premier et non le moins important fut obtenu par les provinces de la rive droite et de la Vistule. Les Russes, jusque-là nos ennemis, devinrent nos amis — grande différence! les fonctionnaires restèrent partout en fonctions; l'ordre ne fut troublé nulle part. Avec une confiance et une bonté trop rares pour le soldat, le bourgeois allait au-devant des Russes qui devaient loger dans sa maison et s'empressait de leur donner ce qu'il pouvait. Lui répondant par une confiance égale, encore plein du souvenir de sa misère récente, le soldat russe sympathisait avec son hôte et l'hôte s'accordait d'autant mieux avec le soldat, qu'il n'avait pas oublié l'insolence de ceux qui avaient passé avant lui. L'homme même sauvage au fond des bois, qui fuyait craintif ses amis de la veille, lesquels voulaient lui dérober son unique vache pour faire vivre leurs troupes au delà des frontières, regardait maintenant les Russes comme des libérateurs. De leur côté, les natures primitives des rives du Don, du Volga et de l'Iéniseï avaient compris que tout danger ne pouvait être écarté de leur pays que par l'alliance de la Prusse.

Le 9 janvier, le général York, après entente avec le général Wittgenstein initié aux grands desseins de son empereur, résolut de transporter son quartier général à Kœnigsberg. Il voulait de là rayonner dans la province et faire sentir son influence, comme l'exigeaient les droits et l'autorité du roi ainsi que le bien du pays. Le général York n'avait à ce moment pour escorte qu''un détachement de 50 hussards; par ses ordres, le régiment de dragons n° 1 vint cantonner dans les villages voisins et bientôt la brigade de Bélow tout entière à Kœnigsberg même et environs.

Le 11, le capitaine de Schack arriva en courrier de Berlin, et dans la soirée le général de Kleist revint de Vilna, porteur d'une réponse flatteuse pour le général d'York et d'une lettre autographe de l'empereur Alexandre au roi. Le capitaine de Schack repartit dans la nuit du 14 et remit le 18 cette lettre au roi à Potsdam.

Le major et aide de camp de Natzmer avait, le 5, en même temps que le capitaine de Schack, été envoyé en mission à Elbing auprès du roi de Naples. Mais, comme il se présenta aux avant-postes russes en compagnie d'un officier français, le général Wittgenstein, qui avait transporté son quartier général de Kœnigsberg à Heiligenheil, ne le laissa pas passer.

Le 14, le prince Dolgorouky arriva à Kœnigsberg avec une lettre du prince Kutusow; il était chargé d'assurer des relations entre le général York et le quartier général russe. Dès le 22, on fut informé par le prince Kutusow que le marquis Paulucci à Riga avait reçu l'ordre de renvoyer immédiatement au général d'York l'ancienne garnison de Memel acheminée vers la Courlande ainsi que tous les traînards du corps prussien qui avaient été faits prisonniers; de plus, le commandant russe de Memel avait été avisé non seulement de rendre à la libre disposition du major de Trabenfeld, commandant prussien de cette place, tous les effets militaires prussiens pris au moment de l'occupation, mais encore de replacer tous les employés civils dans le libre et complet exercice de leurs fonctions.

Le général York, apprenant de bonne source que la garnison de Danzig comptait, d'après un état de situation, plus de 30.000 combattants, résolut de ramener son corps d'armée des environs de Tilsit aux environs d'Elbing : ce mouvement avait pour but de couvrir le flanc droit de Wittgenstein qui s'avançait sur la Vistule, et, en même temps, de défendre le grand et important magasin organisé à Elbing grâce aux soins intelligents et au patriotisme du conseiller privé de commerce Abegg. Ce magasin avait été rempli non seulement par des livraisons du gouvernement prussien, avec lequel la France voulait bien pour un temps entrer en compte, mais encore par des achats considérables faits par les Français. Après le départ du roi de Naples, le conseiller Abbeg n'épargna aucune peine, n'évita même aucun péril, pour conserver intact ce magasin; il prit sur lui de faire passer tous les existants comme propriété prussienne, de les prendre en compte, l'avoir français devant être réglé entre les deux gouvernements. Les livraisons seules faites par la Prusse au printemps de 1812 montaient en argent à près d'un million de thalers et comprenaient entre autres 207.091 boisseaux de blé, qui avaient coûté 665.000 reichsthalers. Abegg rassembla encore 83.500 boisseaux de blé, 34.400 de seigle, 27.000 d'avoine, une grande quantité de farine, de son, 5.500 quintaux de biscuit, 50.000 livres de pain, plusieurs milliers de quintaux de riz et de légumes secs, environ 100 pièces de vin, 1.800 d'eau-de-vie de France, etc.; le reste fut renvoyé à l'armée ou transporté plus tard à Dantzig. Abbeg était un homme plein d'un zèle ardent pour le roi et la patrie.

Le 23, les troupes quittèrent leurs cantonnements de Tilsit pour venir s'installer entre Elbing et Marienbourg; les dernières arrivèrent le 6 février dans leurs nouveaux cantonnements.

Le 25, le capitaine d'Auer, envoyé de Neu-Stettin par le général Bülow, apporta la nouvelle que le roi avait voulu le 22 quitter Potsdam pour se rendre en Silésie.

Dès son arrivée à Kœnigsberg, le général York s'était proposé tout d'abord de faire rentrer sous l'autorité prussienne la forteresse de Pillau, qui est la clef du Frische-Haff et des ports de Kœnigsberg et d'Elbing. Il avait besoin d'argent, pour réorganiser le corps et développer son organisation. D'un autre côté, la chambre de commerce de Kœnigsberg était disposée à consentir un emprunt de 150.000 reichsthalers et à le verser immédiatement, si on voulait lui assurer en retour le revenu des douanes maritimes de Pillau. Mais, pour que cela pût se faire, il fallait d'abord avoir Pillau. On chargea alors le major de Seydlitz de prendre des informations par intermédiaire auprès du commandant de Laurens, major de la place, sur la situation de cette forteresse pour nous si importante. Sur les renseignements obtenus par ce moyen, le lieutenant et adjudant de Bojanowsky fut envoyé le 21 à Pillau, porteur d'une lettre officielle du général Kleist au commandant prussien, lieutenant-colonel de Treskow, dans laquelle celui-ci était invité à déterminer le commandant supérieur français à évacuer volontairement la place : moyennant quoi, le général York s'engageait formellement à protéger le départ des troupes françaises et de la confédération du Rhin soit par mer (on ne pouvait l'empêcher alors de ce côté), soit par les voies de terre vers Danzig ou tout autre lieu au choix du général Castella. Il était utile aussi, pour le succès des négociations de paix qui étaient dès lors engagées, que Pillau fût uniquement occupé et possédé par des troupes prussiennes. Le lieutenant-colonel de Treskow répondit qu'il avait communiqué les propositions du général Kleist au commandant supérieur français. Ces propositions ne faisaient d'ailleurs que reproduire ce qu'il avait représenté déjà lui-même au général Castella, mais en le renouvelant avec plus d'insistance. Le général Castella, ainsi que son commandant d'armes, le chef de bataillon Spikert, n'était pas en état de réfuter ses arguments; mais ils se trouvaient dans une pénible situation, à cause de leur responsabilité. Aussi, voulaient-ils avant toutes choses envoyer par mer un officier à Danzig, pour aller chercher de nouvelles instructions. Jusque-là, le général offrait d'empêcher toute tentative de destruction des Russes et s'engageait à ne négliger aucune précaution pour préserver la ville de toute influence étrangère; en cas de refus, il ferait rentrer les troupes prussiennes à l'intérieur de la citadelle.

Le général York, voyant combien il était fâcheux que la place pût communiquer librement avec Danzig, donna au major de Trabenfeld à Memel l'ordre d'envoyer son bateau des douanes devant le port de Pillau. Mais l'armement de ce navire demanda plus de temps qu'on n'avait cru; et, lorsqu'il fut prêt, il devint inutile par suite de l'évacuation de Pillau.

Le 25, le major de Laurens, venant de Pillau avec un officier français, se présenta sans être annoncé au général York pour demander de la part du général Castella le libre passage d'un officier chargé d'aller chercher des instructions positives auprès du major-général prince de Neuchâtel à Posen. Le général York refusa absolument d'admettre cette proposition; il s'aperçut en même temps que, pour arriver à son but, il lui fallait employer d'autres moyens. Le général Kleist fut alors envoyé à l'empereur de Russie, avec mission d'obtenir de lui que des troupes fussent dirigées de la Vistule vers Pillau, pour faire une démonstration contre cette place. L'empereur fit immédiatement droit à la requête du général York et le gouverneur russe de Kœnigsberg, général comte Sievers, fut chargé de marcher avec les troupes nécessaires contre la place masquée jusqu'alors par quelque cent chevaux.

Le 26 février, les troupes russes, auxquelles le général York fit passer une batterie montée, parce qu'elles avaient peu d'artillerie, arrivèrent devant Pillau.

Le lieutenant-colonel de Clausewitz, du côté du général Siévers, fut envoyé au commandant français, et le major de Seydlitz au commandant prussien, de la part du général York. Avant de répondre aux propositions russes, le général Castella écrivit la lettre suivante au lieutenant-colonel de Treskow :

Pillau, le 6 février 1812.

Monsieur le Colonel,

M. le général russe comte Sievers me somme d'évacuer la place de Pillau, pour qu'elle soit remise à Sa Majesté le roi de Prusse.

Je vous prie de me répondre d'une manière claire et positive aux questions ci-après :

1° Voulez-vous défendre la place conjointement avec les Français ?

2° Resterez-vous neutre dans la défense que je me propose de faire ?

3° Vous déclarez-vous mon ennemi si je la défends contre l'armée qui me menace ?

Je vous prie de me répondre le plus tôt possible et avant le retour de M. l'aide de camp du général russe.

J'ai l'honneur d'être.....

Général Castella.

De son côté, le lieutenant-colonel Treskow n'hésita pas à faire de suite au général Castella une déclaration dans laquelle il disait en substance :

> Que lui, lieutenant-colonel de Treskow, ayant été informé officiellement par le général d'York, général commandant le corps prussien dans la province, que les hostilités contre les troupes russes avaient pris fin ; qu'ayant reçu déjà du général russe comte Sievers, commandant le corps de siège, l'assurance formelle que, si la place ne se défendait pas, elle resterait dans la puissance de S. M. le roi de Prusse et ne recevrait d'autre garnison qu'une garnison prussienne ; il déclare formellement et clairement par la présente :
> 1° Qu'il ne reconnaît plus le général Castella comme commandant de la place de Pillau ;
> 2° Qu'il doit seul occuper avec les troupes prussiennes les fortifications de la citadelle et de la ville ;
> 3° Et que si le général Castella s'obstine à refuser de remettre une place, qui n'appartient qu'au roi, son maître, et dont la conservation est pour lui un devoir, il traitera le général Castella en ennemi.

Au reçu de cette lettre, le général Castella demanda au général russe 24 heures pour réfléchir, ce qui lui fut accordé.

On peut imaginer l'agitation qui se produisit la nuit suivante dans la ville et dans la forteresse. Quelques-uns même ne parlaient rien moins que se faire sauter avec les 3.000 quintaux de poudre qu'il y avait dans la citadelle. On ne peut, en tout cas, se refuser à voir que le général Castella se trouvait dans une situation extrêmement critique. Il avait contre lui non seulement la garnison prussienne mais encore la population et parmi elle quelques centaines de vigoureux et hardis marins. Après une assez longue délibération et dans l'attente d'une paix générale prochaine qui mettrait partout fin aux hostilités, le 7 février fut signée la convention suivante :

PROPOSITIONS.	RÉPONSES.
Art. 1er. — La place et la ville de Pillau, ainsi que le fort sur la Nehrung, seront rendus au commandant prussien; les troupes de S. M. le roi de Prusse en prendront immédiatement possession.	Accordé.
Art. 2. — Le général français et les troupes qu'il commande quitteront librement la place le 8 février avec armes et bagages et se rendront à Danzig ou aux postes les plus rapprochés de l'armée française.	Ils se rendront sur la rive gauche du Rhin, où ils seront libres de tout engagement. Les sujets de S. M. l'empereur de Russie qui pourraient se trouver dans les troupes de la garnison seront remis au commandant des troupes russes devant la place. (Il ne s'en trouva pas.)
Art. 3. — Les malades sont confiés aux soins et à l'humanité du commandant et du gouverneur prussiens. Ils jouiront après leur guérison des avantages de la présente convention.	Accordé.
Art. 4. — Un officier d'état-major russe muni d'un sauf-conduit, un commissaire et une escorte de troupes prussiennes accompagneront la colonne jusqu'à sa destination.	Accordé.
Art. 5. — Elle aura droit, pendant sa marche, aux vivres nécessaires, cantonnements et moyens de transport.	Accordé.

PROPOSITIONS.	RÉPONSES.
Art. 6. — Autant que possible, les troupes d'évacuation ne seront pas cantonnées dans les localités déjà occupées par des troupes russes.	Accordé.
Art. 7. — Les bagages ne seront soumis à aucune visite. Les lanciers (détachement de ulans polonais (et messieurs les officiers toucheront les rations de fourrages afférentes à leur grade.	Accordé, sous cette réserve, que M. le général Castella engage sa parole d'honneur qu'il ne se trouve dans ces bagages ni contributions, cartes ou plans provenant de Courlande ou de Russie, ni aucun objet au sujet duquel le commandant des troupes prussiennes (général d'York) puisse élever une réclamation quelconque. Les munitions de réserve seront réunies et transportées sur une voiture spéciale, sous la surveillance d'un officier que désignera le commandant français.
Art. 8. — Toute interprétation douteuse d'un des articles précédents sera réglée à l'avantage des troupes françaises.	Accordé.

Pillau, le 7 février 1813.

En vertu de cette convention, les troupes étrangères évacuèrent Pillau le 8 février au matin. Les aigles prussiennes flottèrent aussitôt sur les remparts de la citadelle et du fort de la Nehrung; des tours de l'église retentit ce cri : « Dieu soit béni ! ». Tous les navires en rade pavoisèrent et les matelots dans les vergues poussèrent de joyeux hurrahs.

1.100 hommes environ, dont 600 Polonais, quittèrent la place; il restait au moins 350 Français malades. Mais beaucoup de Polonais et d'Hanséates désertèrent avant même d'avoir atteint l'Oder et l'Elbe. La garnison prussienne se composait de deux compagnies de garnison, comptant environ 500 hommes de recrues arrivées à la fin de décembre et au commencement de janvier, d'une compagnie et demie d'artillerie et d'un détachement de pionniers : en tout, 800 combattants.

C'était une brillante acquisition mais un avantage plus considérable encore parce qu'on avait épargné à Pillau et à Kœnigsberg même des dommages appréciables, en évitant d'assiéger la place. La haine aveugle de Napoléon contre tout ce qui était prussien lui avait fait détruire sans examen le retranchement nécessaire à la bonne organisation de la forteresse sur la langue de terre de Lochstedt; il avait ainsi fait tomber plus facilement entre nos mains une place déjà importante comme port et chantier maritime et qui contenait une grande quantité de matériel de guerre et d'approvisionnements.

Le général d'York, pour le bien du pays, porta encore son attention sur d'autres points. Ainsi, au commencement de février, les Etats de la Prusse orientale avaient été convoqués, pour donner leur avis sur la situation et les besoins de la province. Le général York crut bon, pour garantir cette assemblée de toute influence étrangère, de la présider au nom du roi. Il proposa la formation d'un régiment national de cavalerie, puis d'une landwehr, dont devaient faire partie les citoyens de toutes les classes, enfin l'organisation du landsturm (soi-disant contre les Polonais, mais plutôt en vue d'une sortie de la garnison de Danzig). Les propositions du général furent adoptées à l'unanimité.

Sans l'entente remarquable avec les deux présidents

d'Auerswald et de Schœn, sans le puissant appui de beaucoup de patriotes de la province et le bon esprit qui animait tous les habitants de la capitale, le général York se serait certainement heurté à des difficultés de résistances qui peuvent déjouer les meilleurs plans. Dans son rapport adressé au roi sur cette question le 12 février, il rendait pleine et entière justice à ces concours, disant entre autres choses :

> Il y a des moments, dans l'existence des Etats, comme dans celle des simples particuliers, où seul l'emploi de moyens extraordinaires assure le salut. Un tel moment est arrivé pour la monarchie prussienne, et les moyens qu'il réclame sont la landwehr et le landsturm. Les provinces de ce côté-ci de la Vistule, devançant toutes les autres, ont montré le plus pur patriotisme, un fidèle attachement au roi et su exprimer la conviction ardente que le bonheur sur le trône comme dans les chaumières ne peut exister sans l'indépendance de la patrie; elles ont prêté avec enthousiasme serment d'amour et de fidélité.
> Sans inquiétude de déplaire à Votre Majesté Royale, j'ai accueilli comme votre représentant dans ces provinces les témoignages suprêmes d'amour et de fidélité et les dépose respectueusement aux pieds de Votre Majesté Royale.
> J'ai cru devoir prendre la direction du mouvement pour écarter toute influence étrangère, fût-elle celle d'un ami.

A la fin du rapport, le général ajoutait :

> Convaincu que chaque perte de temps apporte un danger, la landwehr sera d'autant plus prête que sa convocation ne dépendra que des ordres de Votre Majesté Royale.
> Il n'est pas possible qu'il entre dans les grands plans de la Providence de laisser anéantir l'Etat prussien. Cet Etat est nécessaire au monde et à la vraie civilisation. Il doit rester puissant et indépendant pour être prêt à remplir sa haute mission. C'est le moment ou jamais de reprendre cette indépendance par de puissants efforts : aussi ne faut-il pas laisser passer sans le saisir ce moment favorable et nécessairement fugitif.

En même temps qu'on organisait un régiment national de cavalerie sous le commandement du comte de Lehndorf, on s'empressait de compléter le corps d'armée qui avait été considérablement affaibli dans son effectif combattant par une grande quantité de malades de la fièvre typhoïde; cette maladie avait été rapportée de Russie par les Français dans les cantonnements de Tilsit. En même temps, le général ordonna la formation de plusieurs nouveaux bataillons de réserve; leur instruction était tellement avancée en juin, qu'ils étaient en mesure d'entrer en campagne comme de vieilles troupes.

Une circonstance défavorable était que les Français nous avaient pris au commencement de l'année précédente non seulement 6.000 fusils, à Pillau, mais encore par la suite les 1.233 fusils qui se trouvaient à l'arsenal du fort Friedrichsburg, près Kœnigsberg, et qui étaient destinés à l'armement des réserves du corps. On avait même emprunté les fusils pris sur l'ennemi par le corps prussien et qui avaient été envoyés à Memel et à Kœnigsberg, et on avait employé les canons de campagne prussiens retirés des batteries de côte et du camp de Lochstedt à garnir les retranchements de Kauen restés inachevés.

L'empereur Alexandre vint à propos en aide aux embarras du général York, en lui faisant réserver 15.000 fusils de divers calibres provenant de l'approvisionnement d'armes pris à Kauen. Le major de Fiebig II, chargé de la réception et de l'enlèvement de ce matériel, arriva dans ce but à Kauen le 7 février. Dès les premiers jours, 1.200 fusils environ furent envoyés par voitures à Kœnigsberg; mais le passage sur le Niémen gelé étant devenu bientôt dangereux, on dut attendre, pour transporter le reste, la fonte des glaces et la réouverture de la navigation. On employa à cet effet plusieurs des bateaux amenés par les Français de Tapiau à Kauen ; ils se mirent à la voile le 22 mars et entrèrent à Kœnigsberg le 2 avril.

Pendant ce temps on commençait à traiter de la conclusion d'une nouvelle alliance entre la Prusse et la Russie. Le capitaine de Schack fut envoyé le 6 février de Breslau au quartier général russe, pour annoncer l'arrivée du colonel aide de camp général de Knesebeck chargé de pouvoirs pour les négociations.

Le colonel de Knesebeck atteignit le 16 le quartier général russe à Klodawa ; les négociations furent ouvertes et l'alliance signée à la fin du mois à Kalisch, après l'arrivée du général de Scharnhorst. A la suite des nouvelles relations politiques entre la Prusse et la Russie, le corps se mit en marche vers l'Oder le 17 février. Le lieutenant général de Massembach et le colonel et brigadier de Bélow restèrent en Prusse pour compléter les formations commencées. Le quartier général vint le 22 à Conitz, où le général York eut une entrevue avec le général Wittgenstein. De là le quartier général alla le 28 à Schlochau, le 1er mars à Ratzebuhr. Dans cette localité le général York reçut, envoyé par le général Wittgenstein, un jeune homme, si je ne me trompe, originaire du sud de l'Allemagne, lequel nous amusa par une foule de projets, dont une constitution toute prête pour l'Allemagne, ainsi qu'une convocation des princes allemands en aéropage à Tilsit. Aussi lui fut-il donné le bon conseil de concourir d'abord avec courage à la libération de l'Allemagne et de présenter alors de nouveau ses propositions.

Le 2 mars, le quartier général vint à Zippno, le 3 à Maorkisch-Friedland, le 5 à Neuwedel, le 6 à Arenswalde, le 7 à Berlinichen, le 8 à Soldin. Là se présentèrent à l'auteur de ce journal deux soldats français qui lui demandèrent, avec l'inconscience propre à leur nation, un passe-port pour la France. Ils s'étaient joints tout simplement aussi, aux environs de Marienbourg, à un bataillon prussien qui les avait nourris avec générosité et conduits jusque-là sans être inquiétés. L'aide de camp du général d'York ne pouvait naturellement rien faire de plus que de leur remettre un secours en argent et de les laisser se tirer d'affaire à travers les troupes russes.

Le 11, le quartier général vient à Kœnigsberg dans la Nouvelle-Marche, où il y eut repos le 12; le quartier du major général de Bülow s'y installa également. Le 13 le quartier général vint à Werneuchen et resta les 15 et 16 à Weissensee.

Le 17, fut publié l'ordre général suivant, qui sert de justification au général York pour la conclusion de sa convention (dans laquelle on avait intentionnellement omis tout motif politique).

Ordre général.

La justification du général York au sujet de la convention signée avec le général impérial russe de Diebitsch à Tauroggen, et le jugement de la commission d'enquête nommée à cet effet et composée du lieutenant général de Diricke et des majors généraux de Schuler et de Sanitz, m'ont complètement convaincu que le général York était à tous les points de vue exempt de tout reproche et que l'acceptation de cette convention n'avait été déterminée que par les circonstances, la retraite tardive du 10ᵉ corps d'armée depuis Riga, la dissolution du 10ᵉ corps d'armée lui-même et les conditions très avantageuses qui lui étaient faites par la convention dans la situation critique où il se trouvait. Je le fais connaître à l'armée par la présente, en ajoutant que non seulement je confirme le général York dans le commandement du corps d'armée sous ses ordres, mais que je lui accorde encore le commandement supérieur des troupes du major général de Bülow, comme preuve de ma satisfaction et de ma confiance inaltérable.

Breslau, le 17 mars 1813.

Frédéric-Guillaume.

De son côté l'empereur de Russie honora le général d'York de la lettre suivante :

Monsieur le Général de York,

Dans un moment où mes rapports d'amitié et d'alliance avec le Roi votre Maître acquièrent journellement un nouveau degré d'intimité, il M'est impossible de ne pas me rappeler combien vous avez contribué à préparer les moyens de les rétablir.

Je vous envoie en conséquence les marques de l'ordre de Saint-Alexandre-Newsky, comme un témoignage de l'estime que M'ont inspirée vos principes et votre zèle infatigable pour la cause sacrée qui M'unit à votre Souverain.

Sur ce, Monsieur le Général de York, je prie Dieu qu'il vous ait en sa sainte et digne garde.

A Breslau, ce 6/18 mars 1813.

ALEXANDRE.

Le 17, le corps fit son entrée triomphale à Berlin. Le prince Henri, frère du roi, le reçut aux portes avec une suite nombreuse et le conduisit dans la ville, où une foule immense de peuple portée à sa rencontre manifestait sa joie par des acclamations enthousiastes. Des couronnes de fleurs furent jetées des fenêtres, et sa marche fut un véritable triomphe. La date de cette entrée est aussi celle de la proclamation que le roi adressa au peuple et à l'armée pour les appeler à une lutte à mort contre l'ambition insatiable d'un conquérant qui n'avait conclu un an plus tôt une alliance avec lui que pour anéantir plus facilement la monarchie prussienne.

L'attente du roi et de la patrie ne fut pas trompée, et Berlin vit un an plus tard revenir de la capitale de l'ennemi la victoire, qui avait franchi avec lui sa porte principale dans l'année de malheur. Oui l'enthousiasme de ce jour était un heureux présage. Comme les faits postérieurs à cette époque n'appartiennent plus à ce journal, je ne crois pouvoir le terminer plus dignement, qu'en y annexant une courte biographie de l'homme auquel je dois le fonds et la trame des événements que je viens de raconter.

Hans-David-Louis, comte York de Wartenbourg, est né le 26 septembre 1759. Son père était capitaine et commandant de compagnie à l'ancien bataillon de grenadiers Klingsporn à Kœnigsberg en Prusse, descendait d'une vieille famille anglaise, qui s'était établie en Poméranie. En l'an 1772, il entra comme cadet dans le cinquième régiment, alors régiment d'infanterie de Bork; il passa en 1773 au régiment d'infanterie de Luck qu'on venait de former, devint enseigne en 1775, second lieutenant en 1777, et fit la campagne de 1778 dans les bataillons de grenadiers mixtes de Hausen. Après avoir subi une peine de forteresse pour un acte d'indépendance accompli en commun avec plusieurs camarades, il entra en 1782 au service de la Hollande et fut placé comme commandant de compagnie au régiment suisse Meuron. Il fit avec ce grade les campagnes de 1783 et de 1784 aux Indes orientales; rentré dans sa patrie en 1786 il fut placé comme plus ancien commandant de compagnie au bataillon de fusiliers de Pluskow de nouvelle formation, fut nommé major en 1792, fit en 1794 la campagne de Pologne et y commanda, à la place du commandant Eisenhart malade, le bataillon de ce nom à la bataille de Czechoczin, où il se fit remarquer d'une manière particulière. En 1797, il fut chargé de la formation d'un bataillon de fusiliers à Johannisburg dans la Prusse orientale; ce bataillon, à la nouvelle formation de l'armée fin 1808, passa comme bataillon de fusiliers au cinquième régiment d'infanterie actuel. A la fin de l'année 1799, il reçut le commandement du régiment de chasseurs de campagne, passa lieutenant-colonel en 1800, colonel en 1803 et fut nommé à la première mobilisation de l'armée en 1805 chef du régiment et brigadier. Dans cette situation, lors de la retraite de l'armée, il couvrit avec sa brigade, le 26 octobre 1806 à Altenzaun, le passage de l'Elbe du corps de Weimar à Sandow contre un détachement très supérieur du corps de Soult et fonda ainsi sa réputation.

Le 1er novembre, conduisant lui-même l'attaque avec le deuxième escadron du régiment de hussards, Eugène de Wurtemberg, il mit en déroute un régiment de chasseurs français qui débouchait de la petite ville de Wahren, détruisit ce régiment et fit le colonel prisonnier, ainsi que beaucoup d'officiers et de soldats.

Le soir du même jour, il arrêta le mouvement du corps de Ponte-Corvo, en défendant énergiquement la position très importante du village de Nossenthien ; il permit ainsi au corps prussien de cantonner en toute sécurité. Enfin, il conduisit l'arrière-garde du corps jusqu'à Lubeck, pensant pouvoir être tranquille dans ses cantonnements, satisfaction bien méritée par sa brigade; lors de la surprise de cette ville, il fut grièvement blessé le 6 par un coup de mitraille et il tomba aux mains de l'ennemi. Il s'était longtemps battu dans les rues avec l'énergie du désespoir, n'ayant avec lui qu'une poignée de chasseurs rassemblés en hâte au moment de l'irruption des Français.

Echangé en même temps que le prince Blücher, il fut nommé au printemps de 1807, à son arrivée en Prusse, major général; après la signature de la paix de Tilsit il reçut le commandement de Memel et du corps de réserve, en remplacement du général de Rüchel mis en disponibilité sur la demande de Napoléon.

Le général York fut encore employé à différentes missions, entre autres à la conclusion du traité d'Elbing; mais il faillit en mourir de chagrin, parce qu'on reprenait le lendemain ce que l'on avait accordé la veille. A la nouvelle organisation de l'armée fin 1808, on lui confia le commandement de la brigade de la Prusse occidentale, ou plutôt de la division, et en 1810 l'inspection générale de toutes les troupes légères de l'armée, chasseurs, tirailleurs, fusiliers et hussards. Les grands services qu'il rendit dans l'instruction de cette arme pendant cette période de préparation, ainsi que ses actes ultérieurs, sont encore trop récents, pour qu'il soit nécessaire d'y insister.

La grande part qu'il prit à la bataille de la Katzbach contre son ancien général en chef Macdonald, puis son passage de l'Elbe à Wartenbourg qui lui valut son titre, son brillant combat de Mœcken qui préparait la victoire de Leipzig, la surprise et la déroute complète du corps de Marmont à Laon, etc., appartiennent à une biographie complète digne d'une plume plus autorisée.

Nommé en 1815 au commandement du corps de réserve laissé entre le Rhin et l'Elbe, il ne put prendre aucune part aux événements de cette campagne.

Il donna cependant à sa patrie son fils aîné, le plus cher de tous. Ce jeune homme qui donnait les plus belles espérances, engagé au 3ᵉ régiment de hussards, voulant rester digne de son nom et de son père, n'accepta pas la grâce que lui offrait l'ennemi et mourut en héros au combat de cavalerie de Versailles. La dépouille mortelle de ce fils ne repose cependant pas sur la terre étrangère, mais dans la patrie, sur le sol même avec lequel la grâce royale récompensa les mérites du père.

D'une nombreuse famille, il n'est resté au général qu'un fils et un neveu, fils d'une sœur aimée, la comtesse Hoverden, qui font maintenant la consolation et la joie de sa vieillesse.

Terminons ce travail et cette courte notice par la

lettre suivante du roi, lui annonçant en 1814 son élévation de rang :

Au général d'infanterie d'York.

Par vos talents qui ont exercé une si heureuse influence sur les événements qui viennent de s'accomplir, vous avez à jamais bien mérité de la patrie. Je désire par la présente vous donner une marque sensible de ma reconnaissance en vous conférant à vous et à vos descendants le titre de comte, sous le nom d'York de Wartenbourg. Mon premier soin sera de vous donner une autre preuve de mes sentiments pour vous, en vous gratifiant d'un domaine convenable pour vous et vos descendants.

Quartier général à Paris, le 3 juin 1814.

FRÉDÉRIC-GUILLAUME.

FIN

TABLE DES MATIÈRES

	Pages.
Introduction.	5
Journal du corps prussien depuis la prise de commandement du général d'York jusqu'à l'entreprise des Russes sur le parc de siège de Ruhenthal.	15
Depuis la seconde entrée à Mitau jusqu'aux cantonnements de Tilsit et de Kœnigsberg, à la suite de la convention avec le général de Diebitsch	92
Rapport sur la retraite des troupes commandées par le général de Massenbach. . .	192
Capitulation de Memel. .	203
Relation succincte des événements au corps prussien, depuis la signature de la convention avec le général de Diebitsch jusqu'à la déclaration de guerre de la Prusse à la France...	215
Biographie du général d'York. .	230

CARTES.

Carte générale des opérations du Xe corps (1812)	16
Carte particulière des opérations du corps prussien (1812)...	96
Retraite du Xe corps (1812).	200

Paris et Limoges. — Imp. et libr. milit. Henri CHARLES-LAVAUZELLE.

Librairie militaire Henri CHARLES-LAVAUZELLE
Paris et Limoges.

L'Expédition militaire en Tunisie (1881-1882). — Fort vol. grand in-8º de 422 pages, avec 7 cartes et croquis, couverture en couleurs...... 7 50

La 6ᵉ brigade en Tunisie, par le général Ch. PHILEBERT. — Vol. in-8º 232 pages, orné d'un portrait du général, de 13 gravures et d'une carte couleurs hors texte du théâtre des opérations..................... 5

Opérations militaires au Tonkin, par le commandant breveté CHABROL de l'état-major du 4ᵉ corps d'armée. — Volume grand in-8º de 350 pages avec 72 cartes et couverture en couleurs........................ 6

Lang-Son, combats, retraite et négociations, par le commandant breveté LECOMTE. — Volume grand in-8º de 560 pages, broché, imprimé sur beau papier, illustré de 51 magnifiques gravures, têtes de chapitres, culs-de-lampe, vignettes, accompagné d'un atlas contenant 19 cartes et 3 planches. 20

Le Tonkin français contemporain, études, observations, impressions et souvenirs, par le docteur Edmond COURTOIS, médecin-major de l'armée, ex-médecin en chef de l'ambulance de Kep; ouvrage accompagné de trois cartes en chromolithographie. — Volume in-8º de 412 pages........ 7 50

Madagascar et les moyens de la conquérir. Etude politique et militaire, par le colonel ORTUS, de l'infanterie de marine. — Volume in-18 de 228 pages avec une carte au 1/4.000.000. .... 3 50

Guide de Madagascar, par le lieutenant de vaisseau COLSON. — Volume in-18 de 220 pages, accompagné de la carte de Madagascar au 1/4.000.000ᵉ, des itinéraires de Tamatave à Tananarive, de Majunga à Tananarive, du plan de Tananarive et d'un croquis indicatif des cyclones de l'Océan Indien. 3 50

L'Expédition du Dahomey en 1890, avec un aperçu géographique et historique du pays, sept cartes ou croquis des opérations militaires et de nombreuses annexes contenant le texte des conventions, traités, arrangements, cessions, échanges de dépêches et télégrammes auxquels a donné lieu l'expédition, par Victor NICOLAS, capitaine d'infanterie de marine, officier d'académie (2ᵉ édition) — Volume in-8º de 152 pages........ 3

Les expéditions anglaises en Afrique. Ashantee (1873-1874), Zulu (1878-1879), Egypte (1882), Soudan (1884-1885), Ashantee (1895-1896), par le lieutenant-colonel breveté SEPTANS, de l'infanterie de marine. — Fort volume grand in-8º de 500 p., avec 29 cartes et croquis, couvert. en couleurs. 7 50

Les expéditions anglaises en Asie. Organisation de l'armée des Indes (1859-1895), Lushai Expedition (1871-1872), les trois campagnes de lord Roberts en Afghanistan (1878-1880), expédition du Chitral (1895), par le lieutenant colonel breveté SEPTANS, de l'infanterie de marine. — Vol. gr. in-8º de 350 p., avec 17 cartes et croquis, couverture en couleurs... 7 50

Petites guerres. Leurs principes et leur exécution, par le major C.-E. CALLWELL, traduit et annoté par le lieutenant-colonel breveté SEPTANS, de l'infanterie de marine. — Volume in-8º de 372 pages, avec 12 croquis dans le texte.. 7 50

Expéditions militaires d'outre-mer, par le colonel George-Armand FURSE, ayant servi dans la *Black Watch*, traduit de l'anglais, avec l'autorisation de l'auteur, et annoté par le lieutenant-colonel breveté SEPTANS, de l'infanterie coloniale. — Volume grand in-8º de 600 pages avec 12 cartes et croquis dans le texte... 10

Les Italiens en Erythrée. Quinze ans de politique coloniale, par C. DE LA JONQUIÈRE, capit. d'art. brev. — Vol. in-8º de 352 p., avec 10 cartes. 5

Rapport du général Lamberti, vice-gouverneur de l'Erythrée, sur la bataille d'Adoua (1ᵉʳ mars 1896). — Brochure in-8º de 64 pages, avec 5 cartes dans le texte... 1 50

Le catalogue général de la Librairie militaire est envoyé gratuitement à toute personne qui en fait la demande à l'éditeur Henri CHARLES-LAVAUZELLE.

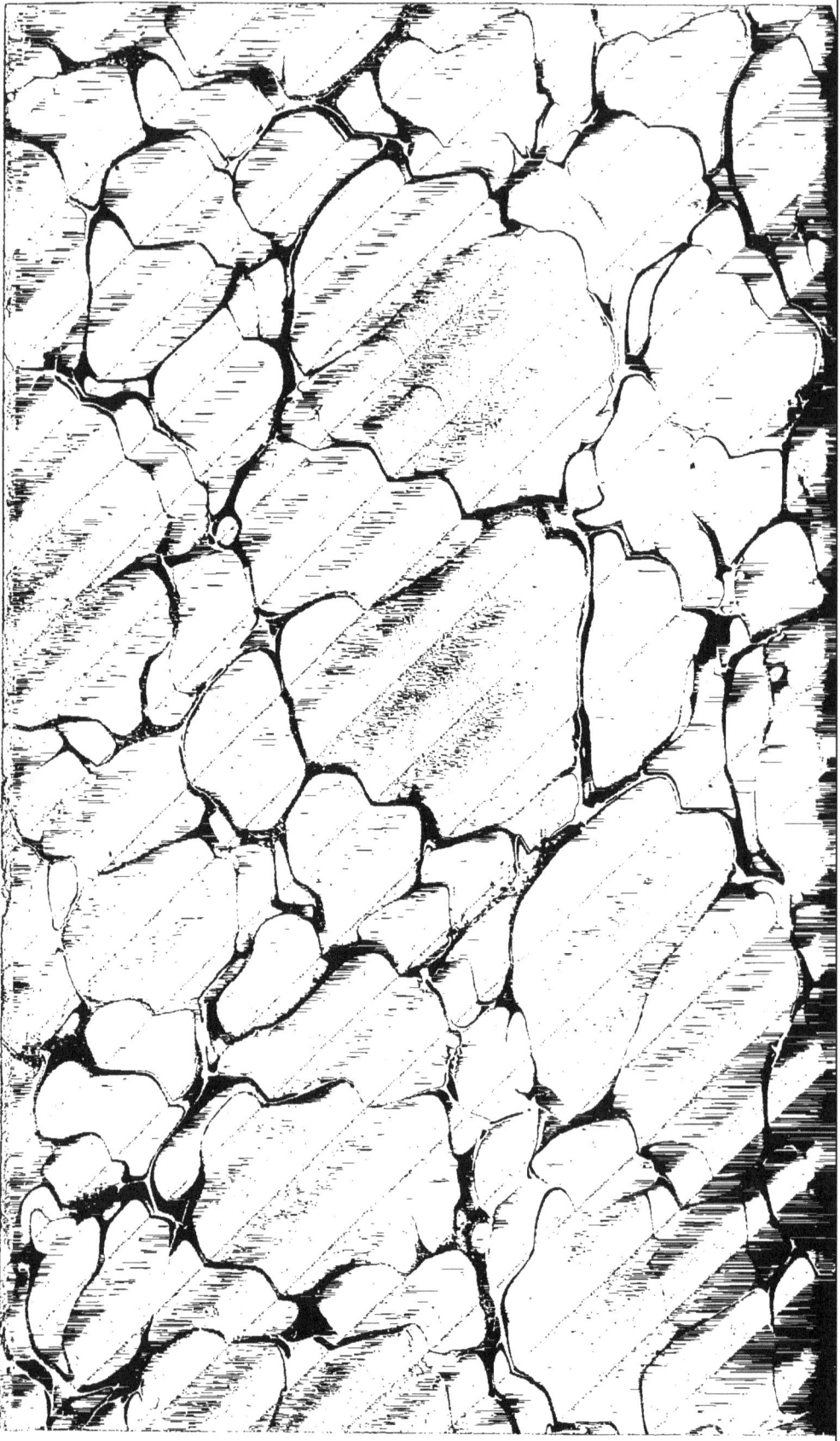

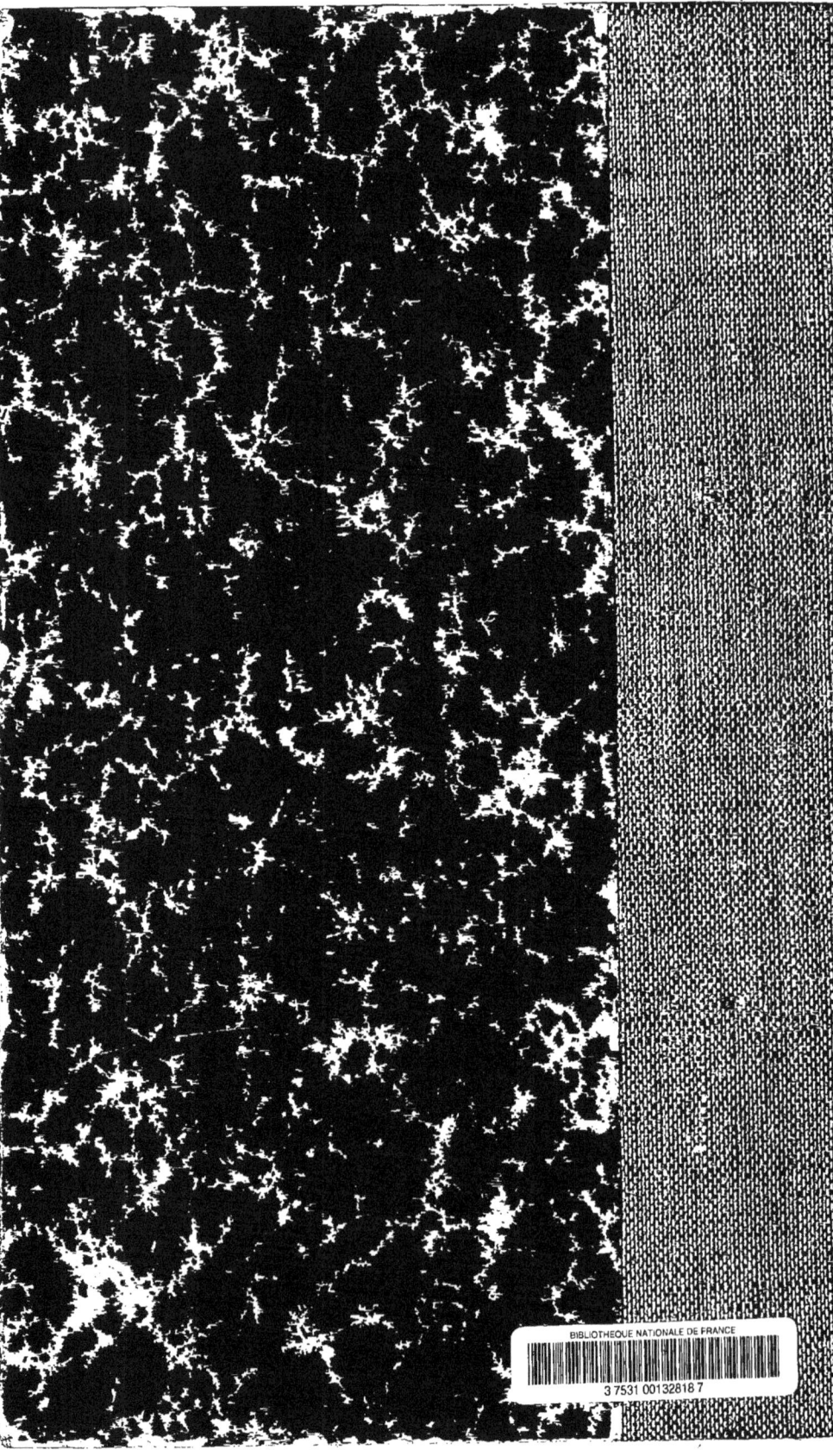

www.ingramcontent.com/pod-product-compliance
Lightning Source LLC
Chambersburg PA
CBHW060130190426
43200CB00038B/1909